高职高专规划教材

大专应用写作

包锦阳　编著

浙江大學出版社

图书在版编目（CIP）数据

大专应用写作 / 包锦阳编著. —杭州：浙江大学出版社，2007.7

ISBN 978-7-308-05395-2

Ⅰ.大… Ⅱ.包… Ⅲ.汉语—应用文—写作—高等学校—教材 Ⅳ.H152.3

中国版本图书馆 CIP 数据核字（2007）第 092611 号

大专应用写作

包锦阳 编著

责任编辑 黄兆宁
封面设计 刘依群
出版发行 浙江大学出版社
（杭州天目山路 148 号 邮政编码 310028）
（E-mail：zupress@mail.hz.zj.cn）
（网址：http://www.zjupress.com）
排　　版 浙江大学出版社电脑排版中心
印　　刷 德清县第二印刷厂
开　　本 787mm×960mm 1/16
印　　张 20.25
字　　数 397 千
版 印 次 2007 年 7 月第 1 版 2007 年 10 月第 2 次印刷
书　　号 ISBN 978-7-308-05395-2
定　　价 28.00 元

目　录

第一章 绪 论

学习目标

- 基本了解写作和应用文写作的定义、特点、作用。
- 重点掌握应用文的分类和写作基本规律。
- 重点掌握主旨、材料、结构、语言、表达、文风的要求和主要技法。

第一节 写作概述

一、写作的定义

何谓写作？这是一个既简单又复杂的定义。一说起写作，人们总与写文章这一行为联系起来。《现代汉语词典》对写作的解释是："写文章（有时专指文学创作）。"这样的解释仅告诉了人们一种现象，或者说是写作这一定义的外延，而对写作的实质或者内涵是什么却未能明确。于是，从事写作学研究的学者、专家都想从本质上完整地揭示写作这一定义的内涵。下面是一些较有代表性的说法。

诗言志。

——《尚书·尧典》

写作是运用语言文字表达思想感情的一种创造性的脑力劳动。它是作者的智能、知识、意志以及思想等多种素质、条件的综合体现。

——王光祖 杨荫浒《写作》

写作的基本特点是个体性、综合性、实践性、创造性。

——路德庆《普通写作学教程》

写作是一种独创性的脑力活动，它的产品——文章，要能反映作者独特的生活经历，独到的感受、见解，每一篇都应力求有自己的个性。

——林可夫《基础写作概论》

所谓写作，就是人们运用语言符号制作文章的一种精神劳动。

——朱伯石《现代写作学》

类似上述诠释写作这一概念的学者、专家不在少数。总括其要旨，大凡涉及思想感情、语言文字、实践行为，而其个性与创造性无疑是写作这一定义最本质的东西。因此，我们不妨以取精用宏、透视本质的角度，对“写作”这一定义作如下解释：

所谓写作，就是人们运用语言符号制作成文章的一种创造性的精神劳动。这一劳动主体是人，劳动的工具是语言符号，劳动的对象是大千世界，劳动的结果就是文章。

二、写作的分类

自古以来，我国文人从不同的角度对写作进行了分类。刘勰在《文心雕龙》中将文体分为“文”（文学）和“笔”（一般文章）两大类；北宋真得秀在《文章正宗》中将文体分为“辞命”、“议论”、“叙事”和“诗赋”四大类；梁启超在《中学以上作文教学法》中对非文学的一般文章分为“记叙”和“论辩”；叶圣陶在《作文论》中把文体分为“叙述文”、“议论文”和“抒情文”。

从写作涉及的文体功能来看，写作可分为以下三大类，如图 1-1 所示。

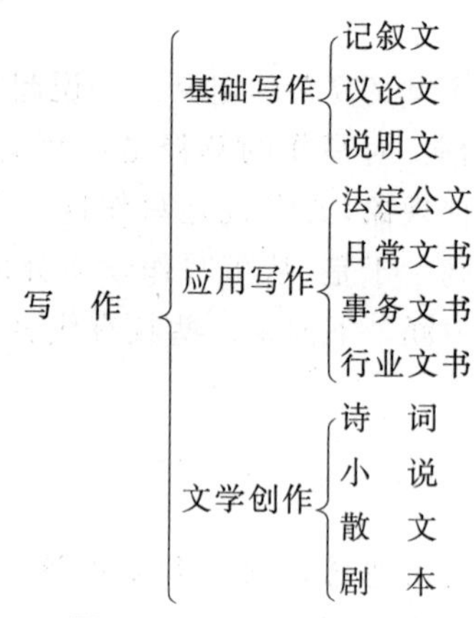

图 1-1 写作分类示意图

（一）基础写作

基础写作涉及的文体是记叙文、议论文和说明文。作为一种实践行为，基础写作以真实的社会生活和客观事物为写作对象，旨在培养写作基本能力。

（二）应用写作

应用写作即应用文写作、实用文写作。其涉及的文体是法定公文、日常文书、事务文书和行业文书。作为一种实践行为，应用写作以基础写作为基础，旨在为实际工作与生活应用而写。

(三)文学创作

文学创作涉及的文体是诗词、小说、散文和剧本。作为一种实践行为,文学创作是以基础写作为基础,旨在将真实的社会生活和客观事物以艺术真实的手法再现出来。

三、写作的基本规律

(一)物→感→思→文

物→感→思→文,即"三重转化"规律。这一规律,反映了写作这一复杂的精神生产的特殊过程。它可分为三个阶段。

1.内化阶段(物→感)

内化是写作积累阶段。这一阶段,作者将写作对象内化为感知成果。这个阶段的关键是感知,主要环节如下。

(1)摄取是感知的前提。在内化过程中,摄取是重要的环节。因为内化必须有信息材料,为写作提供消化的物质基础。因此,写作在内化阶段,应尽可能摄取大量的信息材料,为感知提供丰富的依据,使内化建立在可靠的基础上。

(2)感知是实现内化的关键。感知是感觉和知觉的合称。感知作为心理学的概念,是作者的心理接纳,是内化的关键。感知是在主体经验的基础上产生的。作者的经验越丰富,知识越广博,感知越丰富,从对象看到的东西就越多。内化伴随心理活动的积累而推进;感知能力的个性差异,对内化也产生一定的影响。由于这一"差异",不同的作者,内化的结果也不一样。

(3)感知因写作类别的差异而体验不同。文学创作和应用写作在内化阶段都离不开感知,但两者的体验却有所不同:文学创作作者的感知,情感的参与较强;应用写作作者的感知,情感的参与较弱;前者重情感的蓄聚,后者重事实的积累。

2.意化阶段(感→思)

意化是写作的构思阶段。这一阶段,作者将感知成果转化为思维成果。这个阶段的关键是运思,主要环节如下。

(1)立意定旨。立意定旨是作者对储存于脑中的感知信息材料,运用分析、比较、抽象、概括等思维活动,把感性认识上升为理性认识,从而形成正确的观点,并进行立意定旨。

(2)理清思路。思路是作者思考问题、构思文章时,思维运行的路线。思路如何,直接影响着文章的结构。思路清晰,文章就贯通流畅;思路严密,文章就完整周全;思路富有条理性,文章就层次分明,井然有序。

3.外化阶段(思→文)

外化是写作的行文阶段。这一阶段,作者将意化的思维成果外化为文章。这个阶段关键是表述符号化,主要环节如下。

(1)为思维成果寻找相应的表现形式。作者将意化思维成果转化为文章并非易事,必须根据表达意化的思维成果的需要,寻找相适应的格式、结构、语言等表现形式。

(2)将内部语言转化为外部语言。语言以它不同的形式在内化、意化和外化的过程中,为形成文章服务。在"内化"阶段中,语言以语词的指物性符号形态帮助储存感知信息,为外物升华为内识提供条件;在"意化"阶段,语言以内部语言形态作为精神生产和再生产的编码,帮助精神产品定型;在"外化"阶段,语言以外部语言形态作为物化输出符号,直接充当文章的载体。

物→感→思→文,由事物到感性认识,从感性认识到理性认识,再由理性认识到表现,这是写作必须完成的"三重转化"。它是写作最重要、最基本的规律。

(二)模仿→借鉴→创新

模仿→借鉴→创新,这是一条从模仿到创新的规律。古人说:"操千曲而后知音,观千剑而后识器。"在写作过程中,有意识、有计划地进行一些模仿性的练习是十分必要的。模仿就是以范文作为蓝本,按照一定的要求,用相近的题材或手法进行仿写,然后互相比较,找出不足之处加以改进。这样做,可以把观察、感受生活的分析、鉴赏范文在写作实践中更好地结合起来,收到学以致用的效果。只有经过不断的、细心的模仿,才能领会范文的奥秘、摸熟门径。借鉴是在模仿的基础上博采众长,吸取多种营养,它是逐渐摆脱模仿痕迹而向创造性过渡的桥梁。创新属于写作的高层次阶段,是在模仿、借鉴的基础上,进一步融会贯通,推陈出新,逐渐形成自己的特点和风格。

第二节　应用文概述

一、应用文的定义和沿革

(一)应用文的定义

应用文是单位或个人在处理事务、交流情况、传递信息、沟通关系时所使用的具有惯用格式的实用性文体。

这个定义表明了三层意思:一是揭示了应用文使用得很广。可以分为公、私两大类,几乎涉及各个领域、各个部门、各个阶层。二是揭示了应用文作用很大。它用于处理事务、交流情况、传递信息、沟通关系,无处不在。三是揭示了应用文形式上的特殊要求。它不仅在内部结构上具有单一、循规的特点,而且在外观式样上具有相对固定的格式要求。

(二)应用文的沿革

1. 自从有了文字,就产生了应用文。应用文起源于距今三千多年前的殷商晚期甲骨文书，甲骨文主要记录了殷商时期有关祭祀、战争、农事、狩猎、天文地理、风俗习惯等方面的情况。一篇完整的甲骨文常由前辞、命辞、占辞、验辞四部分组成，结构和句式都较固定。字数多则百十字，少则几个字。例如："王大令众人协田！其受年。"意为殷王命令奴隶们努力耕田！那就能获得好收成。

2. 随着文字和社会的推进，应用文不断发展。周朝的《尚书》就是我国最早的以应用文为主体的散文总集，分为典、谟、训、诰、誓、命六种体式。秦代的书，汉代的制、诏、策、诫、奏、章、表、仪，魏晋南北朝的移，唐宋的露布、咨报，明清的勘合、照会，民国时期的《临时政府公文程式》等均属应用文。历代也出现了一些经典应用文，如李斯的《谏逐客书》、司马迁的《报任安书》、贾谊的《论积贮疏》、诸葛亮的《出师表》、魏徵的《谏太宗十思疏》、海瑞的《治安疏》、林则徐的《谕各国商人呈缴烟土稿》等，令人爱不释手。"应用文"这个名称，最早出现是在宋朝张侃的《拙轩集·跋陈后山再任教官谢启》。该文中写道："骈四俪六，特应用文耳。"意为在六朝、唐初时所写的应用文，包括公文、书信、契约等，都采用四字、六字句式，相间成对的骈体文来表现。正式提出"应用文体"的，是清朝文学家刘熙载。他在《艺概·文概》中说，"辞命体，推之即可为一切应用之文。应用文有上行、有平行、有下行。重其辞乃所以重其实也"，对应用文作了深入分析。

3. 当今社会，应用文与人们的联系更为密切。一是种类不断发展。如行政公文领域出现议案、意见，事务文书领域出现述职报告、公示，财经文书领域出现经济发展报告、社会发展报告、资产评估报告、市场营销方案等。二是教学更加重视。应用文写作这门课在我国高校的财经类、司法类、文秘类、旅游类、管理类等专业中早已开设，在美国的高校，也已有一百多个专业开设，有二十多所大学和研究所招收应用文写作的硕士生和博士生。三是应用文与人们的工作、生活联系更为密切，必将发挥越来越大的作用。原中国写作协会会长叶圣陶老先生对《写作》杂志编辑人员说过："工作中、学习中、生活中经常需要写作，所以写作是非学不可的，而且是非学好不可的……大学毕业生，不一定要能写小说、诗歌，但一定要能写应用文，而且非写得既通顺又扎实不可。"

二、应用文的分类

应用文种类繁多，分类方法也多种多样。

按使用主体分，可分为公务文书和私人文书。

按应用领域分，可分为行政文书、财经文书、教育文书、科技文书、司法文书等。

按表达方式分，可分为说明类文书、叙述类文书等。

按作用特征分，可分为指挥性文书、报请性文书、知照性文书、调研性文书、计划性文书、法规性文书、记录性文书等。

以上分类，各有优劣。根据性质和功能，可将应用文分为四大类，如图 1-2 所示。

- 应用文
  - 法定公文
    - 行政公文:命令、决定、报告、请示等
    - 党的公文:公报、决议、指示、规定等
    - 人大公文:公告、决议、规定、法等
    - 军队公文:命令、通令、决定、指示等
  - 日常文书
    - 条据类文书:说明性条据、凭证性条据
    - 书信类文书:一般书信、专用书信
    - 告启类文书:启事、海报、声明、讣告等
    - 记录类文书:会议记录、日记、读书笔记等
    - 纪念类文书:对联、碑文、悼词、祭文等
    - 求职类文书:自荐书、求职信、应聘信等
    - ……
  - 事务文书
    - 计划类文书:计划、规划、安排、要点等
    - 总结类文书:总结、述职报告、鉴定等
    - 调研类文书:调查报告、考察报告、工作研究等
    - 信息类文书:简报、动态、信息、情报等
    - 会议类文书:开幕词、闭幕词、会议报告等
    - 法规类文书:条例、章程、制度、公约等
    - ……
  - 行业文书
    - 司法文书:起诉状、答辩状、判决书等
    - 财经文书:合同、广告、经济活动分析等
    - 科技文书:科研报告、实验报告、论文等
    - 新闻文书:消息、通讯、评论、专访等
    - 外交文书:国书、照会、通牒、护照等
    - 旅游文书:导游词、旅游说明书、旅游广告等
    - ……

图 1-2 应用文分类示意图

(一)法定公文

这是党内、行政、人大和军队以法规形式颁发的处理公务的应用文。主要有四类。

1.行政公文。这是国家正式规定的各级行政机关处理公务的文书。根据国务院 2000 年 8 月 24 日发布的《国家行政机关公文处理办法》的规定,这类公文有 13 种,即命令(令)、决定、公告、通告、通知、通报、议案、报告、请示、批复、意见、函、会议纪要。

2.党的公文。这是党内正式规定的各级党的组织处理公务的文书。根据 1996 年 5 月 3 日中共中央办公厅发布的《中国共产党机关公文处理条例》的规定,这类公

文有 14 种,即决议、决定、指示、意见、通知、通报、公报、报告、请示、批复、条例、规定、函、会议纪要。

3. 人大公文。这是人大正式规定的各级人大处理公务的文书。根据 2000 年 11 月 15 日全国人大常委会办公厅发布的《人大机关公文处理办法》的修订稿规定,这类公文有 14 类 19 种,即公告,决议,决定,法、条例、规则、实施办法,议案,建议、批评和意见,请示,批复,报告,通知,通报,函,意见,会议纪要。

4. 军队公文。这是军队正式规定的各级部队处理公务的文书。根据 2005 年 10 月 7 日中央军委主席胡锦涛签署命令发布的《中国人民解放军机关公文处理条例》的规定,这类公文有 12 种,即命令、通令、决定、指示、通知、通报、报告、请示、批复、函、通告、会议纪要。

(二)日常文书

这是指单位或个人在日常的工作、学习和生活中办理公务、处理私务而使用的应用文,如书信、日记、条据、海报、声明、启示、讣告、悼词、对联等。这类文书以处理私务为多,处理公务为少。

(三)事务文书

这是指单位或个人处理各类事务而使用的应用文,如计划、总结、调查报告、简报、规章制度等。这类文书以处理公务为多,处理私务为少。

(四)行业文书

这是指用于某一行业或部门的应用文,如财经文书、司法文书、外交文书、新闻文书、科技文书、海关文书、教育文书等。

三、应用文的特点和作用

(一)应用文的特点

1. 内容的实用性。记叙文"以情感人",议论文"以理服人",说明文"以识明人",应用文则"以事告人"。比如要和远方的朋友联系,就要写信;要借款,就得立字据;向上级汇报工作、反映情况,就要写报告等。所以撰写应用文的目的就是为了实用,为了解决工作、生活中的实际问题。

2. 格式的规范性。应用文的格式是固定和规范的,是在长期使用中约定俗成而又为大家所接受的,有些还是法规确定的,不能随意改动。如写信,就必须写明称呼、问候语、正文、祝颂语、落款;撰写行政公文就要按照 16 个要素,该写的都要写上。

3. 语体的事务性。与应用文相对应的是事务语体,有别于议论语体、科技语体,尤其有别于文艺语体。事务语体有两大特点:一是有一套较为固定的习惯用语;二是表义明白、简洁、平实。而文艺语体最大的特点是表义生动、形象、含蓄,追求词语的艺术化。

（二）应用文的作用

1.指挥管理作用。一些党政文件和行政法规是依法行政、依法办事的文书，具有规范和监管的功能。如果得不到贯彻执行，社会秩序将陷入混乱。

2.联系交流作用。有些应用文是纵向联系的纽带，也是横向联系的工具。比如上情下达、下情上达，各单位之间的信息交流、情况交流。

3.宣传教育作用。法定公文中的“决定”、“通告”、“通报”和事务文书中的“总结”、“调查报告”等，都是用来宣传党和国家的方针政策以及表彰先进、批评错误的，并以此端正和统一人们的思想，规范人们的行为，从而不断推动社会的进步。

4.凭证史料作用。有些党政文件、规章制度和条据、合同等都是开展工作、处理问题的依据和凭证，不可缺少。还有一些重要的应用文也是历史的档案资料，具有可供查考的历史凭证作用。

四、提高应用文写作能力的途径

要提高应用文写作能力，不是单一某方面提高就行，而是一个综合提高的问题。所以，就必须加强以下几方面的修养。

（一）要有科学的理论修养

主要包括：①掌握马列主义、毛泽东思想、邓小平理论和“三个代表”重要思想；②运用辩证唯物主义和历史唯物主义的立场、观点、方法去认识和解决问题。只有这样，才能站得高、看得远，写出高质量的应用文。

（二）要有求实的作风修养

实事求是是我党一贯坚持的思想路线，是我们的事业能够取得伟大成就的根本保证，落实在应用文写作中，就是要求：①引用的材料、反映的问题都要真实可靠，不能道听途说，更不能弄虚作假；②对所反映问题的性质、程度，都要根据事实作出恰如其分的评价，不能随意夸大或缩小。

（三）要有广博的知识修养

广博的知识修养一般包括：①基础知识（如语文知识、历史知识、地理知识、法律知识、科技知识、数理化常识、医药常识等）；②业务知识；③写作知识。广博的知识是撰写应用文的基础。

（四）要有出色的能力修养

能力修养主要包括：①综合的思维能力，包括逻辑思维能力、辩证思维能力、科学思维能力和创造性思维能力。只有具备了综合思维能力，才能克服思维的局限和僵化，才能从不同的角度去思考问题。②敏锐的观察能力。观察能力的高低决定了应用文内容的深度和力度，有了敏锐的观察力才能有丰富的材料。③较强的记忆能力。写作离不开记忆，我们应熟记本单位的基本情况、常用数据、政策依据等等，才能使写作快速高效。④精练的文字能力。应用文写作归根到底取决于文字表达，文字能力应是基本功，提高文字表达能力没有捷径可走，只有多读、多练，才能提高。

第三节　应用文写作要素

应用文写作既有一般写作的要求和规律，又有其特定的要求和规律。主旨、材料、结构、语言、表达、文风，便是其基本要素，各自有不同的要求。

一、主旨

(一)主旨的定义

主旨是指通过文章的全部内部所表达出来的写作意图或中心思想。它是文章的灵魂。

(二)主旨的要求

1.正确。正确是指主旨要符合党和国家的方针、政策，符合国家的法律、法规，符合客观实际，符合客观规律，经得起实践的检验。

2.集中。集中是指一篇应用文不能有多个主旨，多种意图，要求一文一事，体现一个基本思想。即使是大型综合性的文件，也要紧扣主旨，恰当安排各分主旨，切忌头绪纷繁。

3.明晰。明晰是指作者的观点要明确，态度要鲜明，不能模棱两可。

4.深刻。深刻是指分析问题要深入，讲述道理要深刻，挖掘认识要有深度。

(三)主旨的表现方法

1.题目明旨。即在文章的题目中概括点明文章主旨。

2.开宗明义。即在正文开头部分揭示主旨。

3.片言居要。即在文中内容重大转折处用一两句精练概括的语言即“主旨句”，点出文章的精神实质，同时起承上启下的作用。

4.篇末点题。即在文章的结尾处交代写作意图以收结全文，又称“卒章显志”。

二、材料

(一)材料的定义

材料是指用来表现主旨的理论依据和事实依据。它是文章的血肉。

(二)材料的分类

1.按内容可分为理论材料和事实材料。理论材料如理论观点、公理定律、经典论述、法律政策、警句格言等；事实材料如典型事例、统计数据、案卷资料、相关信息等。

2.按来源可分为直接材料和间接材料。直接材料是指作者掌握本地区、本部门、本单位工作中人、事、物的实际情况，这些材料是通过作者观察体验、调查研究获取的;间接材料是指通过文件、报刊、书籍、网络等所获取的既成事实或论断,这些材料因为是他人从实践中得来的,所以对作者来说是间接材料。

(三)材料的要求

1.切题。主旨是文章的灵魂和统帅,选材必须紧扣主旨,围绕主旨选材,与主旨无关的材料要坚决割舍。

2.真实。材料真实可靠是保证应用文可信度和权威性的重要条件。应用文所用的材料必须如实地反映客观事物,尊重客观规律,切忌道听途说,似是而非,任意夸大缩小等。

3.典型。选择这些能揭示事物本质、反映主旨、阐明观点的材料,能起到以一当十、以少胜多的作用。

4.新颖。新颖的材料,主要指选用那些反映新情况、新问题,介绍新经验、新思路和新人新事的材料,这样才能有吸引力。

(四)材料分析的主要方法

所谓材料的分析,就是对纷繁的应用写作材料进行梳理和归类,从而显示出各"类"的特点,找出各"类"间的内部联系。材料分析过程,是写作主体对材料的认识和鉴别的过程。这个过程的目的是很明确的:在动笔前,分析材料是为了"选择";在行文中,分析材料是为了表现主旨。只有分析好,才能选择切题、真实、典型和新颖的材料。

1.分析与综合的方法

分析与综合也是两种运动方向相反但又互相联系的思维方法。分析是将一个整体事物分解为各个部分并认识这些部分的思维方法。分析的作用,在于帮助人们对事物的认识具体化、深刻化。分析是综合的基础。

综合是将相关的各个部分联结成一个整体的思维方法。综合的作用,在于帮助人们对事物的认识整体化、系统化。综合是在分析基础上对事物本质、规律的整体把握。

分析与综合,在材料分析过程上常常结合起来使用。通过分析,发现问题;通过综合,归纳出结论。例如《在庆祝中国共产党成立八十周年大会上的讲话》一文中写道:"从鸦片战争到中国共产党成立,从中国共产党成立到现在,中国经历了截然不同的两个八十年。在前八十年中,封建统治者丧权辱国,社会战乱不断,国家积贫积弱,人民饥寒交迫。在后八十年中,中国人民在中国共产党的领导下空前团结和组织起来,冲破重重难关,革命斗争不断胜利;新中国成立后,经济社会快速发展,国家日益昌盛,人民的社会地位、物质生活水平和文化教育水平显著提高。从这前后两个八十年的比较中,中国人民和中华民族一切爱国力量深深认识到,中国能从最悲惨的境遇向着光明的前途实现伟大的历史转变,就是因为有了中国共产党的领导。没有共产党,就没有新中国。有了共产党,中国的面貌焕然一新。这是中国人民从长期奋斗历程中得到的最基本最重要的结论。”这段文字就是分析—综合的过程。

2. 定性与定量的方法

定性分析法，是指对事物的组成成分进行质的分析、研究的思维方法。这种方法是我们认识材料的重要手段。例如，《“一厘钱”精神》的主旨提炼过程就是一个定性分析的过程：从一种节约方法，到一种主人翁精神，再到找到了“伟大事业要从最小的事情做起”这个真理，是经历了三次认识的飞跃，而这三次飞跃的过程也是作者经过分析、比较、研究，找到事物本质的过程。

定量分析法，是指对事物之间或事物的各个组成部分进行数量分析、研究的思维方法。定量分析的目的，往往是为了获得质的结论。例如，《130 元＝1 万元》一文中写到：“一只微型的摄像头价值 100 元至 300 元不等，一个有 20 多个班级的学校全部配置，其成本仅有一台大型实物投影仪的四分之一，即使没有能力可配置到班，一台自制的简易实物投影仪也可供各班级调配使用。真可谓‘阵地战’可打，‘游击战’亦佳。”作者通过量的分析，得出了最后的结论。

3. 概貌与典型的方法

概貌分析是对事物作整体、概括的分析，也就是对“面”上材料的分析。这种分析所反映的是事物的规模和问题的广度。

典型分析就是选取一个有代表性的事物进行质的分析，也就是“点”上材料的分析。这种分析所反映的是事物的具体情况和问题的深度。

概貌分析就是要“十个指头弹钢琴”，典型分析就是要“解剖麻雀”。

概貌分析的内容，往往是典型分析的社会背景，而典型分析正是在这个大背景下对个别的、有代表性的事物进行深入、细致的解剖，从而弥补概貌分析的不足。这样“点”与“面”相互结合，“深”与“广”相互补充，才能深刻反映事物的本质，准确地把握事物发展的规律。例如《出乎意料的变化》一文，通过对甘肃省“两年多来，随着农村经济政策的贯彻落实”出现的大好形势的概貌分析，为对武都地区的典型分析提供了一个社会背景。而武都地区的典型分析，通过“解剖麻雀”，又弥补了概貌分析的不足，从而认识了事物的本质：“仅仅两年时间，农村发生这样可喜的变化，充分显示了党的政策的威力。”可见，对材料进行概貌分析，必须具有全局性和概括性，是对事物全局的俯瞰。而对材料进行典型分析，既要求有普遍意义，又要求有个性特征。概貌分析与典型分析相结合，才能深刻地认识事物的特征和本质。

4. 比较的方法

比较分析法是把一种或几种事物进行比较，来确定它们的异同点的思维方法。比较分析法有横向比较与纵向比较两种。

横向比较是截取历史的某一横断面，研究同一事物在不同环境中，在同左邻右舍的相互关系和相互比较的状况中，寻找该事物在不同环境中的异同的一种思维方法。这种分析方法可以从“同”中去揭示事物之间的联系，从“异”中去认识事物的特点。例如在经济活动分析中，常用的比先进的方法，就是运用横向比较法。

纵向比较法是把事物放在自己的过去、现在、将来的对比分析中，发现事物在不同阶段上的特点和前后联系，以此把握事物的本质及其规律的思维方法。例如在经济活动分析中，常用的比计划、比上年、比历史的方法，就是运用纵向比较法。

横向比较与纵向比较往往结合在一起。

三、结构

（一）结构的定义

结构是指文章内容的组织和安排。它是文章的骨骼。

（二）结构的要求

1. 合理。结构要为主旨服务，谋篇布局是为了更好地表现主旨。只有全篇各个部分按照主旨的要求合理安排，方可使文章前后贯通，浑然一体。

2. 有序。结构要反映事物的内在联系，应用文是客观事物的反映，因此它的结构必须符合事物的发展规律及其内在联系，揭示事物的本质，做到言之有序，言之有理。

3. 完整。结构的完整是指全文顺畅和谐，没有残缺不全的弊病。如果文章轻重不分，缺头少尾，前后倒置，就会使结构零乱。

4. 严密。结构的严密是指文章中层次段落的划分要恰当，组织严密，联系紧凑，脉络清楚。

（三）结构的内容

1. 法定格式与非法定格式。格式是各类应用文在长期的写作活动中逐步形成的、比较稳定的、严格的外部定式。

(1)法定格式。这类格式是国家、部门制定的，具有法定使成的作用，有关文种的写作必须遵守。例如：2000 年国务院发布的《国家行政机关公文处理办法》和国家质量技术监督局发布的 GBT9704—1999《国家行政机关公文格式》规定了公文的格式；审计部门 1995 年发布的《关于国家统一实行统一审计文书格式的通知》规定审计文书的格式；中国证监会发布的《招股说明书》等规定了股份有限公司文书的格式。这些格式具有法定性，都是写作主体必须共同遵守的。

(2)非法定格式。非法定格式在应用文中比较多。如书信、调查报告、总结、经济活动分析报告等格式都是约定俗成的。此外，还有些文种的格式也正在形成之中。

2. 基本思路与结构模式。基本思路体现了“是什么、为什么、怎么办”的认识规律，反映到应用文中就形成了“问题、理由、对策”三层结构模式。

3. 开头与结尾。常用的开头方式如下。

(1)目的、依据、缘由式。在开头写出行文的目的、依据或缘由。如在一些公文、计划、规章制度中常用此方式。

（2）概述式。在开头简介全文的主要内容或基本情况。如在新闻、总结、调查报告、经济活动分析中常用此方式。

（3）开宗明义式。在开头摆出全文的主旨和结论性的意见，然后进行具体的说明、阐述。如在一些公文、财经专用应用文中常用此方式。

常用的结尾方式如下。

（1）希望、鼓励、决心式。在结尾提出希望、鼓励前进或表示努力方向、今后决心等。如在计划、总结、报告中常用此方式。

（2）总结式。在结尾对全文作总结，以概括总的观点，点明主旨。如在论文、财经专用应用文中常用此方式。

（3）自然收束式。这种结尾是指文章主要内容写完后，事尽言止，不另作结尾，自然收结，不拖泥带水。如在通告、通知、决定、经验总结、调查报告中常用此方式。

4.层次与段落。其基本要求如下：

层次，是指文章内容的表现次序，体现文章内容相互间的逻辑联系，有时也称"结构段"、"意义段"。段落，是指文章中的一个个自然段，它是文章中最小的可以独立的意义单位。一般来说，层次小于篇章，大于自然段。有时一个层次就是一个自然段，也有的文章因其简短，全篇只有一个自然段，如各种条据、启事、简单的通知等。

层次的划分是有其客观依据的，有时按照事物发展的时间来安排层次，有时根据事物的空间来安排层次，有时按照事物的功能和特征来安排层次，有时按照文章的逻辑联系来安排层次。比如写"请示"，首先"请示"的缘由是一个层次，其次"请示"中要求上级给予解决问题的部分是一个层次，最后结束语又是一个层次。具体如何安排层次，应根据不同种类的应用文的内容来决定。

5.过渡和照应。其基本要求如下：

过渡，是指层次或段落之间的衔接与转换。过渡犹如桥梁，在文章中起着承上启下、穿针引线的作用，使全文内容组织严密，浑然一体。过渡在有些文章中不明显，因各层次、各段落之间的联系本来就很紧凑，不加过渡词、句，转折的意思也很明确，常称自然过渡。也有的文章需要加上过渡性的语句，衔接才自然。如"通知"中"现将有关事项通知如下"，还有"鉴于此……"、"综上所述……"等过渡语词的运用，使文章浑然一体，增强了文章的内在联系。

照应，是指文章中一些有关内容在不同位置之间的照顾和呼应。平时常说"前有交代，后有着落"就是一种照应。在应用文中，常用的照应有三种：一是文题照应，二是首尾照应，三是前后照应。

（四）结构的基本类型

1.总分式。开头先对全文的内容作简要的概述，然后依次分别对其展开论述。

总分式还可以分为先总后分式、先分后总式及先总述再分述最后再总述的总分总式。总分总式通常适用于篇幅较长，如总结、调查报告、经济活动分析报告、论文等应用文。

2.并列式。文章中几个层次之间的关系是平行的、并列的，这样的结构方式为并列式，也称横式结构。比如对财务状况进行分析，它可以从资产、负债、利润、成本、费用等诸方面展开具体分析，这几个方面的内容就是并列的关系。

3.递进式。递进式是指或以时间为顺序，或由现象至本质，或以因果等逻辑关系为顺序，逐层深入展开的结构形式，也称纵式结构。比如开头提出问题，而后研究问题，再分析原因，最后提出解决问题的办法或建议，这是一种从因到果的递进式。如论文中常用这种方式。

4.条款式。条款式通常在法规文书中使用，它又可以分成章条式、条文式两种。还有的文书，内容较多且复杂，也采用分条列项式来写，从而显得清晰、明确，方便阅读，也便于理解、对照执行。

5.一段式。即全篇文章只有一个自然段。由于内容少而简单，不便分开，往往采用一段式的写法。如日常应用文中的便条、单据、介绍信、聘书、启事、海报，公文中的命令、公告、简单的通知、批复、函等，常常采用一段式的写法。

四、语言

(一)语言的定义

语言是人类思维和交际的工具，是一种音义结合的符号系统。它是文章的细胞。如果说主旨是解决“言之有理”的问题，材料是解决“言之有物”的问题，结构是解决“言之有序”的问题，而语言就是解决“言之有文”的问题。

(二)语言的要求

1.准确。准确是指写作应用文时做到精心遣词，仔细辨析词义和词语的感情色彩；严密组句，不能模棱两可，含糊不清，出现歧义。一般情况下，应用文较少使用“大致”、“或许”等范围、程度较为模糊的一类词，但有时也适当使用一些“模糊词语”，以求更加精当妥帖地表达内容，如某些简报上常有“个别部门”、“有的同志”的写法，这与含糊其辞是不同的，这样的模糊在反映情况时反而更加恰当，更加有分寸。

2.简洁。简洁就是指写作应用文时力求用较少的文字表达尽可能多的内容，语言简练、明白、通畅，言简意赅。应用文语言是否简洁明快，直接影响办事效率。因此，草拟时就需惜墨如金，节约用字，尽量避免不必要的语言重复。当然，简洁不等于简单，应该是有话则长，无语则短。

3.平实。平实就是指平易、朴实的意思，应用文是为了能切实解决实际问题，所以语言就要平易近人，通俗易懂，而不是装腔作势，华而不实。如果应用文用语深奥难懂，就会影响到文章内容的贯彻执行，达不到行文的目的。

4. 规范。规范就是指行文必须符合国家的有关规定，比如，标点符号的用法、时间和数字的用法、主题词的选用、行业文书的专业用语等，都必须统一按规定使用，照章办事，不得各行其是，以免造成混乱，影响办事。

（三）应用文固定用语

1. 称谓词：即表示称谓关系的词。在应用文中，涉及机关或个人时，一般应直呼机关的全称或规范化的简称，以及对方的职务或“××同志”、“××先生”。在表述指代关系的称谓时，一般用下列专门用语。

第一人称：“本”、“我”，后面加上所代表的单位简称，如部、委、办、厅、局、厂、所等。

第二人称：“贵”、“你”，后面加上所代表的单位简称：如部、委、办、厅、局、厂、所等。在应用文中，用“贵”字作第二人称，只是表示尊敬与礼貌，一般用于平行文或涉外公文。

第三人称：“该”，在应用文中使用广泛，可用于指代人、单位或事物。如该厂、该部、该同志、该产品等。“该”字在文件中正确使用，可以使应用文文字简明、语气庄重。

2. 领叙词：用以引出的应用文撰写的根据、理由或应用文具体内容的词。领叙词在应用文中出现的频率较高，一般借助领叙词使应用文写得开宗明义。常用的有：根据、按照、为了、前接或近接、遵照、敬悉、惊悉、……收悉、……查、为……特……等。

3. 追叙词：用以引出被追叙事实的词。应用文中有时需要简要追叙一下有关事件的办理过程，为使追叙的内容出现得自然，常常要使用一些追叙的词语。如：业经、前经、均经、即经、复经、迭经等。

4. 承转词：又称过渡用语。即承接上文转入下文时使用的关联、过渡词语，用于陈述理由、事实之后引出作者的意见、方案等。这种词语不仅有利于文辞简明，而且起到前后照应的作用，如：为此、据此、故此、鉴此、综上所述、总而言之、总之等。

5. 祈请词：又称期请词、请示词。用于向受文者表示请求与希望。主要有：希、即希、敬希、请、望、敬请、烦请、恳请、希望、要求等。

6. 商洽词：又称询问词。用于征询对方意见和反应，具有探询语气。如：是否可行、妥否、当否、是否妥当、是否可以、是否同意、意见如何等。

7. 受事词：即向对方表示感激、感谢时使用的词语。如：蒙、承蒙等。

8. 命令词：即表示命令或告诫语气的词语。用以增强公文的严肃性与权威性，引起受文者的高度注意。

表示命令语气的词语有：着、着令、特命、责成、令其、着即等。

表示告诫语气的词语有：切切、勿违、切实执行、不得有误、严格办理等。

9. 目的词：即直接交代行文目的的词语。人们撰写应用文尤其是公文都有明确而具体的目的。对此，需要针对性地使用简洁的词语加以表述，以便受文者正确理解并加速办理。

用于上行文、平行文的目的词，还需加上期请词，如：请批复、函复、批示、告知、批转、转发等。

用于下行文，如：查照办理、遵照办理、参照执行等。

用于知照性的文件，如：周知、知照、备案、审阅等。

10. 表态词：又称回复用语。即针对对方的请求、问函，表示明确意见时使用的词语，如：应、应当、同意、不同意、准予备案、特此批准、请即试行、按照执行、可行、不可行、迅即办理等。

11. 结尾词：即置于正文最后，表示正文结束的词语。

用以结束上文的词语，如：特此报告、通知、批复、函复、函告、特予公布、此致、谨此、此令、此复、特此等。

再次明确行文的具体目的与要求，如：……为要、……为盼、……是荷、……为荷等。

表示敬意、谢意、希望，如：敬礼、致以谢意、谨致谢忱等。

总之，使用这些词语，有助于使文章表达得简练、严谨并富有节奏感，从而赋予文章庄重、严肃的色彩。

五、表达

（一）表达的定义

表达是指作者运用语言文字表现客观事物和主观认识的过程和手段技巧。

写作中表达方式主要有五种：叙述、描写、抒情、议论和说明。应用文作为一种实用性的文体，主要是为了解决问题和处理问题，它的表达方式通常只有叙述、议论和说明，至于抒情和描写除了在一些通讯报道、广告语、演讲稿中可能用到之外，其他应用文基本不用或很少使用。

（二）叙述的方式

一般来说，叙述就是把人的经历和事物发展变化的过程表达出来。各种文体的写作几乎都要用到叙述方式。如议论文中，用叙述的方式概括某些事实，从事实中引出论点；在说明文中，可以用叙述的方式对一些效果或功用举一些实例说明；在记叙文中常用叙述的方式交代事件的起因、发展、结果以及人物的经历。

应用文中的叙述要求直截了当，平铺直叙，抓住主要事实，作概要精当的叙述；而不是文学作品中的叙述，追求情节的起伏，一波三折，巧设悬念等，更不能使用意识流等现代派的叙述手法来写。

叙述有以下主要技法。

1. 概叙与详叙。概叙，是一种扼要介绍事件主要过程的叙述方法。它不是对事件的量的简单压缩，而是对事件本质的精心概括。在应用文写作中，如调查报告、总结、讲话稿等等，都离不开概叙。新闻的叙述式导语便是一种典型的概叙。

详叙，是一种具体生动地展现事件，使人获得生动画面的叙述。详叙不是不分主次的详尽介绍，也不是不加选择的细节堆砌，而是一种为突出重点，更细致地表现主旨的叙述。

概叙与详叙在写作中常常是结合起来使用的，如果详略得当，那么文章就会舒展自如，张弛有节。

2. 顺叙与倒叙。顺叙，就是按照客观事物的发生、发展的先后次序进行的叙说。顺叙是最常见的叙述方式，运用这种方式，会使文章首尾分明，脉络清楚。

倒叙，是把事件的结局或某个最突出的片断提到前边叙述，然后再回到事件的开头来叙述。倒叙并不是把整个事件颠倒过来写，而是把事件的结局或某个部分提前进行叙述，然后再顺叙。

3. 合叙与分叙。合叙，是对事物多方面活动的综合叙述，它总是与分叙结合使用的。

分叙，又称平叙，是指单方面独立活动的分解叙述。“花开两朵，各表一枝”，是对分叙的形象表述。

(三)议论的方式

应用文中的议论即对客观事物进行的评论，以此表明自己的观点和态度。在应用文中，不少文种都离不开议论，如总结、调查报告、经济活动分析报告，公文中的通报、报告等，都需要通过议论来分析原因、判断是非、发表见解、表明立场。

应用文中的议论同文学创作中的议论也有区别。文学创作中的议论，为了说服对方，打动读者，可以从多种不同的角度，寻找各种论据，旁征博引，反复论证，有时还可采用动情的议论、哲理性的议论、形象化的议论等，纵横捭阖、自由发挥。而应用文中的议论，不能脱离实际，它以事实为依据，不掺入个人主观好恶情感，抓住要点，不及其余，作简洁、明了的议论。

议论有以下主要技法。

1. 述评性议论。通过对人或事物的叙述和评价来阐明观点、说明问题，就是述评性的议论。其方法有：先叙后议、先议后叙和夹叙夹议。

2. 证明性议论。写作主体正面地提出论点并用一定的逻辑方法加以证明和阐述，这就是证明性议论。

常见的证明方法，可分为用客观事实来证明论点和用已知事理来阐明论点两大类。

(1)用客观事实证明论点的方法，主要有以下两种：

归纳法。是通过几个个别事例，综合它们的共同特点来证明一个具有普遍性的论点；或者用个别的典型事例来说明道理。

对比法。是用比较或对照的手法来进行论证，作者往往用历史事实或过去的情况，与当前的情况作纵的比较；用两种对立的事物作横的比较，以突出事物的本质，更好地说明自己要论证的问题，树起论点。

用客观事实来证明论点，可以是具体的，也可以是较为概括的，还可以是统计数字、图表之类，这些证明方法运用比较普遍，说服力也比较强。

(2)用已知事理阐明论点的方法，主要有以下三种：

分析法。分析，就是分析事物的矛盾，作者通过分析问题、剖析事理，来揭示论点和论据间的辩证关系，从而证明自己的论点是正确的。用分析的方法论证问题，最后往往要加以综合概括，分析可以使问题深入下去，引出结论来，综合则能够集中起来，加以概括，把问题提高到原则高度。缺乏分析，议论难以细致深入；没有综合，议论难以汇总和提高。

演绎法。是由已证明了的某一普遍特点、规律出发，去认识某一新的个别事物，也就是一种由一般到特殊的推理方法。演绎是由三部分组成的。开头的一般原理叫做大前提，其次的特殊事物叫小前提，最后一部分是结论。不过在议论之中，往往不是机械排列三个部分，而是有所省略，省略后，人们应该仍然能够明白所表达的意思，不至于误会。否则，不能省略。

引证法。是作者引用经典作家的言论，或科学上的原理、定律、公式以及文件、法规、政策等作为论据，来证明自己的论点，被引用的言论等必须是经过客观实践检验的真理，引用时，一定要持严肃的态度，弄懂有关论述的精神实质，引用要做到完整、准确。引用有明引和暗引。明引是引用原话，要用引号，有时还要指出引语的来源；暗引，只引用原话的主要意思，引者用自己的话把它转述出来。暗引因为不是原话，所以不用引号。

(四)说明的方式

应用文中的说明就是要用简洁、准确、科学、朴实的语言，把事物的性质、范围、形状、特征、功能等方面的情况介绍清楚。应用文是运用说明最多的一种文体。凡反映问题、陈述情况、通知事项、介绍产品、总结经验、提出建议等，无不需要说明。

应用文的说明不同于文学创作中的一些说明。文学创作的说明往往融入作者深厚的感情，是感情化的说明，采用拟人、比喻等修辞手法。而在应用文中这些说明的用法是应当避免的。

说明有以下主要技法。

1.介绍性说明。介绍性说明的着眼点在于说明事物的存在。它的任务是把过去、现在存在的事物或正在发展、研究中的将来可能有的事物的概况介绍给读者，使读者了解和熟悉它们。

2.解释性说明。解释性说明的着眼点在于说明物因事理。使用这种方法，必须由因及果或由果溯因，围绕事物内部的因果关系，撷取要点，进行解说，使读者对物因事理的"为什么"得以清晰的理解。

3.定义说明。定义法是运用简明概括的文字,对某事物的本质特征或某概念的内涵和外延作确切揭示的一种说明方法。其语言格式是"××是××"。为了把概念揭示得准确、严密,常用诠释说明来补充。所谓诠释说明,就是仅仅解说事物的某些方面,或是用语词释义的方法,来说明事物的某些特点。掌握这两种说明方法,有助于正确理解定义、概念,认识事物的本质特征。

4.分类说明。分类法是按一定的标准,把事物分成若干类,并分别加以说明,使读者更易于认识同类或不同类事物之间的联系和区别的一种说明方法。掌握这种说明方法,有利于全面、深刻地认识事物。

5.举例说明。举例说明就是列举有代表性的实例,把比较复杂抽象的事理说得具体而明晰。

6.比较说明。比较说明就是将两种事物进行比较,通过比较来说明事物的特征。这类比较可以同类相比,也可以异类相比。

此外,还有数字说明、图表说明等方法。

(五)图表的方式

图表的表达方式在应用文中得到越来越广泛的使用。这是因为,现代管理中有许多的数据、资料,单用文字难以说清,而借助于图表的形式,则能使人一目了然,既形象、直观、清晰,给人印象深刻,又便于分析、评价、判断,远胜于文字的表现力。

图表的表达方式又可细分为三种:表格式、图形式和表格图形结合式。表格式是将各种数据进行有序地排列后,填入编制的表格中加以反映的形式。常用的表格有:示意表、统计表、说明对照表。图形式则将各类数据用物体的形状在平面上加以直观表现的形式。常用的图形有:条形图、圆形图、线形图、流程图等。表格图形结合式,即一张表中图和表同时加以反映的形式,两者相辅相成,更为清晰。现在信息化的社会中,人们可在电脑里随心所欲地制作各种形式的图表,只要输入相应的数据,按照有关程序操作,即刻便可制作出一张精确、直观的图表来,省时、省力,大大提高了应用文写作的表达能力。

(六)数字的运用

应用文中的数字语言是事实的体现和总和,它能反映事物的数量指标和数量关系,揭示客观规律。所以,数字语言也是应用写作的一种重要表达工具。在使用数字时应注意以下问题。

1.数字用法要规范。应用文中的数字,凡可用阿拉伯数字而且又很得体的地方,均应使用阿拉伯数字。以万、亿作单位的数量,可用万、亿为单位与阿拉伯数字并用。作为定型的词、词组、成语、惯用语、缩略语或具有修辞色彩的词语中的词素的数字,必须使用汉字。如:"天下第一楼"、"二万五千里长征"。

2.要区分"二"和"两"的用法。"二"和"两"这两个数词在意义上没有什么区别,但用法有所不同。它们的相同点是在度量衡器单位称数时一般可以通用;不同之处是序数、分数只能用“二”不能用“两”。如“第二”、“二分之一”、“零点二”等,不能用“第两”、“两分之一”、“零点两”。概数和一位数的基数带量词,只能用“两”,不能用“二”。如:“过两天”、“两种产品”,不能写成“过二天”、“二种产品”。

3.数字分界要确切。说明数量变化时,要把“增”与“增到”和“减”与“减到”的数字分界表达清楚。“增”或“减”后面的数字所表达的数量,不包括原有数量;“增到”或“减到”后边的数字则包括原有数量。使用倍数表示数量变化,不能说减少或降低多少倍,只能说减少或降低几分、几成或几分之几。用“以上”或“以下”划分数量界限,习惯上包括它前面的本数,必要时应加括号注明。

六、文风

(一)文风的定义

文风是对文章风格和特点的综合称呼,是民族传统、时代风尚和作者立场、观点、思想作风等诸要素在写作中的综合反映。

由于文章内容和运用语言文字的习惯,都是在时代土壤中产生的,因而一定时代的政治、经济、文化、社会风尚等又使文风表现出鲜明的时代特征。而文风又是从每篇具体文章的内容、结构、表现方式等方面体现出来的。不管哪个时代,文风的总体倾向不外乎两种:一种是健康优良的文风,清新、活泼、积极、乐观,奋发向上;一种是腐朽恶劣的文风,浮靡衰朽,晦涩堕落。

(二)文风的要求

1.准确性。求真务实是马克思主义文风的根本要求。准确性,首先,指文章所说的道理要符合事物的固有规律。因此,必须坚持正确的立场、观点、方法,对客观事物进行深入细致的调查研究,抓住事物本质进行分析,形成正确的观点。其次,指事实要准确,即以准确可靠的材料为依据,科学地证明文章的观点。再次,指语言要准确,要善于掌握词语的褒贬意义,把握分寸,合乎语法、合乎逻辑地准确加以表达。以上三方面归纳起来就是:道理准确、事实准确和语言准确。

2.鲜明性。撰写应用文必须旗帜鲜明,坚持真理,立场坚定。首先,态度要鲜明,这需要作者对客观事物的本质有深刻的认识。其次,观点要鲜明。要做到这一点,就必须分清观点的主次,突出主要观点;必须精心选材,用新材料表达新见解;还必须讲究修辞,力避空话套话。

3.生动性。古人说:“言之无文,行而不远。”生动是为了加强文章的感染力。一篇晦涩难读的文章,就难以达到预期的效果。生动性,首先,要求文章有生动的内容,即能紧扣时代脉搏,反映新事物,研究新问题,能提出解决实际问题的新办法。其次,要有生动活泼的表现形式,要根据文体特点,变化运用各种表达方式。第三,语言要生动。要用质朴平实的语言反映事物的本来面貌,切忌语言无味,死板老套,僵化生硬。

(三)存在问题及对策

改革开放以来,我国各方面取得丰硕成果,社会主义市场经济不断完善。在应用文的文风建设上也取得进展,从内容和形式上都注重为经济建设和社会生活服务,更加贴近生活,贴近群众,适应广大群众多方面的需要。应该说,应用文文风的主流是好的,但不能不看到在这个转型期的社会中,由于市场经济逐步推进,各种经济利益不断调整、变动,出现了一些新情况,应用文的文风也出现了一些新问题。"假、大、空"现象死灰复燃,尽管与以前的表现形式不同,但其危害不可低估。主要表现有如下三个方面:

一是假话连篇。违背应用文写作的真实性原则,像社会上卖假烟假酒一样,炮制各种虚假文字。在经济领域,有假合同、假凭证、假广告、假信息等;在教育领域,有假学历、假文凭、假论文等;在新闻领域,有虚假失实的新闻,每年都被揭露出一批。

二是大肆哄炒。不是从客观需要来选择写作的题材,而是弃正确的舆论导向于不顾,热衷于主观的炒作,跟风起哄。炒歌星、影星,炒大款、大腕,炒"能医百病"的药品、营养品,造成青少年中的追星热、攀比风和居民消费上的误导。更有甚者,利用低俗广告,追求新奇刺激。

三是空洞冗长。应用文尚实用,忌浮泛。而目前的应用文,特别在某些公文中,好讲空话、套话,不联系本地区、本单位实际,无具体措施的现象时有出现,读后令人茫茫然。应用文尚简约,忌浮华。多年来,虽一直在提倡"短些、再短些",可长风始终未能煞住,反而有愈演愈烈之势。

应用文文风出现上述问题,原因很多,但最根本的是思想作风和工作作风问题。因此要想改进文风,必须从转变思想作风和工作作风入手。具体地说:一是要提高作者的政治思想素质、道德修养。教育作者要自觉抵制金钱和物质的诱惑,清除拜金主义和极端个人主义的影响,坚持实事求是的思想路线,全心全意为人民服务。二是要培养作者的敬业精神,大兴调查研究之风。对工作有高度责任感,不周旋于宾馆、酒楼、舞厅和各种"会议",而要深入基层、深入群众、深入实际做调查研究工作。调查研究功夫下够了,就能写出扎扎实实的文章来。三是要引导作者刻苦学习,提高素养,练好写作基本功。在写作应用文时,要继承好传统,力求把文章写得准确、鲜明、生动。大家一齐努力,开创优良文风的新局面。

一、名词解释

写作、应用文、主旨、材料、结构、语言、表达、文风

二、填空题

1. 应用文具有________、________、________特点。

2. 写作的"三重转化"规律，其中内化阶段是写作的积累阶段，是指____。

3. 写作的"三重转化"规律，其中意化阶段是写作的构思阶段，是指____。

4. 写作的"三重转化"规律，其中外化阶段是写作的行文阶段，是指____。

三、简答题

1. 写出写作的分类图。

2. 写出应用文的分类图。

3. 主旨有哪些要求？

4. 材料有哪些要求？

5. 结构有哪些要求？

6. 语言有哪些要求？

7. 应用文的结构有哪些基本类型？

8. 应用文的叙述、议论、说明各有哪些主要技法？

四、语言分析题

根据有关应用文语体的知识，分析下面这段应用文在语言上存在的问题。

2005 年 7 月 6 日深夜，乌云密布，雷声隆隆，大雨倾盆而下，刹那间，美丽富饶的鱼米之乡被一片汪洋吞没。接连几天如注的暴雨，淹没了田野，冲毁了村庄和工厂，交通、通讯、电力一度中断。这百年不遇的特大洪涝灾害，给我乡造成了不可估量的损失。为了将灾害造成的损失降低到最低程度，乡党委、政府采取了果断措施，动员全乡广大干部群众自力更生、艰苦奋斗，尽快恢复生产、重建家园……

五、习作题

(一)指出下列作品中属于应用文的篇目。

1.《秦誓》 2.《秦晋崤之战》 3.《谏逐客书》 4.《离骚》 5.《谏太宗十思疏》 6.《师说》 7.《醉翁亭记》 8.《雷锋日记》 9.《荷塘月色》 10.《首都市民公约》

(二)下面是 1922 年河北邢台市的一张契约，阅后谈谈应用文的特点和时代性。

学徒契约

立字人刘增，因家贫人多，无法度日，情愿送子刘金海到邢台文盛鞋铺当学徒。经张云山说合，言明四年为限。擦桌扫地，提水做饭。只许东家不用，不准本人不干。学徒期间，无身价报酬。学满之后，身价面议。如有违反铺规，任打任骂。私自逃走，罚米十石。空口无凭，立字为证。

立字人：刘　增（指印）
学　徒：刘金海（指印）
东　家：基占鳌
说合人：张云山（印）
壬戌年七月十七日

（三）有人将理发店起名“最高发院”，将双胞胎孩子取名“钟共”、“钟央”，你对此有什么看法？

第二章 行政公文写作

学习目标

- 基本了解行政公文及各文种的定义、特点和分类。
- 重点掌握行政公文的格式要求和各文种的写作要领。
- 体味例文,培养撰写行政公文的能力。

第一节 行政公文概述

一、行政公文的定义

国务院2000年8月24日发布的《国家行政机关公文处理办法》(以下简称《办法》)第二条给行政公文下了一个定义:行政机关公文(包括电报),是行政机关在行政管理过程中形成的具有法定效力和规范体式的文书,是依法行政和进行公务活动的重要工具。

这个定义指出了四方面意思:一是使用范围。指出是“行政机关”这一特定范围,以此区别于其他文书。二是从属性质。“在行政管理过程中形成的”,说明公文产生于行政管理的公务活动,是为行政管理服务的。三是基本特征。“法定效力”和“规范体式”是整个定义中的关键词语,它从根本上揭示了行政机关公文的本质特征。四是职能作用。“重要工具”前的定语是“依法行政和进行公务活动”,高度概括了公文的主要功能。总之,《办法》对行政机关公文这一概念的内涵与外延作了严密、科学的界定。

二、行政公文的特点

(一)法定作者

按宪法的规定,我国所有公民均享有言论出版自由,谁写了著作和文章谁就有著作权。但是制发行政公文则有严格的限制,它只能由法定作者制作,而且必须签署法定作者的名称。

所谓法定作者,是指依法成立并能以自己的名义行使权利、承担义务的组织或个人。主要有两类对象:一是指各级行政机关、社会团体和企事业单位。它们均是依法建立并合法存在,可以依据自己的职能和权限范围制发文件。二是指有关领导人。如国务院、各部委及省、市人民政府发布的命令,都需在文件上签署个人的职务和姓名。因为领导人是由法定组织通过选举任命等法定程序产生的,以领导人名义发布公文,并非以其私人身份行事,而是代表其所在机关依法行使职权,所以他们也是公文的法定作者。

(二)法定效力

公文的法定效力是指公文的权威性和约束性。制发公文,是各级机关、单位根据其合法地位行使职权的一种重要方式。机关、单位通过公文来传达政令,宣布决策,部署工作,提出各种措施与办法。对于其职权范围所属的地区和部门来说,公文具有极强的现实执行效力:或要求学习领会,或要求传达贯彻,或指导商洽,或知照答复等,它集中体现了发文机关的行政意志。如上级机关制发的指挥性公文,下级机关必须一律遵守,做到令行禁止,违者将被追究行政责任甚至法律责任;下级机关报送的请示,有权要求领导机关批复;向不相隶属机关发送的函件,对方也应予以回复,否则就会受到催促。这些,都是公文法定效力的具体表现。

法定效力也有大小之分,这主要取决于两方面。一是制发机关地位的高低和职权范围的大小。党中央、国务院的文件体现了党和国家的意志,具有最高的权威性;省委、省政府的文件在全省范围内具有法定效力,全省各级党政机关必须遵照执行。二是公文内容的重要程度。如法规性、指挥性的公文,其法定效力和权威性就高于一般的知照性、事务性公文,这是显而易见的。

(三)规范体式

创作文学作品,总是讲究不拘一格,灵活多变。日常应用文虽有约定俗成的固定格式,但也大多按照习惯,并无统一的严格规定。而公文则不然,它在形式上有着非常严格的标准化要求,而且通过法规固定下来,强制执行。

在公文种类方面,每一种行政公文都有特定的适用范围,有特定的作用,公文撰制者必须正确地选择和使用文种。

在结构要素方面,行政公文共有 16 个要素,有的是基本要素,有的是附加要素,按照内容要求,该写的都要写上,不能遗漏。

在办文程序方面,收文办理一般包括签收、登记、审核、拟办、承办、催办等程序;发文办理一般包括草拟、审核、签发、复核、缮印、用印、登记、分发等程序。

三、行政公文的分类

(一)按适用范围来划分

《办法》规定,现行行政公文有 13 种:命令(令)、决定、公告、通告、通知、通报、议案、报告、请示、批复、意见、函和会议纪要。

从大多数文种看，适应范围是明确的，内容上的区分也是清晰的，但也有几组具有相同的内容可使用不同的文种。①告知事项：有公告、通告；②用于奖励：有命令、决定、通报；③请求批准：有请示、函；④公布规章和人事任免：有命令、通知；⑤需要下级办事：有决定、通知、意见；⑥需要向上级反映情况：有请示、报告、意见。对于这些容易混淆的文种，在工作中要特别注意，正确使用。

(二)按行文方向来划分

可分为下行文、上行文和平行文。下行文是指向所属下级机关发送的公文，主要有命令(令)、决定、通知、公告、通告、通报、批复、会议纪要等。上行文是指向所属上级机关呈送的公文，主要有报告和请示。平行文是指同级机关或不相隶属机关之间往来的行文，最常用的是函和议案。

从绝大多数文种看，行文方向都是固定的，如请示、报告只用于上行，决定、通报、批复只用于下行。但有几个文种的行文方向不甚固定，有一定灵活性。如意见既可作下行文，也可作上行文和平行文；通知以下行文为主，有时也作为平行文发送不相隶属机关；作为平行文的函，偶尔也用于上下级之间询答问题或联系一般事宜；会议纪要除了下行外，也可以上行请求批转或平行送不相隶属机关起知照作用。

(三)按缓急程度来划分

可分为特急、急件、一般文件三类。这是从公文的办理时限来说的。急件应当在接到来文后 3 天之内办理完毕，特急件应当在 1 天内办理完毕。

(四)按保密级别来划分

可分为三个等级：绝密、机密和秘密。秘密等级简称密级，应在公文首页注明。标识“绝密”的文件，指涉及党和国家最核心机密的文书；机密文件，指涉及党和国家重要机密的文书；秘密文件，指涉及党和国家一般秘密的文书。这些不同等级的保密文件，一旦泄漏会使国家的安全和利益遭受不同程度的损害，必须严肃对待，严格管理。

(五)按作用特征来划分

可分为指挥性公文、知照性公文、报请性公文、商洽性公文和记录性公文。指挥性公文具有上级对下级指挥决策、部署工作的作用，主要文种有命令、决定、通知、意见、批复等；知照性公文通过新闻媒体或公开张贴，具有传递信息、告知事项的作用，主要文种有公告、通告、通报等；报请性公文具有汇报工作、请示问题、请求审议的作用，主要文种有报告、请示、议案等；商洽性公文具有商洽工作的作用，常用的文种是函；记录性公文具有记载会议情况的功能，常用的文种是会议记录。

四、行政公文的格式

公文在长期的实践中形成了一套特定的格式。经总结归纳，1999 年 12 月国家质量技术监督局发布了《国家行政机关公文格式国家标准》，自 2000 年 1 月 1 日起实施。公文格式通过国家标准予以规范,这是公文法定权威和法定效力在形式上的体现,也是公文现代化科学管理的需要。公文格式包含两方面的内容:一是文面格式,二是用纸和印装等格式。

(一)公文的文面格式

公文的文面,由眉首、主体、版记三部分 16 个要素组成,即秘密等级和保密期限、紧急程度、发文机关标识、发文字号、签发人、标题、主送机关、正文、附件说明、成文日期、印章、附注、附件、主题词、抄送机关、印发机关和印发日期。

1.眉首部分。由五个要素构成。

眉首又称版头或文头,位于公文首页红色反线上,约占全页的三分之一。上报的公文,眉首约占二分之一以上,上端留空较多,为的是便于上级机关领导人签批意见。眉首包括秘密等级和保密期限、紧急程度、发文机关标识、发文字号、签发人等要素,下方用一条红色反线(党的机关公文在红色反线正中嵌一颗五角星)将眉首与主体分隔开来。为了庄重醒目,增强公文的严肃性,发文机关标识和红色反线均套红印刷。

(1)秘密等级和保密期限。保密公文应根据程度注明秘密等级。密级分为绝密、机密、秘密三种,标注在眉首右上角(党的文件标在左上角)。密级的划分,由发文机关依照《保密法》及有关规定确定。

保密期限标注于秘密等级之后,其间用五角星隔开,如“机密★1 年”。

为了便于对保密公文的登记、查询和归档,须将印制若干份的同一公文依次编号,叫做份数序号,简称份号。按规定,绝密、机密公文应标明份号。标注位置在眉首左上角,使用 6 位阿拉伯数字,如“000121”。

(2)紧急程度。需紧急送达和办理的公文,应注明紧急程度。紧急程度分为“特急”和“急件”两种,其中紧急电报分“特提”、“特急”、“加急”、“平急”四种。紧急程度标注在眉首右上角(党的文件标在左上角)。已标有密级的公文,紧急程度置于密级之下。标题中已出现“紧急”字样的(如《关于进一步加强食品安全工作的紧急通知》),紧急程度不再单独标出。

(3)发文机关标识。一般由发文机关全称或规范化简称后加“文件”两字组成。但有几种特定公文,标识略有不同:信函式格式只标发文机关名称,命令式格式为发文机关名称加“命令”或“令”,会议纪要式格式为会议名称加“纪要”两字。

关于发文机关标识的位置,有两种情况。第一种是用于平行文或下行文,发文机关标识上边缘至版心上边缘为 25mm,也就是留出 25mm(约 2 行)位置用于标识上述的份数序号、密级和紧急程度。要注意,即使上述三项要素均不需要标识,也要留出这段空白,也就是说,在设计文件红头时,发文机关位置应自上页边起留出天头 37mm+25mm=62mm 的距离。

第二种仅限于上行文,凡上报的公文发文机关标识上边缘至版心上边缘为

80mm，即要留出 80mm－25mm＝55mm 的空白供上级机关批示文件用，也就是说上行文发文机关标识距上页边为天头 37mm＋25mm＋55mm＝117mm。

关于联合行文，规定“文件”两字居于发文机关名称右侧，上下居中，文件首页必须显示正文。如果联合行文的机关过多（我们曾发现过有 14 家联合行文），就可能出现把正文挤出首页的情况，而公文如果首页没有正文，使人一看首页还不知道文件内容是什么，是极不严肃甚至可以说是很滑稽的事。因此公文首页必须显示正文，发文机关过多只能挤发文机关，不能挤正文，可将发文机关字号缩小，行距缩小，直至保证公文首页显示出正文为止（还要考虑留出发文字号、主送机关、标题的位置）。

（4）发文字号。又称文号，是制发机关按顺序编列的公文代号，主要作用是便于统计、查询和引用。发文字号由机关代字、年份、序号三部分组成。如“浙政〔2002〕12 号”，“浙政”是浙江省人民政府的机关代字，“〔2002〕”是年份，“12 号”是序号。除标注签发人的情况外，通常文号应置于眉首红色反线之上居中位置，在发文机关标识之下。联合行文，只标明主办机关的发文字号。

编制发文字号应注意以下几点：一是机关代字要规范，尽量选用能反映职能特征，且与本地区其他机关不相重复的代字，长期固定使用，字数不宜过多；二是机关代字、年份、序号三者顺序不可随意更换；三是年份不能省略书写，六角括号不要写成圆括号或中括号。年份、序号应使用阿拉伯数码，序号不编虚位（如 1 不编为 001），不加“第”字。

（5）签发人。是指审阅核准并签发公文的机关负责人。按规定，上报的公文都必须在眉首注明签发人、会签人姓名。签发人应是主要负责人或者主持工作的负责人。标注方法是在发文机关标识右下方、红色反线之上标“签发人”，后加冒号，再标签发人姓名（后空一字）。为使文面显得对称，发文字号应移至红色反线左上相应位置（前空一字）。如果是联合发文，需标注会签人姓名，且应将主办机关签发人置于最上面，再按发文机关标识顺序依次向下排列会签人。最后一个会签人姓名与发文字号对齐。在上行文中注明签发人，是为了督促各级领导严肃地履行职责，确保公文质量，同时也为直接联系工作，迅速有效地问答问题提供方便。

2. 主体部分。由八个要素构成。

（1）标题。公文标题一般由发文机关、事由和文种三部分组成。如《国务院关于加强财政工作的通知》，发文机关是“国务院”，事由是“加强财政工作”，文种是“通知”。这是一个要素齐全的标准式标题。

构成标题的三部分有时可省去一至两项，这主要有三种情况：一是省略发文机关，因版头印有发文机关而省略此项的情况也很常见。二是省略事由，这在令、公告、通告中较为常见。如《浙江省人民政府令》、《浙江省财政厅通告》。三是省略发文机关和事由，只写文种名称。公告、通告等公布性公文以及内容单一的知照性通知常常这样处理。在标题构成的三要素中，唯有文种不可省略。

标题位于版头横隔线之下正中位置。分行组合的长标题在排列时应力求对称、美观，可排成宝塔形、倒宝塔形等，但要注意转行时不宜将词和专用名称拆开排列。行政机关的公文标题中除法规、规章名称加书名号外，一般不用标点符号。

(2)主送机关。又称为抬头、上款，指公文的主要受理机关，即对公文负有主办或答复责任的单位。主送机关名称应使用全称或规范化简称，或同类机关的统称，书写在标题之下靠左顶格位置。

行政公文中的令、公告、通告、决定、会议纪要通常不标明主送机关，而在抄送处标明主送、抄送单位。

(3)正文。是公文的核心部分。其基本要求是：符合政策法规，情况确实，观点明确，表述准确，结构严谨，条理清楚，字词规范，标点正确，篇幅简短。

正文的结构通常由开头、主体、结语三部分组成。开头一般叙述发文缘由，即通报目的、依据，或交代背景，或阐述意义。主体大多列举有关事项，阐明事实、理由或意见、办法。结语提出希望要求，常使用公文习惯语作为尾语。根据文种和内容的不同要求，有时结语也可省略。

常用的尾语有以下几种：①指令性尾语。如“此令”、“请认真贯彻执行”、“望遵照办理”、“请结合实际组织实施”等。②知照性尾语。如“特此通告”、“现予公告”等。③呈告性尾语。如“以上报告如有不妥，请指正”、“特此报告，请审阅”等。④期复性尾语。如“妥否，请批复”、“特此请示，请批复”、“特此函达，请遵函”、“请研究函复为盼”等。⑤期请性尾语。如“希即接洽为荷”、“拟请协助为感”等。⑥回复性尾语。如“此复”、“特此函复”等。

正文中适当使用文言词语，可使公文语言风格更为庄重、典雅和简洁。

拟写正文还应符合下列要求：①层次序数第一层为“一、”第二层为“(一)”，第三层为“1.”第四层为“(1)”。②引用公文应先引标题，后加括号引发文字号。引用外文，应当括注中文涵义。③文中日期应写具体的年月日，尽量避免使用“今年”、“上月”等时间代词，年份一律使用公历年份全称，如“2002 年”不能写成“02 年”。④使用非规范化简称应先用全称，并括注简称。使用国际组织外文名称或其缩写形式，应在第一次出现时注明准确的中文译名。⑤文中数字除成文日期、部分结构层次序数和在词、词组、惯用语、缩略语、具有修辞色彩语句中作为词素的数字必须使用汉字外，应当使用阿拉伯数字。⑥用字用词要准确、规范，不要用繁体字和不规范的简化字，不要生造词语。

(4)附件说明。附件是附在正文之后的材料，是补充说明正文的依据材料，如图表、数据、名单或其他补充说明公文某一方面内容的材料等。附件通常与主件装订在一起发出，它也是公文的重要组成部分。凡带附件的，应在正文之下(空一行)左起空两格位置标明附件的顺序和名称，不得使用“附件列后”、“附件三份”之类笼统的标注方法。附件名称不必加书名号，其后也不用标点符号。附件如有序号，应使用阿拉伯数字(如“附件：1. ×××”)。

必须注意，凡发布、印发或批转、转发的文件，不必在正文之后标注附件说明。因为这类文件的主件是为附件而发的，主件只起说明、介绍或按语的作用，而且附件的标题已在正文标题中出现过。

(5)成文日期。指成文的具体年月日，是公文的生效日期。成文日期以负责人签发的日期为准。联合行文的，以最后签发机关的负责人的签发日期为准。电报以发出日期为准。应注意，不要把拟稿或印发的日期作为成文的日期。成文日期一般标注在正文右下方(右空四字)，年月日必须齐全，不能省略，并一律用小写汉字书写(党的机关公文使用阿拉伯数字)。法规性公文或经会议讨论通过的文件，其产生的法定程序和产生日期用圆括号括入，标注在标题下方正中处，通常称之为“题注”。

(6)印章。是制文机关对公文生效负责的凭证。公文除会议纪要和以电报形式发出的以外，都应加盖发文机关的印章。加盖印章的公文，落款处不再署发文机关名称。用行政首长名义签署的公文，如命令(令)，一般加盖签名章，其前签具领导人职务。联合上报的公文，由主办机关加盖印章；联合下发的公文，发文机关都应加盖印章。如盖两个印章，应将成文日期拉开，两个印章均压成文日期，主办机关印章在前，两个印章互不相交或相切；如盖三个以上印章时，为防止出现空白印章，应将印章盖在发文机关名称(可用简称)上，在最后一排印章右下方标识成文日期。印章不压正文，其上部边缘与正文应保持适当间隙，大体距离不到一行。

加盖印章有两种方式：凡印章下弧没有文字的，采用下套式，即以印章下部边缘骑年盖月；印章下弧有文字的，采用中套式，即以印章的中心线压在成文日期上。印章要盖端正，印文要清晰。

当公文排版后所剩空白处不能容下印章位置时，应采取调整字距、行距的措施加以解决，务必使印章与正文同处一面，不得采取标识“此页无正文”的方法解决。

(7)附注。用以说明公文的印发传达范围或使用时需注意的事项，如“此件发至县团级”、“此件可自行翻印”等。请示和上行的意见应在附注中标明联系人的姓名和电话。附注应加上圆括号，标注在成文日期的左下方、另起一行空两格位置。

(8)附件。附件与正文一般应该装订在一起。如附件与正文不能一起装订，应在附件左上角标识发文字号并在其后标识“附件”字样，多份附件的还应有附件序号。

3. 版记部分。由三个要素构成。

版记部分的基本构成要素有主题词、抄送机关、印发机关和印发日期等。版记应置于公文最后一页，版记的最后一个要素应置于最后一行。版记部分需印三条反线，分别位于主题词之下、抄送机关之下、印发机关和印发日期之下。三条反线均与版心同宽。

(1)主题词。是体现公文主题特征及其归属类别的词语,是在实践中总结出来并经过规范化处理的、能为计算机所识别的词语。标注主题词,为的是适应办公自动化的需要,同时也为公文分类立卷归档提供方便。

《办法》规定:"上行文按上级机关的要求标注主题词。"上报国务院的文件,应以国务院办公厅 1998 年颁发的《国务院公文主题词表》作为标引依据。各地区、各系统也可根据实际情况,遵循"严格控制,确实必须"的原则拟订自己的主题词表。

标引主题词,通常按"审读文稿—分析主题—查表选词—标引"的程序进行操作。选用主题词要力求准确、简明、有层次。所谓准确,就是要确切反映内容特征和归属类别;所谓简明,是指每份文件一般标三至五个主题词为宜,最多不超过五个;所谓有层次,就是先标类别词,次标类属词,最后标文种。如《国务院批转国务院旅游工作联席会议关于进一步加强饭店工作意见的通知》,主题词为"旅游　饭店　意见　通知"。

主题词相当一部分可从公文标题中选取,也可以从正文中筛选提炼。当主题词表中找不到贴切的类属词时,可以本着"宜宽不宜窄"的原则选择适当的词标引,这类词称为自由词。自由词的后面应加"△"符号,以示区别。

"主题词"三字使用黑体字,后标冒号,顶格写,词目用宋体字,诸词目之间空一格,不使用标点符号。

(2)抄送机关。指除主送机关外需要执行或知晓公文的其他机关。抄送机关对公文一般不负责答复与办理。根据《办法》的规定,无论对上级机关或不相隶属机关均用"抄送",不再用"报送"、"抄送"加以区分。

抄送机关标注时,居左空一字,即"抄"字与"主题词"的"题"字对齐,"抄送"后加冒号。有两个以上抄送机关时,可按机关性质、职权、隶属关系或其他逻辑关系依次排列,回行时应与上一行的机关名称对齐。同类的机关名称之间使用顿号,不同类的机关名称之间使用逗号,末尾标句号。

(3)印发机关和印发日期。印发机关指制发或翻印文件的机关或部门,一般是发文机关的办公部门。印发日期以付印日期为准,用阿拉伯数字写明具体的年月日。印发机关左空一字,印发日期右空一字。

对于上述眉首、主体、结尾三部分中 16 个要素,是否每份公文都要写出?不然,要根据公文内容的需要,具体安排 16 个要素。一般可以把 16 个要素概括为三句话。①一般必写要素:为 9 个(发文机关标识、发文字号、标题、主送机关、正文、成文日期、印章、主题词、印发机关和印发日期);②一般不写要素:为 2 个(秘密等级和保密期限、紧急程度);③视情况而写要素:为 5 个(签发人、附件说明、附注、附件、抄送机关)。

【式样一】

00000×

机密★1年

特　急

浙　江　省　人　民　政　府　文　件

浙政〔2005〕×号

浙江省人民政府

关于×××××××××通知

各市、县(市、区)人民政府,省政府直属各单位:

×××××××××××××××××××××××××××。××××××××××:

一、×××××××××

×××××××××××××××××××××××××××××××××××××××。

×××××××××××××××××××××××××××××××××××××××。

二、×××××××××

××××××××××××××××××××××××××××××××

××××××××××××××。

××。

三、×××××××××

××。

××。

附件：1.×××××××××××

2.×××××××××××

（浙江省人民政府印章）
二〇〇五年×月×日

（×××××××××××）

主题词：××　××　××　通知

抄送：××××，×××××××、×××××××、×××。

浙江省人民政府办公厅　　2005年×月×日印发

（注：版记部分应置于附件之后，因篇幅所限，姑印于此）

【式样二】

秘密

特急

浙　江　省　财　政　厅　文　件

浙财〔2005〕×号　　　　　　　　　　　　　　　签发人：×××

浙江省财政厅关于×××××××的请示

省人民政府：

××××××××××××××××××××××××××××。×××××××：

××。

××××××××××××××××××××××××××××××××××××××。

××××××××××××××××××××××××××××××××××。

××××××××××××××××××××××××××××××××××。

××××××××××××××××××××××××××××××××××。

附件:××××××××××

（浙江省财政厅印章）
二〇〇五年×月×日

（联系人:×××,电话:×××）

主题词:××　××　××　请示

抄送:国家财政部,省政府办公厅。

浙江省财政厅办公室　　　　2005年×月×日印发

（注:版记部分应置于附件之后,因篇幅所限,姑印于此）

（二）公文的用纸和印装格式

1. 用纸要求。采用国际标准 A4 型（210mm×297mm）纸张印制公文。

2. 排版的要求。公文使用的汉字按国家规定的标准方案执行，从左至右书写、排版。少数民族文字按其习惯书写、排版。正文一般每面排 22 行，每行排 28 个字。

3. 印刷要求。双面印刷；页码套正，两面误差不得超过 2mm。印品着墨实、均匀；字面不花、不白、无断划。

4. 装订要求。公文应左侧装订，不掉页。包本公文的封面与书芯不脱落，后背平整、不空。两页页码之间误差不超过 4mm。骑马订或平订的订位为两钉钉锯外眼订距书芯上下各四分之一处，允许误差±4mm。

5. 字体字号要求。发文机关标识推荐使用小标宋体字，用红色标识，字号由发文机关以醒目美观为原则酌定，但最大不能大于或等于 22mm×15mm。公文标题用 2 号宋体字，正文用 3 号仿宋体字，秘密等级、紧急程度、主题词用 3 号黑体字，签发人和附件说明用 3 号仿宋体字，签发人姓名用 3 号楷体字。

五、行政公文的行文规则

（一）上行文行文规则

1. “请示”应当一文一事；一般只写一个主送机关，需要同时送其他机关的，应当用抄送形式，但不得抄送其下级机关。

2. “报告”不得夹带请示事项。

3. 行文关系根据隶属关系和职权范围确定，一般不得越级请示和报告。

4. 除上级机关负责人直接交办的事项外，不得以机关名义向上级机关负责人报送“请示”、“意见”和“报告”。

5. 受双重领导的机关向上级机关行文，应当写明主送机关和抄送机关。

（二）下行文行文规则

1. 政府各部门依据部门职权可以相互行文和向下一级政府的相关业务部门行文；除以函的形式商洽工作、询问和答复问题、审批事项外，一般不得向下一级政府正式行文。

2. 部门之间对有关问题未经协商一致，不得各自向下行文。如擅自行文，上级机关应当责令纠正或撤销。

3. 向下级机关或者本系统的重要行文，应当同时抄送直接上级机关。

4. 上级机关向受双重领导的下一级机关行文，必要时应当抄送其另一个上级机关。

（三）联合行文规则

1. 同级政府、同级政府各部门、上级政府部门与下一级政府可以联合行文。

2. 政府与同级党委和军队机关可以联合行文。

3. 政府部门与相应的党组织和军队机关可以联合行文。

4. 政府部门与同级人民团体和具有行政职能的事业单位也可以联合行文。

(四)其他行文规则

1. 行文应当确有必要、注重效用。

2. 政府部门内设机构除办公厅(室)外不得对外正式行文。

3. 属于部门职权范围内的事务,应当由部门自行行文或联合行文。联合行文应当明确主办部门。须经政府审批的事项,经政府同意也可以由部门行文,文中应当注明经政府同意。

4. 属于主管部门职权范围内的具体问题,应当直接报送主管部门处理。

六、行政公文与党的公文比较

(一)行政公文与党的公文相同点

1. 都是法定公文。国务院 2000 年 8 月 24 日发布的《国家行政机关公文处理办法》和中共中央办公厅 1996 年 5 月 3 日发布的《中国共产党机关公文处理条例》,都是行政法规或党的规章,是依法确定下来的。

2. 行文的宗旨一样。两类公文都是贯彻党的基本路线,贯彻执行党和国家的各项方针政策,都是为我国社会主义四个现代化建设服务,为我国各族人民的根本利益服务,因此党政两家必要时可以联合行文。

3. 行文规则基本相同。例如:行文注重实效;行文关系根据隶属关系和职权范围确定;向下级机关的重要行文,要抄送发文机关的直接上级机关;党委各部门和政府各部门可以向其下级机关的相关部门行文;党委机关和行政机关中受双重领导的机关向其上级机关的行文,应写明主送、抄送机关;党委和行政的上级机关向受双重领导的下级机关行文时,应抄送其另一个上级机关;“请示”必须“一文一事”等。

(二)行政公文与党的公文不同点

1. 种类不同。行政公文有命令(令)、规定、公告、通告、通知、通报、议案、报告、请示、批复、意见、函、会议纪要等 13 个文种;党的公文有决议、决定、指示、意见、通知、通报、公报、报告、请示、批复、条例、规定、函、会议纪要等 14 个文种。两者之间有重合和独立的两种情况。

2. 格式不同。行政公文由秘密等级和保密期限、紧急程度、发文机关标识、发文字号、签发人、标题、主送机关、正文、附件说明、成文日期、印章、附注、附件、主题词、抄送机关、印发机关和印发日期等 16 个要素构成;党的公文由版头、份号、密级、紧急程度、发文字号、签发人、标题、主送机关、正文、附件、发文机关署名、成文日期、印章、印发传达范围、主题词、抄送机关、印制版记等 17 个要素构成。两者之间有重合、独立和相同内容而不同名称的三种情况。

3. 版头不同。行政公文由发文机关全称或规范化的简称后加“文件”二字组成,如“国务院文件”；党的公文由发文机关全称或规范化的简称后加“文件”二字或者加括号标明文种组成，如“中国共产党北京市委员会(通知)”。对于上报的公文，行政公文采用大版头，即印发机关标识上边缘至版心上边缘为80毫米；党的公文照常还是小版头。

4.红色反线不同。行政公文中间不断开，当中无“五角星”；党的公文中间断开，当中有“五角星”。

5.标题不同。行政公文要求准确简要地概括公文的主要内容并标明公文文种，一般应当标明发文机关，除法规、规章名称加书名号外，一般不用标点符号；党的公文要求由发文机关名称、公文主题和文种组成，一般不用标点符号(书名号、引号除外)。

6.主送机关不同。行政公文中的令、公告、通告、决定、会议纪要通常不标明主送机关，而在抄送处标明主送、抄送单位；党的公文对决议、决定、通报、公报、条例、规定、会议纪要、法规类意见通常不标明主送机关，而在附注处标明印发传达范围。

7.印章不同。行政公文除会议纪要和以电报形式发出的以外，其他公文都应当加盖印章；党的公文除会议纪要和印制的有特定版头的普发性公文外，其他公文才加盖印章。

8.数字写法不同。行政公文的数字写法除成文日期、部分结构层次序数和在词、词组、惯用语、缩略语，具有修辞色彩语句中作为词素的数字必须使用汉字外，应当使用阿拉伯数字；党的公文的数字用法执行《出版物数字用法的规定》。

9.字体要求不同。行政公文对发文机关标识、标题、小标题、签发人姓名、主题词等的字体及字号有严格的要求；党的公文对此没有严格要求。

10.用纸标准不同。行政公文要求用A4纸，每页22行，每行28个字；党的公文目前仍采用16K型纸，每页20行，每行25个字。

第二节 命令(令) 议案

一、命令(令)

(一)命令(令)的定义

命令(令)是“适用于依照有关法律公布行政法规和规章；宣布施行重大强制性行政措施；嘉奖有关单位及人员”的公文。

(二)命令(令)的特点

1.作者的限定性。命令的发布权限是有严格规定的，根据法律，只有国家主席、全国人大常委会和委员长、国务院总理和各部部长、县级以上地方人民政府、军事领导机关，才可以在法定权限内发布命令。党的机关一般不使用命令，人民团体、企事业单位无权使用命令。法定作者的严格限定,使命令成为所有公文中最具权威性的一个文种。

2.内容的强制性。命令具有强大的约束力,一经发布,受令方面就必须无条件地服从和执行,不得延误和违抗,否则将受到追究和处罚。

3.措辞的严肃性。由于命令的高度权威性和强制性,因此在行文语气上特别果断干脆,斩钉截铁,措辞严肃、明确、坚定,没有商量的余地。

(三)命(令)的分类

1.公布令。用于公布法律、行政法规和规章。

2.行政令。用于公布重大的强制性行政措施。如《国务院关于在我国统一实行法定计量单位的命令》。

3.嘉奖令。用于嘉奖有关单位及人员。

4.任免令。用于公布经全国人大批准的国务院组成人员任免名单。一般机关、团体、企事业单位的人事任免不用命令,而使用任免通知。

此外,还有戒严令、特赦令和宣布战争状态的动员令等,这三种只有国家主席和政府首脑才有权发布。

(四)命令(令)的写作要领

1.标题。有两种写法。

(1)发文机关+文种。如《国务院令》。

(2)发文机关+事由+文种。如《国务院关于在我国统一实行法定计量单位的命令》。

一般地说,任免、嘉奖、赦免人员时用"令",而不用"命令"。

2.发文字号。有两种写法。

(1)序号式。即在标题下,仅标序号,这种形式多用于以领导人名义发布的命令上,其文号从其任职开始到卸任为止,依次编排。

(2)完全式。即发文机关代字、年号、发文号都齐全。

3.正文。有三种形式。

(1)单层次式。发布令多数采用单层次,其内容为发布什么法规和施行日期。

(2)二层次式。行政令多采用二层次:第一层次的内容是发布该令的目的,第二层次的内容为命令事项。

(3)三层次式。嘉奖令多数为三层次:第一层次写嘉奖的缘由,主要写明嘉奖对象的功勋和业绩,其中时间、地点、事情、原因、结果都要交代清楚,此段最后要给功勋业绩定性。第二层次写嘉奖的目的及嘉奖的内容。嘉奖内容有授予荣誉称号的、记功的、晋级的、给予奖金的等。第三层次写嘉奖希望,写明对受奖者的勉励与要求,或向有关方面人员提出希望。

4.附件。颁布法规文件的命令,均以随令公布的法规文件作为附件。

5.落款。有两种写法:以个人名义发布的命令,在正文或下方标注发文机关领导人的姓名,姓名前要冠以职务;以机关名义发布的命令,不签领导人的姓名。

6.成文日期。有两种标法:一种是标在标题之下;另一种是写在文尾署名的下方。

(五)实例文选

国务院
中央军委 文 件

国发〔××××〕51 号

国务院、中央军委
关于授予钱学森同志"国家杰出贡献科学家"荣誉称号的命令

国防科工委:

钱学森同志是我国著名科学家。他早年在空气动力学、航空工程、喷气推进、工程控制论等技术科学领域做出许多开创性的贡献。1955 年 9 月,在毛泽东、周恩来等老一辈无产阶级革命家的关怀下,他冲破重重阻力,离开美国回到社会主义祖国。1959 年 8 月,他光荣地加入了中国共产党。数十年来,他以对祖国、对人民的无限热爱和忠诚,满腔热忱地投身于我国国防科研事业,为我国火箭、导弹和航天事业的创建与发展做出了卓越的贡献。他潜心研究的工程控制论,发展成为系统工程理论,并广泛地运用于军事运筹、农业、林业,乃至整个社会经济各个领域的实践活动,在我国现代化建设中发挥了重要作用。在发展系统工程理论与实践方面,是我国科技界公认的倡导人。他一贯努力学习马克思主义、毛泽东思想,坚持运用马克思主义哲学理论指导科学活动。他热爱中国共产党,热爱社会主义祖国,热爱人民,充分体现了新中国知识分子的高尚品德,他是我国爱国知识分子的杰出典范。

为了表彰钱学森同志全心全意为人民服务,为祖国科技事业的发展所做出的卓越贡献,国务院、中央军委决定,授予钱学森同志"国家杰出贡献科学家"的荣誉称号。

国务院、中央军委号召广大科技工作者向钱学森同志学习,学习他崇高的民族气节、严谨的科学态度、朴实的工作作风。像他那样忠于党、忠于社会主义祖国、忠于人民;像他那样坚持运用辩证唯物主义和历史唯物主义的科学世界观、方法论指导科研工作;像他那样勤勤恳恳,艰苦奋斗,顽强拼搏,无私奉献,为发展和繁荣我国科技事业,推进社会主义现代化建设,做出新的贡献。

科学技术是第一生产力,是推动经济和社会发展的强大力量。各级领导干部都要继续认真贯彻落实党的知识分子政策和发展科技的方针,以对党对人民高度负责的精神,关心爱护和大力培养科技队伍,造就更多的世界第一流的科学技术专家,为在全社会进一步形成尊重知识、尊重人才的良好风尚而努力奋斗。

国务院总理 李 鹏
中央军委主席 江泽民
××××年十月十四日

主题词:×× ×× 命令

国务院办公厅 ××××年×月××日印发

二、议案

(一)议案的定义

议案是“适用于各级人民政府按照法律程序向同级人民代表大会或人民代表大会常务委员会提请审议事项”的公文。

(二)议案的特点

1. 发文机关和主送机关的特定性。议案的发文机关是各级人民政府,国务院各部委、各直属机构以及地方各级人民政府所属各职能部门均无权提出议案。如果人民政府所属职能部门有所建议或意见,需报送政府,由人民政府作为发文机关提交议案。议案的主送机关是同级人民代表大会或人民代表大会常务委员会,发文机关不能向其他任何部门或单位行文,也不能越级提交议案。

2. 内容和程序的法定性。议案的内容,必须是属于同级国家权力机关职权范围内的有关事项,这在《中华人民共和国地方各级人民代表大会和地方各级人民政府组织法》中有明确的规定。从议案的提出到对议案的处理的每一个环节,都必须依照法定程序进行。

(三)议案的分类

议案按内容的不同,分为五种类型,最常用的有三种:

1. 立法议案。指行政机关制定的法规需提请权力机关审议或请求权力机关制定某项法规所提出的议案,如《浙江省人民政府关于提请审议〈浙江省陆生野生动物保护条例〉(草案)的议案》。

2. 重大事项议案。指行政机关就本行政区域内某一重大事项提请审议,要求作出决议决定的议案，如《国务院关于提请审议兴建长江三峡工程的议案》。

3.任免议案。指行政机关提请审议任免国家机关工作人员的议案，如《浙江省人民政府关于省人民政府秘书长、委(办)主任、厅(局)长任职的议案》。

此外，还有撤职议案和授予荣誉称号议案等。

(四)议案的写作要领

1.标题。有两种形式。

(1)发文机关＋事由＋文种。如《国务院关于提请审议设立海南省的议案》。

(2)事由＋文种。如《关于提请审议〈××省野生动物保护条例(草案)〉的议案》。

2.正文。一般由发文缘由＋议案事项＋结尾用语三部分构成。

(1)发文缘由。是提请审议有关事项的理由和依据，即为什么提出议案。

(2)议案事项。是发文机关要求审议的具体事项，即提请大会解决什么问题。本部分无需长篇赘言，是什么事就写什么事，简捷明畅。

(3)结尾用语。一般用于提出请求，如："现提请审议"，"请审议决定"。

(五)实例文选

××省人民政府文件

×政〔2001〕×号

关于提请审议《××省野生动物保护条例(草案)》的议案

××省人民代表大会常务委员会：

为加强我省野生动物的保护管理，省政府拟订了《××省野生动物保护条例(草案)》。该草案已经省政府常务会议讨论通过，现提请审议。

××省人民政府省长 ×××

二○○一年一月十八日

主题词：×× ×× 议案

××省人民政府办公厅 2001年1月18日印发

第三节　公告　通告　通报

一、公告

（一）公告的定义

公告是“适用于向国内外宣布重要事项或法定事项”的公文。

（二）公告的特点

1. 内容的重要性。公告所发布的内容是国家重要事项或法定事项，这是其他知照性公文所不能取代的。目前报刊上刊登的“校庆公告”、“招聘公告”等是不正确的。

2. 作者的特定性。公告只为国家权力机关和监督机关使用，比如全国人大，国务院及各部委，各省、市人民政府和法定的有关职能部门，如司法机关、税务机关、海关总署、公证机关等。其他地方行政机关、社会团体、企事业单位不能发布公告。

（三）公告的分类

1. 重要事项公告。这类公告所宣布的重要事项主要包括：国家领导人的选举结果、国家领导人的出访、答谢外国政府对我重大庆典的祝贺及对我国领导人逝世的吊唁、国家重要统计数据等。如《中华人民共和国财政部公告》。

2. 法定事项公告。这类公告是指有关法律、法规中明文规定应该用公告形式发布的事项。如专利公告、商标公告、破产公告、企业法人登记公告、房屋拆迁公告等。此外，按我国《民事诉讼法》规定发布的一系列法院公告也属此类。

（四）公告的写作要领

1. 标题。有三种写法。

（1）发文机关＋事由＋文种。如《国务院办公厅关于夏时制的公告》。

（2）发文机关＋文种。如《中华人民共和国财政部公告》。

（3）文种。如《公告》。

2. 发文字号。有两种写法。

（1）常规写法。如××〔××××〕×号。

（2）在标题下标注流水号。如（2005年第9号）。

3. 正文。由发文缘由＋主体事项＋结尾用语三部分构成。

（1）公文缘由。写明发文的有关背景、目的、依据、意义等，然后常用“特公告如下”为过渡句引出下文。

（2）主体事项。写明具体知照内容，有时用一段式来写，有时分条列项来写。这部分要求做到条理清楚，用语庄重。

（3）结尾用语。一般用“特此公告”作结语，但也有不用结语。

4.眉首和版记。公告如在新闻媒体上发布或相关地区张贴,则不写眉首和版记;作为文件下发,则要有这两部分内容。

(五)实例文选

中华人民共和国财政部公告

(2000年第2号)

根据《中华人民共和国国库券条例》,现就发行2000年凭证式(一期)国债(以下简称"本期国债")的有关事宜公告如下:

一、本期国债发行总额为500亿元,分为两年期、三年期、五年期三种。其中两年期100亿元,票面年利率为2.55%;三年期350亿元,票面年利率为2.89%;五年期50亿元,票面年利率为3.14%。

二、本期国债从2000年3月1日开始发行,2000年4月20日结束。本期国债从购买之日开始计息,到期一次还本付息,不计复利,逾期不加计利息。

三、本期国债为记名国债,以填制"凭证式国债收款凭证"的方式按面值发行,可以挂失,可以质押贷款,但不能更名,不能流通转让。

四、在购买本期国债后,投资者如需变现,可随时到原购买网点提前兑取。提前兑取时,各购买网点均按兑取本金的2%收取手续费,并按实际持有时间及相应的分档利率计付利息。即:

从购买之日起持有期限不满半年的不计付利息,满半年不满一年的按年利率0.81%计付利息;满一年不满两年的按年利率1.98%计付利息;三年期、五年期国债持满两年不满三年的按年利率2.61%计付利息,五年期国债持满三年不满四年的按年利率2.97%计付利息;五年期凭证式国债持满四年不满五年的按年利率3.06%计付利息。

五、发行期内如遇银行存款利率调整,尚未发行的本期国债的票面利率,在利率调整日按两年期、三年期、五年期银行储蓄存款利率调整的相同百分点作同幅调整,其提前兑取时的分档利率,届时另行通知。

六、本期国债面向社会公开发行,投资者可到中国工商银行、中国农业银行、中国银行、中国建设银行、交通银行、部分商业银行以及部分省、市邮政储蓄的营业网点购买。

特此公告。

(中华人民共和国财政部印章)

二〇〇〇年二月二十五日

二、通告

(一)通告的定义

通告是“适用于公布社会有关方面应当遵守或者周知的事项”的公文。

(二)通告的特点

1.内容的广泛性。通告的内容广泛,可用于宣布行政措施,也可用于告知社会生活中的一些具体事项。

2.作者的普通性。通告的作者极为普通,可以是各级行政机关,也可以是社会团体、企事业单位。

(三)通告的分类

1.制约性通告。这类通告带有强制性,其目的是为了确保某一事项的执行与处理,提出具体规定,以要求相关单位与个人遵守。如《上海市商业管理委员会关于加强管理商业促销活动的通知》。

2.知照性通告。这类通告主要用于公布和实施某一事项,这些事项不具有行政约束力,仅供人们知晓。如全国旅游标准化技术委员会发布的《通告》。

(四)通告的写作要领

1.标题。有三种写法。

(1)发文机关+事由+文种。

(2)发文机关+文种。

(3)文种。

2.发文字号。有两种写法。

(1)常规写法。如××〔××××〕×号。

(2)在标题下标注流水号。如第×号。

3.正文。由发文缘由+主体事项+结尾用语三部分构成。

(1)发文缘由。写明发文的有关背景、目的、依据、意义等,然后常用“现将有关事项通告如下”为过渡句引出下文。

(2)主体事项。写明具体知照内容,一般分条列项来写。这部分要求做到具体明了,涵义准确,便于群众理解和执行。

(3)结尾用语。一般用“特此通告”作结语,但也有不用结语。

4.眉首和版记。通告如在新闻媒体上发布或相关地区张贴,则不写眉首和版记;作为文件下发,则要有这两部分内容。

（五）实例文选

××市人民政府文件

×政函[2002]86号

关于加强市区犬类管理的通告

为保持市容整洁，预防和控制狂犬病的发生与传播，切实保障公民人身安全，维护正常的社会秩序，根据国家有关法律、法规规定，结合我市实际，现就市区犬类管理的有关事项通告如下：

一、凡××经济开发区，××区××、××、××街道，××区××、××、××、××街道，××区××、××、××街道，任何单位和个人未经批准，一律禁止养犬。

经公安和动物防疫检疫部门批准，单位可以领养警卫、消防、科研等特殊需要的犬只；个人可以领养小型观赏犬（长60厘米、高45厘米以下），但必须是性情温和的玩赏犬种，严禁以养宠物为名饲养猎犬、狼犬及其他可能带有攻击性的犬只。

二、公安机关是本项工作的主管部门，城管、农业、工商、卫生、宣传、环保等部门要积极配合，抓好市区禁止养犬工作。各级各单位要切实负起责任，协助做好禁止养犬工作。

三、凡符合养犬条件的单位或个人应在规定时间内携犬到所在地区级动物防疫检疫部门注射狂犬病疫苗，领取《犬类免疫证》，再到所在地公安分局交纳养犬登记费5000元，审批领取《养犬许可证》和犬牌，并应每年接受所在地公安分局验审一次（验审费每只每年500元）和区级动物防疫检疫部门预防接种一次。

四、经批准所豢养的犬只一律进行栓（圈）养，并挂犬牌。严禁携犬乘坐公共交通工具及出入商店、公园、影剧院、街面等公共场所。

五、凡无标牌的犬，均视为野犬，由公安部门负责，会同有关部门予以捕杀。

六、无免疫证明的活犬和犬肉一律不得上市买卖。犬类宰杀或死亡，犬主应及时向原审批单位办理注销手续，并向原发证单位交销《犬类免疫证》、《养犬许可证》、犬牌。

七、违章养犬，造成咬伤他人或者导致发生狂犬病的，由所在地区级以上卫生行政部门责令限期改正，处以5000元以下罚款；情节较严重的，处以5000元以上20000元以下的罚款。拒绝、阻挠捕杀违章犬的，由所在地公安分局进行批评教育，责令改正；违反治安管理规定的，由所在公安分局依照《治安管理处罚条例》的规定予以处罚。

八、转借、租让、冒用、涂改、伪造、买卖《犬类免疫证》、《养犬许可证》、犬牌的，由有关部门依法予以处理。

九、本通告自发布之日起施行。现有犬只应自本通告发布之日起20日内，按照本通告规定进行免疫、登记、领证、挂牌，逾期未办理或未予批准的一律强行捕杀。

（××市人民政府印章）

二〇〇二年十月十八日

主题词：城市　环境　整治　通告

主送：××、××、××区人民政府，市政府直属各单位。

抄送：市委各部门，市人大常委会、市政协办公室，军分区，市法院，市检察院。

××市人民政府办公室　　2002年10月21日印发

（六）文种辨析：公告与通告；公告、通告与启事

1. 公告与通告。作为知照性公文，两者都具有公开性和广泛传播性的特征。但其区别有四点：①发文机关不同。公告只能由级别较高的行政机关和监督机关行文，而通告则各级单位均可行文，无限制性。②知照范围不同。公告面向国内外，而通告面向辖区一定范围内的群众。③内容特征不同。公告内容属重要事项或法定事项，重在知照性；通告内容专业性较强，或宣布行政措施，或告知具体事务，兼有知照和约束的性质。④发布方式不同。公告一般通过新闻媒体发布，通告除了在新闻媒体发布外，也可采用在相关地区张贴的方式。

2. 公告、通告与启事。在制发公务文书中，将公告、通告混同于启事的现象相当普遍。诸如招生、招聘、更名、改号、迁址、开业、租赁等事宜本应用启事，不少单位却用了通告甚至公告，其中滥用公告情况尤其多。究其原因，大多是由于望文生义，误认为公告就是公开把事项告知公众。什么是启事？启事是一种为了让公众了解、参与和协助办理而公开陈述某件事情的日常应用文。公告、通告与启事的区别有三点：①文种不同。公告、通告属行政公文，启事属日常文书。②作者不同。公告、通告由机关单位制发，启事的制发者可以是机关单位，也可以是个人。③作用不同。公告、通告具有权威性和一定的强制性，启事只是希望参与或协助，没有强制约束作用。

三、通报

（一）通报的定义

通报是“适用于表彰先进，批评错误，传达重要精神或者情况”的公文。

（二）通报的特点

1. 典型性。通报对受文对象主要起感召、宣传和教育作用。因此，无论是表彰、批评的对象或所告知的情况都应当有代表性。写通报必须选准富于教育意义的典型材料，而且应经过核实，做到确凿可靠。缺乏典型意义的事件不宜作为通报的内容。

2. 说理性。通报的目的在于发扬正气，打击歪风邪气，指导和推动工作，于是，因果的分析、实质的揭示、意义的阐发便自然成为通报的核心与重点。与其他公文相比较，议论分析是通报的显著特色之一。

（三）通报的分类

1. 表彰性通报。这类通报表扬好人好事，介绍先进典型，总结主要经验，号召人们学习。如《关于表彰2005年度粮食生产先进市县的通报》。

2. 批评性通报。这类通报批评错误行为或重大事故，目的在于告诫和教育人们吸取教训，引以为戒，防止类似问题发生。如《关于“十一”黄金周期间全国假日办总值班室受理的涉及旅行团款纠纷投诉主要情况的通报》。

3. 情况通报。这类通报将全局或某一方面的信息、动向或其他情况传达给下级机关，旨在引起重视，采取相应措施，以掌握主动权。如《关于全省食品安全检查情况的通报》。

（四）通报的写作要领

1. 标题。有两种写法。

(1)发文机关＋事由＋文种。

(2)事由＋文种。

2. 正文。由事实介绍＋奖惩定性＋希望和要求三部分构成。

(1)事实介绍。一般先将所通报的事实作简要介绍，如表彰性的通报，先将所表彰的人或单位所做的好人好事或成功的经验等主要事实作简要介绍；批评性的通报，先将所批评的人或单位所犯的错误、发生的事故、违法违纪事件等主要事实作简要的介绍；传达重要精神或情况的通报也要将主要精神、基本情况作简要介绍。

(2)奖惩定性。对这些事实进行性质分析，并作出奖励或惩处决定。

第一部分和第二部分如果内容简单，可以合一而写。

(3)希望和要求。这部分就如何向先进学习、对错误采取措施，提出希望和要求。

（五）实例文选

××市人民政府办公室文件

×政办〔2003〕129号

关于表彰××市创建中国优秀旅游城市工作先进单位先进个人的通报

各县（市、区）人民政府，市政府直属各单位：

在各地、各有关单位和广大群众的共同努力下，通过历时三年的创建工作，去年我市获得“中国优秀旅游城市”称号，并涌现出一批先进单位和先进个人。为了鼓励先进，继续做好创优工作和迎接每年的创优年度复核工作，××市人民政府决定，授予××市旅游局等20个单位为“××市创建中国优秀旅游城市工作先进单位”，×××等19名个人为“××市创建中国优秀旅游城市工作先进个人”称号，并予以通报表彰。

希望受表彰的先进单位和个人再接再厉，再创新绩。全市各地、各单位要以先进为榜样，与时俱进，开拓进取，使我市旅游事业再上新台阶。

附件：××市创建中国优秀旅游城市先进单位先进个人名单（略）

（××市人民政府办公室印章）

二〇〇三年九月二十四日

主题词：旅游　表彰　通报

抄送：市委各部门，市人大党委会、市政协办公室，市法院、市检察院，驻温部队，人民团体，新闻单位。

××市人民政府办公室　　2003年9月25日印发

第四节 决定 通知 意见

一、决定

(一)决定的定义

决定是"适用对于对重要事项或重大行动作出安排,奖惩有关单位及人员,变更或者撤销下级机关不适当的决定事项"的公文。

(二)决定的特点

1. 全局性。从总体上看,除部分带知照性质的以外,决定大多用于处理和安排事关全局的问题,对重要事项、重大行动作出决策和部署。所以,一般的、事务性的安排不宜使用决定这一文种。

2. 指令性。决定属于指挥性公文,其强制性和行政约束力仅次于命令(令)。一经决定了的事项,相关机关与人员都必须遵守,坚决贯彻执行。决定的这一特点,要求在行文时语气高度严肃决断。

3. 规定性。决定对重要问题作出决策,不但提出具体的指导思想、目标任务,而且还就政策界限、方法措施作出明确的规定,用以规范下级机关、单位的行动。有些决定本身就是法规文件,修改法规的决定也属于法规的范畴。

(三)决定的分类

1. 政策性决定。其内容侧重于统一思想认识和确定某一方面的方针政策,带有方向性、纲领性和法规性。如国务院关于知识产权保护、发展旅游经济等方面的决定。

2. 部署性决定。这一类决定用于安排采取某一重大行动或部署某一方面的重要工作。与政策性决定相比,其内容相对来说较微观,而有关的原则、步骤与方法则交代得较详尽具体。

3. 奖惩性决定。这一类决定多用于表彰先进集体和个人、授予荣誉称号、批评处分违法乱纪人员和处理重大事故等。如《关于表彰××省农业科技突出贡献者和先进工作者的决定》。

变更或者撤销下级机关不适当的决定事项,原先使用命令文种,如今改用决定。这样,决定中本应新增变更、撤销性决定一类,但由于目前此类决定尚不多见,故不详论。

(四)决定的写作要领

1. 标题。有两种写法。

(1)发文机关+事由+文种。

(2)事由+文种。

2.主送机关。决定一般为普发性文件，其主送机关的标注位置有两种情况，除按常规列于正文前之外，也可以置于版记部分，标注在抄送机关之上，并在受文机关名称前分别冠以“主送”和“抄送”字样。当主送机关置于版记部分时，成文日期或者会议通过日期应当加括号标注在标题下方，称为题注。

3.正文。由发文缘由＋主体事项＋结尾三部分构成。

(1)发文缘由。政策性和部署性决定一般写明发文的有关背景、目的、依据、意义等，然后常用“为此特作如下决定”为过渡句引出下文。奖惩性决定一般写明主要事宜。

(2)主体事项。政策性和部署性决定主要对提出的问题作出决策部署，通常采用分条列项来写，以决断有力、准确明了的用语阐述政策界限，提出切实可行的措施和办法。奖惩性决定在这部分进行分析评论和给予奖惩定性。

(3)结尾。一般提出希望和号召，以对主体事项的强调与补充。

(五)实例文选

××省人民政府文件

×政发〔2006〕36号

关于表彰××省农业科技突出贡献者和先进工作者的决定

各市、县(市、区)人民政府，省政府直属各单位：

“十五”以来，我省不断深化农业科技体制改革，进一步增强农业科技创新能力，农业科技工作取得了显著成效。广大农业科技工作者以服务“三农”为己任，大力推进农业科技进步，有力地支撑了我省高效生态农业的发展，为促进农业增效、农民增收和农村经济社会发展做出了积极的贡献。为认真贯彻落实中共中央、国务院《关于推进社会主义新农村建设的若干意见》和全国科学技术大会、全省自主创新大会精神，激励广大科技人员积极投身社会主义新农村和科技强省建设，省政府决定，授予徐子伟等10人“××省农业科技突出贡献者”称号，授予张冬青等101人“××省农业科技先进工作者”称号。农业科技突出贡献者各奖励20万元，农业科技先进工作者各奖励1万元。

希望受表彰奖励的农业科技突出贡献者和先进工作者珍惜荣誉，戒骄戒躁，不断进取，争创新的业绩。全省科技工作者要以先进为榜样，进一步增强责任感和使命感，开拓创新，勇于奉献，为加快我省农业科技进步，推进社会主义新农村和科技强省建设做出更大的贡献。

附件：××省农业科技突出贡献者和先进工作者名单（略）

（××省人民政府印章）
二〇〇六年六月十二日

主题词：农业　表彰　决定

抄送：省委各部门、省人大常委会，省政协办公厅，省军区，省法院，省检察院。

××省人民政府办公厅　　2006年6月12日印发

（六）文种辨析：决定与命令、通报

嘉奖令、奖励决定和表彰通报都可用于表彰奖励。但三者之间的区别有三点：①发文机关不同。嘉奖令只有具备发布命令权限的机关（一般为中央军委、国务院、部级机关）方可使用，其他无权使用命令的机关只能选择决定与通报。②行文目的不同。嘉奖令和奖励决定侧重于下组织结论，即对单位或个人的事迹予以肯定和赞扬，作出组织决定；表彰通报则侧重于树立典型，宣传好人好事，起教育群众、推动工作的作用。③奖励级别不同。对事迹特别突出、贡献特别卓越的单位或个人给予奖励（如授予国家级荣誉称号），用命令；对业绩显著、贡献突出的给予奖励（如授予荣誉称号等），用决定；对事迹先进，但还够不上嘉奖、记功等奖励而给予表扬的，用通报。此外，使用决定进行的表彰，是精神奖励与物质奖励并重；而使用通报的，是以精神奖励为主，一般不给予物质奖励。

各级行政机关实行奖励，应该依据法律的规定和职权，根据奖励的性质、级别和公示范围等实际情况，选择相应的文种。

二、通知

（一）通知的定义

通知是“适用于批转下级机关的公文，转发上级机关和不相隶属机关的公文，传达要求下级机关办理和需要有关单位周知或者执行的事项，任免人员”的公文。

（二）通知的特点

1.使用面宽。制发通知，不像命令、公告等文种那样受级别等方面的严格限定，各级机关、团体和企事业单位均可使用。

2.使用率高。通知兼有指示工作、知照事项以及批转、转发文件等多种功能。所以目前它已成为现行公文种类中使用频率最高的一种公文，故有“公文轻骑兵”之称。

3.时效性强。通知是一种制发比较快捷、运用比较灵活的公文文种，它所办理的事情，都有比较明确的时间限制，受文单位要在规定的时间内办理完成，不得拖延。

(三)通知的分类和写作要领

通知按内容和用途,可分为发布性通知、转发性通知、指示性通知和知照性通知四类。

1.发布性通知。这类通知,用于发布法规和规章、下达计划和印发领导讲话等。其标题的事由部分,有时使用“发布”字样,如《国务院关于发布〈国家行政机关公文处理办法〉的通知》;有时也用“印发”,如《中共浙江省委办公厅、浙江省人民政府办公厅印发〈关于领导干部报告个人重大事项规定的实施办法〉的通知》。公布重要法规常用“印发”。此外,“印发”的使用范围比“发布”广,一些不属于法规和规章的,如领导讲话、会议纪要、工作要点、规划纲要等需下发时,常用“印发”。

发布性通知的正文结构简单,篇幅甚短,一般只需写明发布对象名称及执行要求即可,如“现发布《××××××》,自×年×月×日起施行”或“现将《××××××》印发给你们,请认真贯彻执行”。正文后直接附以印发和发布文件,不必标注“附件”字样。

2.转发性通知。用于转发上级机关或不相隶属机关公文,批转下级机关的公文。如《国务院批转国家计委、财政部、水利部、建设部关于加强公益性水利工程建设管理若干意见的通知》。办公部门受权批转的,应用“转发”,如《国务院办公厅转发国家经贸委关于鼓励和促进中小企业发展若干政策意见的通知》。

这类通知的正文,实际上是针对被批转、转发公文所加的按语。其结构有两种形式:一种与发布性通知相似,只需写明被转文件名称和执行要求即可,如“现将……转发给你们,请结合实际情况,认真贯彻执行”;另一种篇幅稍长些,除上述内容外,还要再加上转发批示,批示要紧扣被转文件内容,作出分析评价,强调意义,提出执行要求和注意事项。办公部门受权批转的,前面还应加上“经×××同意”或“经×××批准”,以说明转发依据。

撰写转发性通知还应注意以下几点:

(1)此类通知的附件是实际上的正件,通知是为它而发的,所以在正文后不必标注“附件说明”。

(2)被转发或批转的公文标题中,除法规、规章名称应加书名号外,一般不要添加书名号。

(3)此类通知的版记(包括主题词、抄送机关等)仍应按公文惯例置于被转文件之后,而不宜放在正文与附件之间。被转文件的眉首与版记应删除,在标题下括注发文机关名称和成文日期。

(4)为避免标题出现“关于的关于”、“通知的通知”之类的赘语,允许将“关于的”和“通知的”省略。

3.指示性通知。这类通知用于向下级机关作指示、部署工作任务。正文部分由发文缘由+主体事项+结尾三部分构成。

(1)发文缘由。写明发文的有关背景、目的、依据、意义等,然后常用“特作如下通知”为过渡句引出下文。这部分要求概括简洁的语言，说明发文的必要性。

(2)主体事项。具体写出通知的任务、要求、方法、措施等，一般采用分条列项来写。这部分可以列小标题，也可用每段第一句作为中心句。

(3)结尾。一般在结尾段对通知加以强调，提出贯彻实施要求。

4. 知照性通知。用于告知一些不需直接执行或办理的事项，如节假日安排、人事任免、机构设置或调整、印章启用或更换以及召开会议等，主要起交流情况、传递信息的作用，一般无执行效用，所以除下行外，也可以发给平行机关。这类通知大多内容单一，篇幅简短。但会议通知的写法稍有不同，要写得详细些。会议通知的正文由发文缘由＋会议事项两部分构成。

(1)发文缘由。写明发文的有关背景、目的、依据、意义等，然后用“现将有关事项通知如下”为过渡句引出下文。这部分内容要写得简明扼要。

(2)会议事项。具体写明会议时间、会议地点、会议内容、参加人员、有关事项等。这部分内容要写得具体清楚，使人一看便明白。

(四)实例文选

1. 发布性通知

××省人民政府办公厅文件

×政办发〔2006〕80号

关于印发2006年全省整顿和规范市场经济秩序工作计划的通知

各市、县(市、区)人民政府，省政府直属各单位：

为了认真贯彻落实全国整顿和规范市场经济秩序电视电话会议精神，根据《国务院办公厅关于印发2006年全国整顿和规范市场经济秩序工作要点的通知》(国办发〔2006〕21号)和《国务院办公厅关于印发保护知识产权行动纲要(2006—2007年)的通知》(国办发〔2006〕22号)要求，经省政府同意，现将《2006年全省整顿和规范市场经济秩序工作计划》印发给你们，请结合实际，认真组织实施。

(××省人民政府办公厅印章)

二〇〇六年五月六日

2006年全省整顿和规范市场经济秩序工作计划(略)

主题词：经济　市场　计划　通知

××省人民政府办公厅　　2006年5月6日印发

2.转发性通知

国务院办公厅文件

国办发〔2006〕102号

国务院办公厅转发监察部等部门关于清理评比达标表彰活动意见的通知

各省、自治区、直辖市人民政府，国务院各部委、各直属机构：

监察部等部门《关于清理评比达标表彰活动的意见》已经国务院同意，现转发给你们，请认真贯彻执行。

（中华人民共和国国务院办公厅印章）

二〇〇六年十二月二十四日

关于清理评比达标表彰活动的意见

监察部　国务院纠风办　中央编办　发展改革委

民政部　财政部　人事部　国资委　法制办

（2006年×月×日）

《中共中央办公厅国务院办公厅关于严格控制评比活动有关问题的通知》（厅字〔1996〕10号）印发以来，各地区、各部门按照要求认真清理整顿各类评比达标活动，取得了一定成效。但是，近几年来评比达标表彰过多过滥的现象又有所抬头，社会影响不好，群众意见很大。为进一步做好清理评比达标表彰活动工作（以下简称清理工作），现提出以下意见：

一、充分认识清理工作的重要性和紧迫性

近几年来，由于利益驱动等多种原因，一些地方和单位热衷于搞评比达标表彰活动，甚至把举办评比达标表彰活动作为履行管理职责的重要手段，突出表现为：有的未经批准擅自举办评比达标表彰活动；有的直接向基层、企业和群众收费或变相摊派，谋取小团体的利益；有的评比达标表彰活动不切实际，演变成为一些干部谋取政绩的“形象工程”、“政绩工程”；还有的表彰项目设置随意性大、奖励面过宽。过多过滥的评比达标表彰活动，干扰了各地区、各部门的正常工作秩序，影响了企业正常的生产经营管理活动，加重了基层、企业和群众负担，必须坚决予以纠正和清理。

清理评比达标表彰活动，是进一步转变政府职能、改进机关作风的迫切需要，是构建社会主义和谐社会，减轻基层、企业和群众负担的一项重要举措。各地区、各部门要充分认识评比达标表彰活动过多过滥的严重性、危害性，充分认识清理工作的重要性、紧迫性，坚持以邓小平理论和“三个代表”重要思想为指导，全面贯彻落实科学发展观，采取有力措施切实抓好这项工作。要坚持标本兼治、综合治理，对各类评比达标表彰活动进行一次全面清理，逐步建立健全规范评比达标表彰活动的长效机制，切实减轻基层、企业和群众的负担，真正为群众办实事、解难事、做好事。

二、明确要求，扎实开展清理工作

清理工作涉及面广，政策性强，工作要求高。各地区、各部门必须精心组织，明确要求，突出重点，分类指导，坚决防止走过场、搞形式主义，确保清理工作扎实有序开展，实现评比达标表彰活动大幅减少、保留项目发挥积极作用、基层企业群众负担明显减轻的目标，为全面规范评比达标表彰活动奠定基础。

（一）清理范围。主要包括：国务院各部门、地方各级人民政府及其部门举办的面向本系统、基层和企业的各种评比达标表彰活动。

具有行政管理职能的事业单位和社团组织举办的评比达标表彰活动，参照上述范围进行清理。

（二）清理原则和要求。清理工作按照“全面清理、逐级负责、严格审核、大幅减少、统一规范”的原则进行。总的要求是，凡可以撤销的项目，要坚决予以撤销；凡可以合并的项目，要一律予以合并；对推动工作有重要作用确需保留的项目，要说明具体理由。

对以下项目，予以撤销：不符合国家法律、行政法规规定或不符合实际需要的项目；要求基层、企业、群众出钱出物出工或以各种名目收费的项目；以开展活动为由违反有关财经法规和制度滥发钱物的项目。

市（地）级以下人民政府及其部门原则上不再保留自行设置的评比达标表彰项目。

清理工作期间，各地区、各部门原则上不得举办新的评比达标表彰活动。

（三）清理方式。清理工作采取自上而下、条块结合，自查自纠与重点抽查相结合等方式进行。

（四）实施步骤。清理工作从2006年12月份开始。2007年6月底以前，基本完成清理任务。2007年7月底以前，各省（区、市）人民政府、国务院各部门将清理情况送监察部。

三、加强领导，确保清理工作取得明显成效

做好清理工作责任重大。各地区、各部门要进一步增强政治意识、大局意识和责任意识，把清理工作列入重要议事日程，严格落实责任制，保证各项措施落到实处，务求取得明显成效。由监察部、国务院纠风办、中央编办、发展改革委（国务院减负办）、民政部、财政部、人事部、国资委、法制办等部门组成的清理和规范评比达标表彰活动工作部际联席会议（以下简称联席会议），要认真履行统筹协调、政策指导、监督检查等职责。各成员单位要按照分工认真履行各自职责。监察部、国务院纠风办要发挥组织协调作用，严肃查处违规违纪行为；中央编办要加强机构编制监督检查；发展改革委（国务院减负办）要对涉及企业的评比达标表彰活动进行清理；民政部要配合做好对社团组织举办评比达标表彰活动的清理工作；财政部要加强对举办评比达标表彰活动的资金管理；人事部要综合协调政府奖励表彰工作；国资委要对所联系行业协会和事业单位举办的评比达标表彰活动组织开展清理工作；法制办要配合有关部门研究规定规范评比达标表彰活动的意见。各地区、各部门也要建立相应的领导和工作机制，加强对清理工作的组织领导和政策指导。国务院各部门要作出表率，既要对本部门举办的各种评比达标表彰活动进行认真清理，逐项提出撤销、合并或保留的意见，也要对本系统的清理工作提出具体要求。

各地区、各部门要切实加强对本地区、本部门清理工作的监督检查，重视发挥社会各界和新闻媒体的监督作用。要严明工作纪律，坚决纠正和查处各种违规违纪行为。对不认真自查自纠，基层、企业和群众反应强烈的单位，要责令其限期整改；对有令不行、有禁不止的，要根据规定给予直接责任人政纪处分，并追究有关领导的责任。联席会议将适时派出督查组，对部分地区和部门的清理工作情况进行抽查和重点督导。

以上意见如无不妥，请批转各地各部门执行。

主题词：清理　工作　意见　通知

国务院办公厅　　　　2006年12月24日印发

3.指示性通知

财政部　国家税务总局文件

财税〔2006〕75号

关于调整房地产营业税有关政策的通知

各省、自治区、直辖市、计划单列市财政厅(局)、地方税务局,新疆生产建设兵团财务局:

为贯彻落实《国务院办公厅转发建设部等部门关于调整住房供应结构稳定住房价格意见的通知》(国办发〔2006〕37号),抑制投机和投资性购房需求,进一步加强个人住房转让营业税征收管理,现将有关营业税问题通知如下:

2006年6月1日后,个人将购买不足5年的住房对外销售的,全额征收营业税;个人将购买超过5年(含5年)的普通住房对外销售的,免征营业税;个人将购买超过5年(含5年)的非普通住房对外销售的,按其销售收入减去购买房屋的价款后的余额征收营业税。

在上述政策中,普通住房及非普通住房的标准、办理免税的具体程序、购买房屋的时间、开具发票、差额征税扣除凭证、非购买形式取得住房行为及其他相关税收管理规定,按照《国务院办公厅转发建设部等部门关于做好稳定住房价格工作意见的通知》(国办发〔2005〕26号)、《国家税务总局、财政部、建设部关于加强房地产税收管理的通知》(国税发〔2005〕89号)和《国家税务总局关于房地产税收政策执行中几个具体问题的通知》(国税发〔2005〕172号)的有关规定执行。

地方各级财税部门要严格执行税收政策,加强税收征管,对执行过程中出现的问题,及时上报财政部和国家税务总局。

(财政部印章、国家税务总局印章)

二〇〇六年六月十六日

主题词:房地产　营业税　调整　通知

抄送:国务院办公厅、建设部,财政部驻各省、自治区、直辖市、计划单列市财政监察专员办事处,各省、自治区、直辖市、计划单列市国家税务局。

财政部办公厅　　2006年6月16日印发

4.知照性通知

××省财政厅文件

×财办〔2005〕158号

关于召开2006年全省财政工作会议的通知

各市、县(市、区)财政局(委),各有关单位:

2005年,在省委、省政府正确领导及各级党委政府、各相关部门的支持配合下,经过全行业辛勤工作,我省税收达×××亿元,实现历史性的突破。为认真总结2005年工作,精心抓好2006年的工作,进一步开创我省财政工作的新局面,经省政府同意,决定召开2006年全省财政工作会议。现将有关事项通知如下:

一、会议时间

12月28日下午至29日上午。28日上午12时前报到。

二、会议地点

××宾馆(××市××路448号,电话:7538688)。

三、会议内容

1.进一步贯彻落实全省财政发展工作会议精神。

2.总结2005年全省财政工作。

3.部署2006年全省财政工作。

四、参加人员

各市分管财政工作的副市长、省级有关单位领导(省府办发通知)、各市、县(市、区)财政局局长。

五、其他事项

1.请各单位于12月20日下午下班前将与会人员的姓名、性别、单位、职务以电子邮件或传真形式上报省财政局(联系人:×××,联系电话:05××—76054463,E-mail:yhzhao@tourzh.gov.cn,传真:05××—76156429)。

2.每单位可带司机一名,请注明姓名、性别;因住房紧张,请不要带其他人员。

3.在××单位的与会人员不安排住宿。

4.29日下午××电台财政之声将举行“开播两周年暨2006年财政行业高峰论坛”活动,届时邀请全体与会代表参加。

（××省财政厅印章）

二〇〇五年十二月十七日

主题词：财政　会议　通知

抄送：×××副省长、×××副秘书长，省府办财贸处，有关新闻单位。

××省财政厅办公室　　2004 年 12 月 18 日印发

（五）文种辨析：命令与通知

命令与通知都是下行文，均有发布规章和人事任免的功能。但两者之间有明显的区别：①发布规章的不同。命令"适用于依照有关法律发布行政法规和规章"，即只有国家主席、全国人大常委会和委员会、国务院总理和各部部长、县级以上地方政府、军事领导机关才可以在法定权限内发布规章；而县级以下地方政府和人民团体、企事业单位不能用命令发布，只能用通知来发布规章。②人事任免的不同。只有经全国人大批准国务院组成人员任免名单，才能用命令形式来发布；一般政府机关和人民团体、企事业单位的人事任免不能用命令，而使用通知任免。

三、意见

（一）意见的定义

意见是"适用于对重要问题提出见解和处理办法"的公文。

（二）意见的特点

1. 针对性。意见是针对工作中的重要问题提出见解和处理办法，这种"见解"和"处理办法"应该具有鲜明的指向。倘若笼统而谈、泛泛而谈，也就失去了意见的功用。

2. 多向性。大多公文行文方向单一，而意见却可多向行文。作为上行文，可报上级机关；作为下行文，可发下级机关；作为平行文，可送平行机关和不相隶属机关。

3. 实施性。意见不仅有报请性、指挥性、协商性的功能，而且其内容必须具有明确的实施性，为最终解决问题而服务。

（三）意见的分类

1. 指导性意见。它是上级机关为解决某个重要问题，对下级机关提出的工作原则，具体措施与执行要求的意见。如《关于鼓励企业招商引资的若干意见》。

2. 建议性意见。它是下级机关向上级机关提出改进、推动某项工作或解决某个问题的思路、设想、建议，供上级机关决策时参考的意见。如监察部等《关于清理评比达标表彰活动的意见》。由于行政公文中"报告"的适用范围已删去"提出意见和建议"的功能，因而建议性意见已取代了呈转性报告。目前这类意见使用得相当广泛。

3. 协商性意见。它是平行机关和不相隶属机关之间为了协调工作，一机关主动向另一机关协商事项的意见。由于这种意见与商洽很接近，所以从实际行文看，这种意见目前行文不多。

(四)意见的写作要领

1. 标题。有两种写法。

(1)发文机关＋事由＋文种。

(2)事由＋文种。

2. 主送机关。上行的意见，一般只写一个主送机关；下行的普发性意见，主送机关通常标注在版记部分的抄送栏内，而不是置于正文前的抬头部分。

3. 正文。由发文缘由＋主体事项＋结尾用语三部分构成。

(1)发文缘由。写明发文的有关背景、目的、依据、意义等，然后常用“现提出如下意见”为过渡句引出下文。这部分文字根据实际需要可长可短。

(2)主体事项。具体陈述对重要问题的见解和处理办法，其中可以包括指导思想、工作任务和目标、办法措施等项内容。若内容较多，可以列出小标题，下面再分条陈述。

(3)结尾用语。下行的意见有两种结尾方式：凡需贯彻执行的，应在文末单列一段提出明确要求；无此要求的，可以自然收结。上行的建议性意见，一般有“以上意见如无不妥，请批转各地区、各部门执行”作结语。

根据有关规定，意见作为上行文时，应按请示性公文的程序和要求办理。具体要求是：应参照“请示”件格式，在眉首中标签发人，在附注中标明联系人和联系电话；上级机关对一级机关报送的“意见”，应作出处理或给予答复。

(五)实例文选

××市人民政府文件

×政发〔2004〕47号

关于鼓励企业招商引资的若干意见

为进一步调动企业招商引资的积极性，充分发挥企业招商引资的主体作用，加快提升企业的国际化水平，增强市区经济的国际竞争力，经研究，在执行国家、省和市有关优惠政策的基础上，对市区企业开展招商引资提出如下意见：

一、鼓励企业开展合资合作。凡市区企业与外商创办中外合资合作企业，实际外资达200万美元以上的，自该合资合作企业投产第一年实现税收起，财政部门按其当年上缴地方财政新增实得部分(仅指新增增值税部分,下同)的15%,奖励给企业,连续享受三年。

二、鼓励企业增资扩股。凡外商在市区投资举办的独资、合资和合作项目,新增外资扩大注册资本和投资规模,实际外资增量达200万美元以上的,财政部门以上年上缴地方财政实得部分为基数,其新增地方财政实得部分的15%,奖励给企业,连续享受三年。

三、鼓励企业以商引商。凡经企业引荐外商来市区举办合资、合作和独资企业,实际外资达200万美元以上的,由财政部门按外商投资企业当年上缴地方财政实得部分的15%一次性奖励给引资有功企业。

四、鼓励引进世界500强。凡创办的外商投资企业属世界500强直接投资的,实际外资达200万美元以上的,上述一、二、三项中的奖励按30%计。

五、对引进外资有功的企业和个人给予表彰。凡介绍引进实际外资1000万美元以上的外商投资企业,在享受市政府有关奖励政策的同时,由市政府授予"招商引资先进企业"称号,对企业经营者授予"招商引资先进工作者"称号,对引进世界500强和行业巨头等成绩特别突出的可授予特别奖。

六、凡符合上述奖励条件的,由市政府和三区政府按财政分担比例共同兑现奖金。××、××、××三区有关企业或个人凭有关真实有效证件,向当地财政局和外经贸局提出申请,经审核确认,由区政府审批兑现;市财政奖励部分由市财政局、市外经贸局审核,并报市政府审批兑现(奖励标准:××区30%、××区5%、××区30%)。××经济开发区企业或个人直接向市财政局和市外经贸局申请并报市政府审批。同一项目同时符合本文件或其他相关文件奖励条件的企业或个人,其奖励按高限办理,不重复计奖。

七、以上所述外商投资企业是指鼓励类生产性外商投资企业,且经营期在十年以上,其他项目不在此列。

八、本意见适用于××市区范围企业,自颁发之日起执行,其他县市可参照执行。

九、本意见由市外经贸局、市财政局负责解释。

(××市人民政府印章)

二〇〇四年九月二日

主题词:招商引资△ 意见

主送:各县(市、区)人民政府,直属各单位。

抄送:省政府办公厅,市委各部门,市人大常委会、市政协办公室,军分区,市法院,市检察院。

××市人民政府办公室 2004年9月2日印发

（六）文种辨析：决定、通知与意见

决定、通知与意见均具有下级办事的功能。但三者之间的区别有三点：①行文方向不同。意见既可下行，也可上行和平行；通知主要是下行，也可平行（如部分知照性通知）；决定只能用于下行。②内容特征不同。决定常用于重要事项、重大行动的安排，带有较强的决策性和纲领性，提出的办法、措施比较原则；通知使用面宽，常用于部署工作，要求明确而具体；用于下发的意见大多是针对新情况、新问题提出见解和处理办法，或作原则性指导，或提出明确具体的要求，文中往往有较多的说理成分。③执行程度不同。决定的指令性最强，通知次之。意见作为下行文兼具指令性和指导性两种效用：如文中对贯彻执行有明确要求的，下级机关应遵照执行；无明确要求的，下级机关可参照执行。

第五节　报告　请示　批复

一、报告

（一）报告的定义

报告是"适用于向上级机关汇报工作，反映情况，答复上级机关的询问"的公文。

（二）报告的特点

1. 沟通性。沟通是现代管理活动中的一个重要环节。下情上达，可以通过会议、简报、口头汇报、书面报告等多种渠道，而呈送报告则是其中最准确、有效的方式之一。对于上级机关来说，可通过下级提交的报告获取信息，了解下情，为决策提供依据；对于发文机关来说，可以主动取得上级的指导和监督，做好工作，减少和避免失误。

2. 陈述性。报告是一种陈述性上行文，它以反映情况为立足点和基本点，行文时主要采用叙述和说明的表达方式。报告中对有关情况要作一些分析，但这些分析都建立在陈述情况的基础之上的。

3. 单向性。报告向上级行文，不需要任何相对应的文件，即具有单向性。在这一点上与请示有明显的不同：请示有双向性的特点，必须有批复与之相对应。

（三）报告的分类

1. 按写作时间，可分为定期报告和不定期报告。

定期报告又称例行报告，是根据工作需要或上级要求定期向上级作出的工作情况报告，分日报、周报、旬报、季报等，大多是在某一重要的中心工作、重大工程进行时期或发生自然灾害等非常时期使用。无严格期限规定，根据实际需要而写的报告则称为不定期报告。

2. 按内容性质，可分为工作报告、情况报告、答复报告和报送报告。

工作报告包括综合报告和专题报告两种。综合报告是反映本机关全面情况，以便上级全面指导工作的报告，如年度工作总结报告、年度工作计划报告等。专题报告是集中汇报某项工作、某个问题的报告，有阶段性的、总结性的，也有建议性的。

情况报告是专为上级机关提供重要情况的报告，其内容有特定的指向，如重要决策下达后的思想动态，有重要参考价值的新情况、新问题，正反面典型事例，重大案件以及灾害等突发性事件等。

答复报告是对上级机关询问作出回答的报告。

报送报告是向上级机关报送材料、物件时所作的简要报告。

历来有关公文的论著、教材还通行一种分类法，即按行文目的，分为呈报性报告和呈转性报告两类。2000 年国务院发布的《办法》在报告的适用范围中删去了“提出意见或者建议”一语，又新增了意见这一文种。在实际使用中，作为上行文的意见已经取代了呈转性报告，用于下级机关提出意见和建议，呈请上级批转。因此，报告便只有单一的呈报性质，不再分为呈报性、呈转性两类了。

（四）报告的写作要领

1. 标题。有两种写法。

(1)发文机关＋事由＋文种。

(2)事由＋文种。

2. 正文。由发文缘由＋主体事项＋结尾用语三部分构成。

(1)发文缘由。写明有关背景、目的、依据、意义等，然后常用“现将有关情况报告如下”为过渡句引出下文。

(2)主体事项。常见的有“总结式”写法(适合工作报告)和“情况－原因－教训－措施”写法(适合情况报告)。

(3)结尾用语。常用“特此报告，请审阅”为结语。

（五）实例文选

××市国家税务局文件

×国税〔2004〕×号

关于我市遭受特大洪水灾害情况的报告

××省国家税务局：

8 月 3 日至 5 日，我市连降大雨和大暴雨，山洪暴发、河水猛涨，全市 57 座大、中、小型水库普遍涨水溢洪，7 条河流出现多处漫堤或决口。全市有 11 个县、区，

102 个乡、镇，1902 个村受灾，造成大面积农田、房屋、水利工程、防洪设施、交通、邮电设施的损毁，广大群众的生命财产损失十分惨重。现将我市遭受水灾和抗灾情况汇报如下：

一、工商业损失严重，税收收入影响极大。此次洪灾造成全市停产半停产企业 22267 家。其中，市属以上企业 8001 家，县属企业 373 家，乡镇企业 1562 家，其余为私营、个体工商户。因供电线路毁损严重，加之企业原材料、机器设备被淹，短期内难以恢复生产，直接经济损失 12 亿元，预计将减少工商税收 7688 万元。

二、全市国税系统和职工家庭财产损失严重。据统计，全市国税系统倒塌房屋 87 间，被淹 74 间，被水冲成危房 746 间，冲走各种车辆、办公用具、机电设备 208 台(套)，共计损失 615 万元。另外，全市有 82 名税务干部家庭被水淹，冲毁房屋 200 多间，冲毁责任田 580 多亩，部分家电、粮食、家具用品被冲走，损失达 261 万元。

三、抗灾自救，恢复生产。8 月 5 日清晨，局党组召开紧急会议，研究抗洪救灾措施，同时，组织机关中层干部，由各局长带队，分赴到各县、区查看灾情，现场办公；慰问受灾的干部职工及其家属，帮助受灾基层税务所稳定情绪，恢复工作；帮助企业组织生产自救，发动未受灾干部职工向受灾群众捐赠衣物和食品。截至 8 月 10 日，市局机关干部职工已捐款 2.6 万元，衣物 800 多件，粮食 3000 公斤，已全部送往受灾群众手里，受灾严重的各基层税务所已全部恢复工作。现在，全系统干部职工，人心稳定，斗志高昂，正全力投入到抗灾自救、恢复生产中来。经全系统干部职工的努力，我们一定会战胜这场特大洪灾，把损失降到最低程度，保证全年税收任务的完成。

特此报告，请审阅。

(××市国家税务局印章)

二〇〇四年×月×日

主题词：水灾　情况　报告

××市国家税务局办公室　　2004 年×月×日印发

(六)文种辨析：报告、请示与意见

报告、请示与意见均有向上级反映情况的功能。但三者之间区别有三点：①行文方向不同。报告和请示属上行文，不能下行；而意见既可上行，也可下行，还可平行。②内容重点不同。报告侧重于汇报工作、反映情况；请示侧重于上级指示、批准；作为上行文的意见侧重于对重要问题提出解决办法，要求上级批转执行。③文种特点不同。报告具有单向性，请示具有双向性，而上行文的意见具有建议性。

二、请示

(一)请示的定义

请示是“适用于向上级机关请求指示、批准”的公文。

(二)请示的特点

1.单一性。《办法》规定：“请示应当一文一事，一般只写一个主送机关。”这条规定，强调了请示主题集中单一和主送机关单一的显著特点。把握这一特点，对于正确运用请示文种尤为重要。

2.时效性。一般来说，请示的事项是亟待明确或急需解决的问题，时效性很强。上级机关受文后应及时研究，无论同意与否，都应尽快作出批复，不宜久拖不复，否则会影响下级机关正常开展工作。

3.双向性。请示是下级机关为请求上级机关批准某一事项或解决某个问题而制发的，请示的目的是为了得到反馈，即期待上级明确表态，予以答复。批复就是专为反馈请示事项而设的文种。

(三)请示的分类

1.请求批示性请示。是指请求上级给予指示、裁决的请示。适用范围是：涉及政策法规界限方面的疑难问题，请上级解释或答复；遇有新情况、新问题而无章可循，请上级作指示；平行机关之间意见分歧难以统一，请上级裁决等。

2.请求批准性请示。是指请求上级批准、允许的请示。主要用于：在工作中遇到人、财、物方面的困难，请上级给予解决；请上级批准有关规定方案、规划；请上级批转有关规定、方案、计划。

(四)请示的写作要领

1.标题。有两种写法。

(1)发文机关＋事由＋文种。

(2)事由＋文种。

2.正文。由发文缘由＋主体事项＋结尾用语三部分构成。

(1)发文缘由。交代背景，提出请示的理论依据和事实依据，阐明必要性和可行性。这部分要领要简明概括，依据可靠，理由充分。

(2)主体事项。就某一事情或问题提出看法、建议或处理方案。这部分要写得明确具体，所提办法要切实可行。写请示事项有“三忌”：一忌只摆问题，不提方案；二忌模棱两可，含糊其辞；三忌语气生硬，催迫要挟。

(3)结尾用语。常用“特此请示，请批复”为结语。

（五）实例文选

1. 请求批示性请示

××省物价局文件

×物〔××××〕×号　　　　签发人：×××

××省物价局关于对××省人民政府××××年发布的两个通告有关问题的请示

省政府：

去年，治理“三乱”期间，省政府分别于××××年×月×日、×月×日先后在《大众日报》上发布了《××省人民政府关于废止部分收费、罚款、集资项目的通告》和《××省人民政府关于废止和停止部分收费、罚款项目的通告》（以下简称两《通告》）。×月×日两《通告》停止了省交通厅×交计字〔××××〕1号文中规定的“双排座小货车载客养路费”（待国家有关规定正式下达后，再按规定审批程序，另行报批）。依据两《通告》，××市各级物价部门对本市、县公路管理段、站进行检查。发现各段、站对两《通告》明令停止的“双排座小货车载客养路费”一直没有停收。对待检查，被查单位态度消极，拒不承认错误，拒绝签字盖章。对查出的这类问题物价部门进行了处理。但是，各公路管理段、站不服处罚，经复议后，龙口、莱州、牟平、海阳等公路管理站提起诉讼，除海阳县法院未受理外均已受理。龙口市人民法院并于××××年×月×日公开进行了审理，判决了物价检查部门败诉。

法院审理认为，龙口公路管理站对客货两用汽车（注：物价部门查的是双排座小货车）按核定载重吨位计征养路费的行为，符合××××年国家计委、交通部、财政部、中国人民银行联合发布的行政规章所规定的原则，并符合《××省行政事业性收费管理条例》；××省交通厅〔1989〕1号文实属是一个执行性解释，符合××××年国家颁布的《关于公路养路费的征收和使用规定》第5条原则；省政府两《通告》没有说明从什么时间执行，也未标明不另行文，此两《通告》不属于行政性规章。所以认定物价检查部门依据两《通告》进行查处法律依据不足，适用法律不当。

我们认为，法院这一判决实际上否定了省政府的两《通告》。为此，现就有关问题请示如下：

一、两《通告》是否因没有注明“不另行文”和执行日期，有关单位就可以拒绝执行。如必须执行，应明确执行日期。

二、省交通厅×交计字〔××××〕1号文件中规定的“双排座小货车载客养路费”被两《通告》停止执行，是否具有法规效力？

特此请示，请批复。

（××省物价局印章）
××××年×月×日

（联系人：×××，联系电话：××××××××）

主题词：通告　问题　请示

××省物价局办公室　　××××年×月×日印发

2.请求批准性请示

浙江省人民政府文件

浙政发〔××××〕189号

关于要求批准温州市经济技术开发区动工建设的请示

国务院：

温州市是我省东南沿海的重要港口城市和经济贸易中心。自1984年国务院批准温州为沿海对外开放城市以来，温州市努力改善投资环境，积极开展对外经济技术交往，发展外向型经济，对外开放迈出了可喜的步伐；交通、港口、通讯、能源和基础设施有了很大改善；城市面貌有了较大改观。为了不失时机地把温州市建成国务院批复中要求的“我国东南沿海重要的工业、外贸、港口城市和开展对外经济联系的窗口”，充分发挥温州市在对外经济技术交往中的优势，我们请求国务院批准建立温州市经济技术开发区。主要理由如下：

一、条件和时机已经成熟

1984年国务院批准的14个沿海开放城市中有13个开放城市相继建立了经济技术开发区，它们已形成沿海地带各具优势的对外开放战略布局。相比之下，温州由于过去基础设施和交通条件较差，尚未建成经济技术开发区，外向型经济发展缓慢。国务院[1985]国函字36号文批复：“从长远来看，温州市可以在龙湾兴办经济技术开发区。但是，考虑到目前的主客观条件，在近期内经济技术开发区不宜动工。”“近期的工作重点，主要是打好基础，为今后的发展创造条件。”遵照国务院的批复精神，温州市经过六年的艰苦奋斗，做了大量的基础工作，目前建立经济技术开发区的条件已经成熟。

二、基础设施已有较大改善

实行进一步对外开放以来，温州市的投资环境已有很大改善。先后建成了温州瓯江大桥等 4 座大型公路桥梁和龙湾 2 个万吨级码头，并开通了温州至香港的定期客货班轮。新建的二级民用机场已于今年 7 月通航 。4.8 万门程控电话已经开通。金温铁路正在积极筹划利用外资兴办。盘石电厂第一期 25 万千瓦机组已建成发电。市政公用设施和人民路扩建工程正在抓紧建设，新建扩建了拥有 600 间客房的涉外宾馆。在龙湾区状元镇已建设的 12 万平方米生活设施，可以为经济技术开发区配套。这些都为建设经济技术开发区创造了有利的条件。

三、外向型经济发展较快

改革开放给温州市的经济发展注入了强大活力。1990 年工农业总产值达 106.9 亿元，比 1984 年增长 1.48 倍。国民收入 66.4 亿元，财政收入 8.879 亿元，分别比 1984 年增长 1.5 倍和 2.2 倍。六年来，全市共引进国外先进技术和设备 150 多项，改造了一批老企业，提高了产品的质量和档次，增强了在国内外市场上的竞争能力。引进外资工作有了新的进展，截至今年 9 月，共批准外商投资项目 133 个，总投资额为 8495 万美元，协议外资 4635 万美元。已开业的 74 家企业，今年 1 至 8 月，产值达 1.5 亿元人民币，出口创汇 1630 万美元。1990 年，外贸出口供货总值达 8.55 亿元人民币，比 1984 年增长 4.63 倍。温州市外向型经济发展的速度和规模都出现较好的势头。

四、温州出口工业区粗具规模

1987 年，经省政府同意，在温州龙湾区建立出口工业区。目前，首期开发的 26.4 万平方米已基本完成“五通一平”，竣工厂房面积 2.9 万平方米，在建厂房 1.9 万平方米，已引进 40 个项目，总投资 11286 万元，其中“三资”企业 18 家，总投资 1490 万美元。有 21 家企业开工投产，预计今年产值可超亿元，出口创汇 1000 万美元左右。经过三年多的实践，该工业区已成为温州市吸引外资的主要基地，积累了一些经验，锻炼和培养了一批干部，为建设经济技术开发区奠定了基础。

五、利用台资前景看好

温州市靠近台湾，距基隆港仅 186 海里，在台湾的温州籍人有 6 万人，其中许多人在党政军和工商界颇有实力和影响。近 3 年，温州共接待台湾同胞 5000 多人次，经贸考察团 11 个。温州市的洞头、鳌江（平阳县）、黄华（乐清县）是我省对台小额贸易口岸，对台贸易业务不断扩大。最近台商来温州投资的势头很好。台商普遍反映，温州与台湾地域相近，产业结构相似，希望温州能早日建立经济技术开发区，以便他们集中投资。

综上所述，我们认为，建立温州经济技术开发区的时机和条件已经成熟。经过论证，我们设想，将温州经济技术开发区的区域范围作适当调整。具体位置是：北临温强公路，西依汤家桥路，南濒车站大道，东靠坦河。总面积为5.11平方公里，首期开发1.8平方公里(其中含已开发的0.26平方公里的工业区)。

特此请示，恳请尽早批准动工建设。

(浙江省人民政府印章)

××××年十月十二日

主题词：××　××　请示

浙江省政府办公厅　　××××年10月12日印发

(六)文种辨析：请示与报告

请示和报告均属上行文，都有必要的情况叙述，格式上也有一些共同之处。正因为两者比较相近，因此在使用中混淆不清的现象较为普遍，主要表现为：该用请示的误用报告；“请示报告”合并使用；报告中夹带请示事项或请示中汇报工作过程等等。为纠正上述现象，规范使用文种，有必要弄清它们的相互区别：①行文目的不同。请示是向上级机关请求指示批准；报告是向上级机关汇报工作，反映情况，签发询问。②行文时间不同。请示必须在事前行文，否则就是“先斩后奏”；报告则不受时间限制，事前、事中和事后都可以行文。③内容含量不同。请示一文一事，篇幅相对较短；报告不限一文一事，内容较复杂，篇幅较长。④处理办法不同。上级机关受文后，对请示有答复的责任，对报告则一般不作答复。

三、批复

(一)批复的定义

批复是“适用于答复下级机关的请示事项”的公文。

(二)批复的特点

1.针对性。批复属于答复性的下行公文，是专为请示而设置的文种。从行文对象看，其主送机关是呈报请示的下级机关；从行文内容看，只针对请示事项表明态度，发表意见，不涉及其他事项。

2.结论性。批复对请示的问题只作原则性、结论性的解答，不必叙述来龙去脉、前因后果，不必展开分析议论。因此，多数批复篇幅短小，有的甚至只有几句话。

3.及时性。批复的写作时限要求较高。这是因为请示中要求指示、批准的事项多半是下级机关亟待解决的问题，上级机关受文后理应及时研究，迅速答复，以免误事。

(三)批复的写作要领

1.标题。有两种写法。

(1)发文机关＋事由＋文种。

(2)事由＋文种。

2.正文。由引语＋主体事项＋结尾用语三部分构成。

(1)引语。开头引述来文标题并于其后括注文号(也可引日期加标题),然后用"悉"、"收悉"表示已收文阅知。引语要清楚明白,不能笼统称"来文收悉"。

(2)主体事项。批复意见是批复的主体事项,承接上文的用语有三种情况:内容单一的,可用"经研究,同意……"直接批复;内容较多的,可用"经研究,现批复如下"领起,再分项答复;业务部门受权批复的,应说明"经……批准"。行文时,要紧扣请示事项,表明态度。对请示批准或解决事项要明确答复;对请示指示的问题要明确提出措施、原则和要求,切忌模棱两可,似是而非,使下级无所适从。凡同意下级请示的可直叙同意事项,不必再重复有关理由;不同意或不完全同意的则要简述政策依据或其他具体理由。

(3)结尾用语。一般阐述希望或要求,但也可不写尾语。

(四)实例文选

国务院文件

国函〔××××〕28号

国务院关于设立温州经济技术开发区的批复

浙江省人民政府:

你省《关于要求批准温州市经济技术开发区动工建设的请示》收悉。现批复如下:

一、同意设立温州经济技术开发区。温州经济技术开发区位于温州市龙湾区,北以温强公路,西以汤家桥路,南以车站大道,东以坦河为界,总面积为5.11平方公里,首期开发1.8平方公里(含已开发的0.26平方公里的工业区)。

二、温州经济技术开发区执行沿海开放城市经济技术开发区的各项政策规定。

(中华人民共和国国务院印章)

××××年三月十六日

主题词：×× ×× 批复

国务院办公厅 ××××年 3 月 16 日印发

第六节 函 会议记要

一、函

（一）函的定义

函是“适用于不相隶属机关之间相互商洽工作，询问和答复问题，请求批准和答复审批事项”的公文。

（二）函的特点

1.多向性。在行文方向上，函以平行为主，即用于不相隶属机关之间，其中包括平行机关。但是，它有时也可用于上行或下行。如上下级之间有关一般事务工作的相互询问，上级答复下级的询问等，都经常以函行文。

2.灵活性。作为公务信件的函，任何一级机关、团体、企事业单位均可使用。除行文方向较自由外，形式上、写法上也相当灵活便捷，如内容简约，短小精悍，制发和传递都甚为方便和快速。

3.有效性。函作为主要文种之一，与其他主要文种同样具有法定效力。向不相隶属机关即有关主管部门请求批准使用函，向上级机关请求批准使用请示，都是同样有效的。不属于请求批准的一般函件，也对受文机关有一定的协调或制约作用。

（三）函的分类

1.按行文往来，可分为发函和复函。

2.按内容性质，可分为商洽函、询问答复函和求批审批函。商洽函用于不相隶属机关之间商谈人事调动、联系参观学习、邀请讲学或指导业务等事宜；询问答复函用于对处理公务中不明确的问题提出咨询和给予答复，没有固定的行文方向，有无隶属关系均可使用；求批审批函用于向无隶属关系的主管部门提出请求批准的事项，以及主管部门答复审批事项。

从当前公文实践看，还有一些函是用来答复请示的，这主要指收到请示的上级机关授权办公部门，以复函的形式答复报送请示的机关。如国务院授权国务院办公厅函复一些省市或部委的请示，省政府授权省政府办公厅函复一些省市或部委的请示，省政府授权省政府办公厅函复一些地市或厅局的请示等。如浙江省人民政府办公厅致省外事办的《关于在美国举办中国浙江摄影图片展和中国浙江渔民画展的复函》属此类。由于发文机关与受文机关之间是不相隶属关系，所以上述函件可以视为审批函一类。必须强调的是，在函复请示时，务必在引述请示标题及文号之后，写上“经×××同意”或“经×××批示同意”，表明依据，再写函复事项。

（四）函的写作要领

1. 发文机关标识。函的发文机关标识属特定格式——信函格式。通常使用只标识发文机关全称名称而不标“文件”两字，发文机关名称之下印一条上粗下细的武文线。发文字号中嵌入“函”字，单独编发函号。文号置于武文线下，标题的右上方；秘密等级和紧急程度置于武文线下，标题的左上方。除便函外，均应列标题，写明事由和文种，其中文种要注明是函还是复函。

2. 正文。由发文缘由或引语＋主体事项＋结尾用语三部分构成。

（1）发文缘由或引语。发函的开头简述有关原因、目的等；复函则引述来文标题并于其后标注文号（也可引日期加标题），然后用“悉”、“收悉”表示已收文阅知。

（2）主体事项。发函写告知、询问、商洽或请求的内容，事项要明确具体，语气要委婉恳切，提出要求应给对方留有余地，不要强人所难，有时可写出自己的看法、打算，以供对方抉择参考；复函则针对来函所提出的问题明确作答，切忌模棱两可，答非所问。

3. 结尾用语。发函一般用“特此函告”、“请研究函复为盼”、“特此函达，请函复”等作结语；复函常用“特此函复”作结语。

（五）实例文选

1. 求批函

××市农工商联合总公司文件

×农联〔2002〕×号

关于2001年各级管理费列支办法的函

××市财政局、地税局：

遵循××市财政局、地税局《关于印发税前扣除××市国有企业上交主管部门管理费的审批管理办法的通知》（×财税〔1998〕171号）文件精神，根据我总公司的管理情况，我们拟订了《关于2001年各级管理费列支办法》，请求按此办法对所属公司在其销售收入的2％的范围内收取管理费，并在上缴企业所得税前扣除。

特此函达，请函复。

附件：××市农工商联合总公司关于2001年各级管理费列支办法

（××市农工商联合总公司印章）

二〇〇二年×月×日

主题词：管理费△ 询问 函

××市农工联合总公司办公室 2002年×月×日印发

2.审批函

××市财政局 ××市地方税务局文件

×财税〔2002〕×号

关于××市农工联合总公司 2001年度收取管理费审批意见的复函

××市农工商联合总公司：

你公司《关于2001年各级管理费列支办法的函》（×农联〔2001〕×号）收悉。经研究，现就你公司收取管理费有关问题答复如下：

鉴于你公司因历史遗留问题造成包袱沉重，资金来源不能满足经费开支，根据××市财政局、××市地税局《关于印发税前扣除××市国有企业上交主管部门管理费的审批管理办法的通知》（×财税〔1998〕171号）和《关于税前扣除企业上交主管部门管理费的审批办法的补充通知》（×财税〔1999〕886号）文件精神，同意你公司2001年度在不超过所属单位销售（营业）收入2%的范围内，向所属单位收取管理费，用于你公司的经费开支。各单位在规定范围内上交的管理费可在上缴企业所得税前扣除。

特此函复。

（××市财政局、××市地税局印章）

二〇〇二年×月×日

主题词：管理费△ 答复 函

××市财政局、××市地税局办公室 2002年×月×日印发

（六）文种辨析：函与请示

请求批准函和请示，均是有向对象请求指示、批准的功能。但两者之间区别有三点：①行文对象不同。凡是向不相隶属机关请示批准事项，应用函；凡是向有隶属关系的上级机关请求批准，应当用请示。②行文语气不同。向不相隶属的业务主管

部门提出请批事项的函，要彬彬有礼，语气委婉，不卑不亢，态度谦逊，多用商请性词语；向上级请求批准的请示，要体现敬重上级，言辞恳切，多用呈告性词语。③结尾用语不同。请求批准的函的尾语，多用“特此致函，请予函复”；请示的尾语，常用“特此请示，请予批复”。

目前，平行机关之间请求批准使用请示或报告的现象屡见不鲜，究其原因有以下两个方面：发函机关认为求人办事，用函不足以表示尊重，怕影响问题的解决，或者曾因用函行文碰过钉子，于是为了好办事而改用报告、请示；收函机关认为使用平行文函来请求批准是小看了自己，于是搁置拖延，故意刁难。总之，关键在于对函这一文种的性质、作用了解不够，造成了认识上的误区。《国务院办公厅关于实施〈国家行政机关公文处理办法〉涉及的几个具体问题的处理意见》（国办函〔2001〕1 号）强调指出：“函作为主要文种之一，与其他主要文种同样具有由制发机关权限决定的法定效力。”为了促进公文的规范化，函与请示混用的现象必须引起重视并加以纠正。尤其需要强调的是，具有某些审批权限的职能部门应明确函的效力，切实从自身做起，不应要求平行机关和不相隶属机关请求批准打报告、写请示，也不应用“批复”来答复审批事项。

二、会议纪要

（一）会议纪要的定义

会议纪要是“适用于记载、传达会议情况和议定事项”的公文。

（二）会议纪要的特点

1. 纪实性。会议纪要是会议形成的记录性公文，它必须忠实于会议原貌，客观地、扼要地反映会议中心议题和议定事项。撰拟者不得在纪要中随意添加会议未曾涉及的内容或擅自修改与会者的观点，而且也不能对会议内容加以引申发挥，发表评论。

2. 提要性。会议纪要应客观如实地记载会议情况，但不是有闻必录。起草人应对会议形成的各种材料（如会议记录、领导讲话、大会发言、会议简报等）进行分析研究，归纳整理，提炼概括，在此基础上，提纲挈领地反映会议的主要精神和主要成果。

3. 指导性。除凭证、资料作用之外，多数会议纪要具有指示工作的作用。它要传达会议情况和会议精神，要求与会单位和相关部门以此为依据展开工作，落实会议的议定事项。

（三）会议纪要的分类

根据会议的性质，常用的会议纪要可分为以下两类。

1. 例行办公会议纪要。这是各级领导班子开会集体研究工作并作出决定后所形成的会议纪要。这类会议，包括各级政府常务会议、市长办公会议、局务办公会议等，大体上有相对固定的时间和出席人员，会议产生的纪要内容一般比较简单，议决事项带有指示性质。

2.专题性工作会议纪要。这是某一系统或某些部门为贯彻方针政策，研究解决某一方面重大问题所召开的工作会议所形成的会议纪要。这类会议规模较大，纪要的内容比较复杂，包括与会代表达成的共识，贯彻方针政策的实施意见及具体的工作部署与要求等，涉及面广，政策性强。它往往以印发或批转通知形式下发，要求有关单位贯彻执行。

此外，还有座谈会纪要、研讨会纪要、联席会议纪要、协调会议纪要等。

（四）会议纪要的写作要领

1.发文机关标识。会议纪要的发文机关标识属特定格式——会议纪要格式。通常在“纪要”前冠以会议名称。

2.其他格式上的特殊之处。成文日期加圆括号标注在标题下方；不写主送机关，发送单位在文尾部分注明；不加盖印章。

3.正文。由会议概况＋会议精神＋结尾三部分构成。

（1）会议概况。简要介绍召开会议的背景、目的、时间、地点、召集单位、参加对象、会议宗旨、主要议程等，以反映会议概貌。

（2）会议精神。这是纪要的主体核心，其中主要包含两项内容：一是通过会议讨论所达成的共识，包括对前段工作的回顾与评价、对议题范围内若干重大问题的看法以及开展下一步工作的指导思想等，这是议定事项的前提与基础，因为只有统一思想认识才能做到统一行动，步调一致。二是议定的事项，即对今后工作所作出的部署，包括任务、措施和步骤等。这一部分在安排上，可以两项内容依次写，也可以按照问题，每个问题中既写思想认识，又写工作安排；可采取分列小标题的形式，也可采用分块式，用数字标明层次。

3.结尾。或对会议作出总体评价，或对贯彻落实会议精神的关键问题予以强调，或提出号召、希望等。也有不写结束语。

撰拟会议纪要应着重注意下列问题：①吃透会议精神。草拟者应自始至终参加会议，仔细阅读会议报告、讲话、总结发言和会议记录等会议文件，并通过访谈等作深入调查研究，以便准确把握会议主旨，掌握会议动态。如果写大型会议纪要，可在会议期间先草拟轮廓，再经逐步调整充实，提交与会者讨论修改。②突出一个“要”字。所谓“要”，就是主旨鲜明，简练扼要。应以是否符合会议中心议题为标准，从纷繁复杂的会议材料中理出头绪，权衡取舍，提炼概括，然后分门别类，有条不紊地表述出来。切忌主次不分，兼收并蓄，杂乱无章。为突出“要”字，一方面可适当摘引会议主报告等重要文件的原话，另一方面应集中反映会议取得的一致意见。不过，少数人正确合理的意见，也宜吸收。离主题较远但很有价值的意见，不必写入会议纪要，可通过简报等其他形式向有关部门反映。③有“记”有“议”。纪要应如实记载会议情况，不得任意发挥，添枝加叶。对讨论的事项，有些要从理论上加以说明，当然，这些理论概括均应出自与会者的讨论意见，而不该是拟稿人的主观认识。正因为如此，整个纪要的口吻，多用“会议认为”、“会议提出”、“会议强调”、“会议要求”等作为各段的段首语，领起下文。

（五）实例文选

××三角洲城市经济协调会第五次会议纪要

（二○○四年十一月二日）

××三角洲城市经济协调会（以下简称“××三角协调会”）第五次会议于2004年11月2日在××市举行。××三角协调会十六个成员城市的政府领导出席会议。会议邀请国家发改委地区经济司领导×××、国家交通部小运司领导×××，××、××省政府领导，××市、××市、××市、××市、××市、××市的市政府领导参加会议。有关××三角区域合作专题工作牵头部门负责人，以及中央在×和××市新闻媒体记者列席了会议。

××市长×××会见了会议代表，中共××市委常委、副市长×××和××、××省政府领导向会议致辞，××世博会执委会专职副主任、市合作交流党委书记×××出席会议，××市政府副秘书长×××主持会议。

会议以“完善协调机制，深化区域合作”为主题，讨论并通过了《关于修改××三角洲城市经济协调会章程的提案》、《关于设立××三角洲城市经济协调会专项资金的提案》、《关于充实××三角洲城市经济协调会常机构的提案》、《关于设立信息、规划、科技、产权、旅游、协作专题工作的提案》。会议通过了《××三角洲城市经济协调会章程修正案》；签署《城市合作协议》。

会议听取了××市副市长×××作的《××三角洲城市经济协调会第四次会议以来工作情况的报告》。与会城市领导围绕会议主题和城市合作协议的有关事项发表了意见。

会议确定了今后一年××三角协调会的主要工作是：

一、完成专题工作的年度目标

按照本次大会签订的城市合作协议，组成各专题组的工作机构，制定年度工作方案，推动工作实施，组织年度工作考评和成果验收。

二、开展调查研究

组织各成员城市开展××三角洲区域“十一五”合作规划的研究，为编制“十一五”区域发展规划打好基础。

在国家和×××三省市有关部门指导下，组织有关成员城市开展“创建××三角洲区域性行业协会”的研究，进一步发挥市场机制的作用，推动区域合作发展。

三、做好××世博会××三角洲工作机构的筹建工作

根据××三角协调会第四次会议《关于以筹办“世博会”为契机，加快××三角洲城市联动发展的意见》，结合世博会筹备工作的进程，做好××世博会××三角洲工作机构的筹建工作，以协调和动员××三角洲区域内的多种资源，共同推动世博经济发展。

四、参与××“黄金水道”建设的有关工作

在国家有关部门的领导下，会同××流域兄弟城市参与××航运规划、××航运船舶标准化、环境保护等专题工作。共同推进××“黄金水道”建设。

五、加强协调会的机构建设

根据本次大会通过的新章程，××三角协调会办公室在今后一年中，要在专题工作协调、年度计划实施、日常工作管理方面建立较完善的运作制度，切实落实和推进区域合作工作的开展。

同时，筹备设立××三角洲区域合作专家咨询委员会，完善区域合作的决策、咨询功能，形成区域合作的评估、考核体系，并为各城市的发展提供决策参考。

六、强化信息合作工作

建立“××三角洲区域合作信息库”，组织协调会成员城市建立合作工作信息交流制度，跟踪有关区域合作信息并汇集入库，提供“××信息网”发布。

创编“××三角洲城市经济协调会工作简报”，每月1～2期，交流各城市合作工作信息、反映区域合作动态、介绍国内外的区域合作案例和经验、发表专家建言等，促进各城市间信息共享，为提供决策参考。

会议对第四次会议执行主席方××市一年来的工作表示肯定。对××市精心组织第五次会议表示感谢。

会议决定，××三角洲城市经济协调会第六次会议于2005年在××市举行。

（六）文种辨析：会议纪要与会议记录

会议纪要与会议记录都是会议使用的记录性公文。但两者之间的区别有三点：①文体性质不同。会议纪要是法定公文，一般都作为文件来处理，而且并非每个会议都必须制发纪要；会议记录是事务文书，既不用上报，也不用下发，只作为工作依据和参考材料来处理，或者只起备查作用，因此是逢会必记的。②内容特征不同。会议纪要应反映会议基本情况和议定事项，所以要求撰拟者根据会议宗旨对会议材料进行分析综合，概括提炼，去除枝叶及重复内容，取其重点，所以具有选择性、提要性；而会议记录无论是详细记录或是摘要记录，都是原始记载，只能真实记录与会从

员所讲的原话和会议过程，记录人既不能遗漏，也不能随意增补和更改。③形成时间不同。会议记录是随着会议的进程同步产生的；而会议纪要则要在会议后期，甚至会议结束后通过加工提炼才能形成。

一、名词解释

行政公文、命令（令）、议案、公告、通告、通报、决定、通知、意见、报告、请示、批复、函、会议纪要、上行文、平行文、下行文、发文字号、签发人、抄送机关

二、填空题

1. 行政公文具有________、________、________特点。

2. 行政公文可分为________、________、________、________、________、________、________、________、________、________、________、________、________13个文种。

3. 行政公文具有________、________、________、________、________、________、________、________、________、________、________、________、________、________、________、________16个要素。

4. 通告可分为________、________两类。

5. 通报可分为________、________、________三类。

6. 请示可分为________、________两类。

7. 意见可分为________、________、________三类。

8. 函可分为________、________、________三类。

三、简答题

1. 行政公文有哪些分类？各有什么要求？

2. 公文的用纸和印装上有什么要求？

3. 行政公文和党的公文有哪些相同点与不同点？

4. 公告与通告，公告、通告与启事，命令与通知，决定、通知与意见，报告、请示与意见，请示与报告，函与请示，会议纪要与会议记录，它们各有什么区别？

5. 通告有哪些写作要领？

6. 通报有哪些写作要领？

7. 通知有哪些写作要领？

8. 请示有哪些写作要领？

9. 意见有哪些写作要领？

10. 函有哪些写作要领？

四、语言分析题

对下列各句，运用行政公文专用词语填空。

1. ________局《关于××的请示》(××〔2001〕15号)________，经研究________如下：……

2. ________部领导批示精神，我局会同××司××办公室抽调×名同志组成了"××"事件调查组……

3.《××××办法》________局务委员会讨论通过，现发给你们，望结合本单位具体情况________执行。

4. ……以上意见，如________，________批转各地各部门执行。

5. ________防止计算机2000年问题，________国务院批准，________将有关问题通知如下。

6. ________省人民政府领导同志的指示，________将国务院办公厅《关于公文处理等几个具体问题的通知》________给你们。

五、要素操作题

根据内容精神，补写下列行政公文的标题和开头。

1. ××省人民政府转发《国务院关于进一步加快财政事业发展的通知》。

标题：________

开头：________

2. 浙江省人民政府收到江西省人民政府《关于商洽经贸协作关系事宜的函》(赣政函〔2005〕×号)，经研究，同意合作并给予函复。

标题：________

开头：________

3. ××市人民政府拟在全市范围内开展政风政纪大检查。

标题：________

开头：________

4. ××省人事厅向省财政厅申请公务员培训经费。

标题：________

开头：________

5. ××厅拟将《××厅财务管理办法》发给各处、室。

标题：________

开头：________

6. ×市教育局发现所属大中专院校中有乱收费的现象，拟就此给他们发文。

标题：________

开头：________

六、习作题

（一）根据以下内容提示，拟定公文标题。

1. ××学院就会计专业学生×××考试作弊给予警告处分一事发个文件，使全校师生周知。

2. 国家财政部就当前财政工作现状、存在的问题和对如何进一步做好工作提出具体建议等内容向国务院行文。

3. 国务院对上一题国家财政部的行文进行行文。

4. ×县拟召开财税工作先进集体和先进个人表彰大会，为确保会议顺利进行，需准备哪些行政公文和事务文书？请写出标题。

（二）根据标题撰写公文。

1.《××××学院关于严禁考试作弊的通告》

2.《××县财政局关于×××同志拾金不昧先进事迹的通报》

3.《××县工商银行关于做好营业场所安全工作的通知》

4.《××市财政局关于开展"荣辱观"教育活动的意见》

5.《××市国税局关于举办干部培训班请予拨款的请示》

6.《××县经贸局关于开展经贸活动的函》

（三）根据材料撰写公文。

1. 将下面这条消息改写为决定。

陈坚　舍己救人　英勇献身

共青团××省委授予"优秀共青团员"光荣称号

本报讯：5月28日下午，共青团××省委在××大会堂召开大会，宣读共青团××省委决定，授予为抢救落水同学而英勇献身的陈坚同志"优秀共青团员"称号。

陈坚同志生前是××财政局公务员，刚满23周岁。2002年5月2日，陈坚看见四名小同学在河边玩耍，忽然有一人不慎落入水中，陈坚当即跳下水去营救，落水同学被救了，而他却献出了自己年轻的生命。

团省委副书记在讲话中号召全省青少年向陈坚同志学习，做一个有理想、有道德、无私无畏的好公民。

2. 根据下列材料，撰写公函。

××省工艺品厂曾于2005年1月与××省钢铁厂签订了一份购买材料的合同。工艺品厂已经付了20%的货款，计8万元。后来因对方发来的钢材不符合质量要求，经过多次的交涉，双方在2005年5月10日协商达成协议，由钢铁厂在一个月内退回货款，并将钢材自行运走，就此终结合同。但事后钢铁厂仍未将货款退还。工艺品厂曾于2005年6月16日以"工函〔2005〕15号"函催讨，未得回音。7月16日该厂再次发函催讨。

（四）指出下列行政公文的错误，并加以修改。

××县粮食局《会议通知》

（2005）×粮字第10号

全县各粮库：

根据上级要求，对全县粮库安全工作进行一次全面大检查，我们拟召开粮库负责人会议，现将有关事项通知如下：

一、会议时间：二〇〇五年二月十五日在县××大楼报到，会期两天。

二、参加会议人员：全县各粮库一名负责人，不得缺席，否则一切后果自负。

三、食宿等一切费用完全由个人自理。

××县粮食局

2005年2月10日

第三章　日常文书写作

学习目标

- 基本了解日常文书及各文种的定义、特点、分类、作用和写作要求。
- 重点掌握条据、书信、启事、自荐书的格式和写法。
- 体味例文，培养撰写日常文书的能力。

第一节　日常文书概述

一、日常文书的定义

日常文书是指单位和个人在日常工作、学习和生活中办理公务、处理私事而使用的应用文。这类文书以处理私事为多，处理公务为少。

二、日常文书的特点

（一）使用的广泛性

日常文书的内容，其涉及面非常广泛，几乎与人们的生活息息相关。如借东西要写借条，遗失东西要写寻物启事，等等。

（二）功能的直接性

日常文书的最大价值在于实用，在于解决和处理个人或单位在实际工作、生活中存在的问题，有强烈的现实针对性，直接作用于现实需要。

（三）语言的灵活性

日常文书的语言属于事务语体，但不同于行政公文，其语言比行政公文更加个性化，只要能表明意思即可，但力求简明、朴实。

三、日常文书的分类

按照性质和功能，日常文书主要有六类。

（一）条据类文书

这是指人们在日常事务交往中出具给对方作为说明某个问题或作为凭证的简

便文字。常用的说明性条据有留言条、托事条、请假条等,凭证性条据有借条、收条、领条等。

(二)书信类文书

这是指单位或个人彼此交流感情、沟通情况、联系工作而使用的一种文书。常见的有一般书信和专用书信,专用书信又有介绍信、证明信、邀请书、申请书等。

(三)告启类文书

这是指单位或个人向公众说明事情所使用的告知性文书。常见的有启事、海报、声明等。

(四)记录类文书

这是指单位或个人在活动中记载有关事实的实录性文书。常见的有会议记录、大事记、日记、传记、读书笔记等。

(五)纪念类文书

这是指人们对人或对物怀念而使用的纪念性文书。常见的有对联、碑文、悼词、祭文等。

(六)求职类文书

这是指人们为求职而自我介绍或自我推荐的一种文书。常见的有自荐书、求职信、应聘信等。

第二节 条 据

一、基本知识

(一)条据的定义

条据是指人们在日常事务交往中,出具给对方作为说明某个问题或作为凭证的简便字条。

(二)条据的分类

根据性质和功能,可将条据分为两类:一类是说明性条据,如请假条、留言条等;另一类是凭证性条据,如借条、收条等。

二、说明性条据

(一)定义

说明性条据是指人们在日常事务交往中出具给对方说明某件事情或某个情况的字条。常见的有请假条、留言条和托事条等。

(二)写作要求

1. 请假条正文内容应写明请假的原因、期限,正文末要写上“特此请假”或“请予批准”等习惯用语。病假条还应附上医院证明。语言表达要简练达意，礼貌得体，不能夸张渲染，态度强硬。

2. 留言条要把想告诉对方的事情以及有关时间、地点交代清楚。日期只写月日，但常注明具体的时间。

3. 托事条除要求用语简明外，还需讲究委婉礼貌，多用敬辞、商讨语气。

(三)格式写法

说明性条据的格式是：标题＋称呼＋正文＋落款。

1. 标题。“请假条”要有标题；“留言条”、“托事条”可写标题，也可不写标题。

2. 称呼。如同写书信一样，要写上称呼。一般把称呼写在正文前面，顶格书写；也有的可把称呼在致送语后面，写上“此致×××”

3. 正文。内容要写清事由和要求，感情要真挚，语言要简洁明了。

4. 落款。在正文之后的右下方写上名字和成文日期。

(四)实例文选

1. 请假条

请　假　条

王科长：

我因患重感冒，并有39℃高热，需到医院诊治，故请假一天，请予批准。

×××

××××年×月×日

2. 留言条

留　言　条

小李：

上午去找你，不在。我想借你的《大专应用文》一书，晚上7时再访，请在家等我。

×××

即日上午9时

3. 托事条

老王：

听说你近日去杭州出差，麻烦抽空到博库书城替我代购一本《外贸工作指南》，附上人民币壹佰元整。谢谢。

×××

××××年×月×日

三、凭证性条据

(一)定义

凭证性条据又称单据，是指人们在发生财物往来中出具给对方作为凭证的字条。常用的有借条、收条、领条、欠条等。

(二)写作要求

1. 财物数额大写。在各类条据中，总金额或物品数量部分，一定要大写，数额前不留空格。如果是钱币，还应写上币种名称，如“￥(人民币)”、“$(美元)”等。如果金额末位数不是“分”的话，则应在金额末尾数后写上“整”字，以防被人在后添加数字。

2. 条据不宜涂改。条据里涉及的财物名称、数额和时间一定要写清楚。条据写好后，不宜改动，如需改动，应在涂改处加盖责任人的印章，以示负责，如能另写一张则更好。

3. 书写端正清楚。条据一般要保留一段时间，又涉及财物，所以稍不小心，很容易引起矛盾纠纷，故条据要写得清晰、字迹端正，而且不能用铅笔或其他易褪色的笔写。一般用黑或蓝黑墨水的钢笔书写，这样保留时间长且不易变色。

(三)格式写法

凭证性条据的格式是：标题＋正文＋落款。

1. 标题。凭证性条据因其种类不同，故在每张单据上应标明种类的名称，如“借条”、“收条”、“领条”、“欠条”等。借条、收条、领条、欠条的标题也可以分别写成“今借”、“今收到”、“今领到”、“今欠”，凡以上为标题的，正文就顶格写起。

2. 正文。凭证性条据不用写称呼，直接写正文。正文要写明立条据的事由或事实，具体钱财、物品的名称、数量。如果是借条或欠条，还应写上还款日期、还款方式、利息支付等其他事项。正文结束，还应写上“此据”两字收结，以防别人在文后添加其他内容。“此据”可紧接在正文后面写，也可另起一行空两格写。

3. 落款。正文的右下方签上立字据的姓名，在签名时，应在姓名前写上“借款人”、“欠款人”、“收款人”、“领款人”等名称，有的还写上单位名称。一般单位立的字据都应加盖公章。重要的私人字据亦应加盖印章。署名之下应写上具体的年月日。

（四）实例文选

1.借条

借　条

今借到××财务科人民币贰仟元整，作为出差费用，返回后按规定报销，多退少补。

此据。

借款人：×××

××××年×月×日

2.收条

收　条

今收到华夏酒店归还的中号食盘叁拾个、色拉盘拾个。此据。

橘都酒店餐饮部：×××

××××年×月×日

3.领条

领　条

今领到工作服壹拾套、毛巾壹拾条。此据。

客房部：×××

××××年×月×日

4.欠条

欠 条

原向王平借人民币壹仟元整，今归还伍佰元整，尚欠伍佰元整，一个月内还清。

此据。

欠款人：×××

××××年×月×日

第三节 书 信

一、基本知识

(一)书信的定义

书信是个人与个人、个人与组织、组织与组织之间交流思想、沟通情况、联系工作的一种日常应用文。

书信是一种古老的文体，早在三千多年前商代的甲骨文中，就有君臣用马传递书信的记载。书信虽然早就出现，但因书写工具的缺乏和传递的困难，汉代以前除了天子与诸侯、诸侯与诸侯之间，一般人很少用。到汉魏六朝以后才逐渐普及。

(二)书信的分类

书信原本是分开说的。书，指的是写出来的文字材料；信，指的是送信的使者。到了六朝，书信两字才合而为一。今天的书信，根据性质和功能，可分为两类：一类是一般书信；另一类是专用书信。

二、一般书信

(一)定义和分类

一般书信，又称普通书信或私人书信，是指个人与个人之间交往的书信。

一般书信可以分为以下三类。

1.家人之间的书信。是指写给父母、爱人、儿女、兄弟姐妹的信件，是通信形式中最重要的一种。

2.朋友之间的书信。是指写给同学、同事、朋友的信件，是书信形式中最常见的一种。

3. 其他人员的书信。是指在生活、学习、工作中为交流思想而写给非亲朋之间的一类信件，这类信件在书信中占有较大部分。

（二）写作要求

1. 一切从对象出发。写信是给对方看的，因此写什么，怎么写，处处都要根据对方的具体情况而恰当地确定话题、运用语言、选择表达方式。只有这样，才能更好地表达自己的思想感情，便于对方接受，加深彼此的理解和关系。

2. 语言要简洁优美。一般书信的语言，不仅要简洁明快，使人一看就懂，不致产生歧义，而且要优美生动，注重文明礼貌，使人看了舒服。

3. 书写要端正规范。既不能潦草凌乱，使人无法辨认，也不能随意乱写简化字。用笔用水也要规范，一般使用蓝、黑色墨水的钢笔或毛笔书写，忌用铅笔书写，更不能用红墨水书写（习惯上把它作为绝交的表示）。

（三）格式写法

一般书信的格式是：称呼＋问候语＋正文＋祝颂语＋落款。

1. 称呼。写信人对收信人的称谓，写在第一行顶格，后加冒号，独占一行。称呼往往表明写信人与收信人的关系，也表明写信人对收信人的态度，应称呼得当。一般地说，平时怎么称呼，信上就怎么称呼。

2. 问候语。一般有问候语，另起一行，空两格开始写，一般单独成为一段，也可以与正文合段写。如果双方关系较密切或长辈写给晚辈，也可以不用问候语。

3. 正文。问候语写完后，正文一般另起一行空两格开始写；也可紧接问候语而写。正文一般围绕缘由、主体、总括的结构来写。

4. 祝颂语。一般有祝颂语，正文写完后用表示致敬或祝颂的话来结语。有三种写法：一是前半部分连接正文，后半部分另起一行顶格写；二是前半部分另起一行空两格写，后半部分另起一行顶格写；三是另起一行连着写。

5. 落款。在祝颂语之后右下方写上名字和成文日期。

另外，要规范书写信封，有四部分内容：①邮政编码；②收信人的详细地址；③收信人的姓名；④寄信人的地址和姓名。

（四）实例文选

×老师：

您好！

离开母校半年多了，而您谆谆教诲我们的情景还时时浮现在眼前。

我应征入伍之后，在新兵连训练了几个月，然后便下到连队。现在，每天主要是军事训练。连队也经常组织我们上课学习，讲授一些文化知识和专业知识。书到用时方恨少，离开了学校，我才知道自己当初做学生时没有抓紧时间多学点儿知识是多么可惜。不过，俗话说："活到老学到老。"今后，我不会再让时间白白地浪费掉了。

我所在连队地处杭城郊区，离杭州城里只有半个小时的路程。杭州是中外闻名的旅游胜地，那里有美丽的西湖。盼望老师在暑期能到杭州一游，也希望能再次得到老师的教诲。

就此搁笔，余言再述。

敬颂

教安！

学生×××敬上

××××年×月×日

三、专用书信

（一）定义和分类

专用书信是指用于某种特定场合，针对某种特定事物作专门用途的书信。

专用书信可以分为以下三类。

1. 信表类。如介绍信、证明信、申诉信、公开信、表扬信、感谢信、推荐信、求职信、咨询信、慰问信、贺信等。

2. 书表类。如决心书、倡议书、邀请书、建议书、说明书、保证书、悔过书、检讨书、报捷书、请战书、挑战书、聘书等。

3. 申请类。如入党申请书、入团申请书、入学申请书、住房申请书、辞职申请书、困难补助申请书等。

（二）写作要求

1. 内容要真实。专用书信的内容必须真实可靠、实事求是，来不得半点虚假编造。只有真实，才能经得起历史的检验。

2. 语言要得体。专用书信的种类颇多，有介绍性的，有说明性的，有祈求性的，有建议性的，等等。所以，在用语方面要适合内容的需要，不能千篇一律。

3. 手续要完备。有的专用书信需要具备一定的手续；有的应经领导审批，用单位名义发出的，要加盖公章；以众人名义发出的，要经参与者共同讨论和署名；具有凭证性质的，除盖章编号外，还要留有存根。

（三）格式写法

专用书信的一般格式是：标题＋称呼＋正文＋结束语＋落款。

1. 标题。在第一行居中写上专用书信的类型，如“介绍信”、“申请书”等。

2. 称呼。在第二行顶格写上受文单位名称或受文个人的姓名，然后加冒号。

3. 正文。一般围绕开头、主体、结尾的结构来写。

4. 结束语。一般有结束语，写上敬意或祝愿的话。如“此致　敬礼”等。

5.落款。在正文之后右下方写上作者和成文日期,如果是单位所写,要视情况加盖公章。

(四)实例文选

1.证明信

证 明 信

××学院:

贵院财会专业×××同学于×年×月×日至×年×月×日来我所毕业实习。在此期间,该同学认真学习,遵守纪律,工作负责,掌握了财会工作的基本技术,具备了独立工作能力。

特此证明。

××会计事务所(印章)

××××年×月×日

2.入党申请书

入党申请书

尊敬的党支部:

今天,我郑重向党组织递交申请,志愿加入中国共产党,真诚希望在党组织的领导下为共产主义、为党和人民的事业奋斗终生。

这个愿望在我心中由来已久。我在淳朴的家庭中长大,父亲是老党员,母亲是典型的劳动妇女,我从他们那里得到的是脚踏实地的人生态度和勤劳朴实的性格。父亲在他的本职工作中默默无闻地尽心尽力了三十多年,1980 年光荣离休。他的精神感动了我,他一直是我心目中的榜样。从小学到中学,我先后顺利地入队、入团,在少先队和共青团里我热情工作,始终保持一种荣誉感,也正是在少先队、共青团的教育下,我开始懂得中国共产党是一个光荣伟大的组织。就在那个时候,我便萌发了长大后做一名党员的愿望。

进入大学后,通过参加党章学习小组学习,我对中国共产党的性质有了更深刻的认识。中国共产党是中国工人阶级的先锋队,是中国各族人民利益的忠实代表,是中国社会主义建设的领导核心。这已为中国社会的历史和现实所印证。半个多世纪以来,中国共产党领导中国人民经过艰苦卓绝的奋斗,推翻了压在中国人民头上的“三座大山”，取得了新民主主义革命的胜利，发展了社会主义的政治、经济、文化，今天正领导中国人民为建设有中国特色的社会主义而奋斗。党的最终目标是建立共产主义的社会制度，就是要把未来社会建设成为无剥削、无阶级差别、各取所需的社会，实现无产阶级和全人类的彻底解放，在那里，每个人的自由发展是一切人自由发展的条件。中国共产党的历史使命是伟大的、神圣的，能成为一名党员为完成这一使命而奋斗是无上光荣的。这样，伴随着对党认识的深化，我要求入党的愿望愈益强烈了。

大学生活一年多来，我在党组织的领导和帮助下，各方面取得了不小的进步。我在抓紧功课的同时，做了大量的社会工作，努力为同学服务。比如组织晚会、编写刊物，等等，每接受一项任务，我都尽心尽力地去做，直到自己满意为止，这样以负责的精神完成一项任务我会感到莫大的欣慰，因为我感到为集体做了点事情。当然，我知道自己还有很多缺点和不足，比如处理某些问题过于急躁，欠考虑、不冷静，有时太自信，过于主观，等等。我真诚地希望能够加入党组织，在党组织的严格要求下，努力克服缺点和不足，不断完善自己。

今后，我决心更加认真地学习马列主义毛泽东思想，学习建设有中国特色的社会主义理论，学习科学、文化和业务知识，努力提高为人民服务的本领，在各方面发挥先锋模范作用。

请党组织在实践中考验我。

此致

敬礼！

申请人：×××

××××年×月×日

第四节　启　事

一、基本知识

（一）启事的定义

“启”即告知、陈述的意思，启事是单位或个人因有事向社会告知或请求别人帮助所使用的一种日常应用文。启事是公开的，一般张贴于公共场所或刊登在报纸杂志上，也可在广播电台、电视台中播出。

（二）启事的特点

1. 内容的广泛性。启事可以用于日常工作、生活中的招生、招聘、开业、庆典、商标的使用与更换等多种事宜。

2.告知的回应性。启事陈述事情的目的是要大家协助和响应，要求通过告知得到社会的广泛回应，以解决有关事项。

3.参与的自主性。启事不像“通告”那样具有强制性和约束力。启事的对象有参与的自主性，可以参与启事所知的事项，也可以不参与，主动权掌握在自己手中。

（三）启事的分类

根据性质和功能，可将启事分为三类。

1.告知类启事。即指有事要向社会宣布或告知，并希望引起人们注意所发的启事。如开业、停业、迁址、更名、改期、讲座、举办活动等启事。

2.征召类启事。指出于某种需要，请求别人帮助、关照时所发的启事。如征集、征订、征地、征稿、征婚、征租、招聘、招标、招商等启事。

3.寻求类启事。指因丢失物品或因有人走失所写的启事。如寻人、寻物等启事。

二、写作要求

（一）标题要醒目

一般应标明事由，以便人们按需查找。

（二）事情要单一

启事应做到一事一启，不能将几件事放在一起。

（三）内容要真实

启事中的内容必须真实，诸如招工启事、征租启事、征婚启事等都应实事求是，不能从中作假进行欺骗。

（四）语言要简洁

启事的语言要尽可能简洁达意，通俗明白。

三、格式写法

启事的格式是：标题＋正文＋落款。

（一）标题

启事的标题有多种写法：一是笼统式，只写“启事”两字；二是事由和文种式，如“开业启事”、“招聘启事”；三是事由式，即只有事由，没有文种，如“招聘”、“寻人”、“征婚”等；四是单位名称、事由和文种组合而成的标题，如“×××公司招聘启事”。一般而言，第一种笼统式效果不太好，标题不引人注目，容易被人忽略，而写明事由，则较为醒目，而且针对性强，便于人们分类查找。另外，有的启事为表明诚意，还在标题中加上敬辞，如“诚聘”、“敬聘”；有的要紧启事，还在标题中注明“紧急寻人启事”，这样更容易引起人们注意。

(二)正文

由于启事种类繁多,正文内容也不一致,要分别而论。一般而言,由目的或原因+具体事项和要求+联系地址和方法构成。如招聘启事,正文需写明所招聘的缘由、招聘工种、专业或岗位,条件、人数、要求,以及应聘方法、联系地址等内容。而开业启事则应写明开业单位的名称、开业地点、经营服务项目、有何特色、具体营业时间,最后往往写上一句"敬请广大顾客光临"等客套话收结。总之,启事的正文要根据不同的种类来安排内容。关键在于具体、明确。启事由于内容简短,所以通常不另结尾,全文大多只设一段文字,如具体事项较多,也可分条目逐一表达。

(三)落款

正文之后右下角写上启事的作者和成文日期。如标题中已写明作者,这里可省略。刊登在媒体上的启事,往往省略成文日期。

五、实例文选

××酒店集团公司诚聘中高层管理人员

××酒店集团公司是一家致力于大陆饭店连锁经营管理及饭店网络协作销售的专业公司,现已在大陆投资建立了三家高星级饭店,规划近几年内在主要城市新建多家高星级饭店。因经营发展需要,诚邀饭店业精英加盟。

总经理:35—45周岁,大专以上,三年以上高星级酒店副总以上岗位管理经验,思路清晰,创新能力强,熟悉酒店经营、成本控制、服务质量管理及人力资源开发,有良好经营业绩。

营销总监:28—40周岁,大专以上,三年以上高星级酒店公关营销部管理经验,公关策划能力强,熟悉企业VI管理,善沟通,营销理念超前,有良好营销管理实绩,英语口语良好,长于市场调研者优先。

人力资源总监:30—45周岁,大专以上,中型企业三年以上人力资源部管理经验,精通劳动人事法规,稳重成熟,有较好的亲和力、良好的现代人力资源管理理念和实务操作能力,有质检管理经验者优先。

前厅部经理:28—35周岁,大专以上,气质佳,形象好,至少三年以上高星级酒店前厅管理经验,英语口语流利,服务意识、经营意识及协作意识强,业务精熟,旅游专业毕业优先。

行政管家:28—35周岁,大专以上,形象较好,三年以上高星级酒店同岗位工作经验,细致认真,了解现代酒店客房规划和服务的形势,有开拓创新精神,英语口语能力强,旅游专业毕业优先。

康乐部经理:28—35周岁,大专以上,形象较好,三年以上高档酒店康乐管理经验,有亲和力,掌握宾客服务心理,精通服务程序,了解康乐服务的发展方向,能设计、策划最新最优的康乐服务项目。

工程部经理:30—45周岁,大专以上,三年以上酒店工程部管理经验,掌握酒店工程部最新管理理念,擅长节能管理,设备设施选型、保养、维修经验丰富,有高星级饭店更新改造及装修管理经验者优先。

装修工程总监:30—45周岁,大专以上,了解酒店各区域各项目安装、装修和空间利用的先进理念,现场施工管理经验丰富,精通装修的质量标准、要求,熟悉各种材料的性能价格,有较好的预决算经验和工程进度、质量、费用控制能力,善于沟通,懂土建、安装及设备选型调试者优先。

报名时间:截止6月15日

报名地址:××市延安路447号董事会办公室

邮编号码:310006

电　　话:0571—×××××××××—1881、11619

传　　真:0571—×××××××××、×××××××××

E-mail: zj-hotel@hotmail.com

联系人:赵小姐　郑小姐

第五节　自荐书

一、基本知识

(一)自荐书的定义

自荐书,也叫求职书,是大中专毕业生和无业、待业、欲转岗就业者向单位求职而自我推荐的书面材料。

(二)自荐书的特点

1.求职的自荐性。求职的方式有他人推荐,也有自我推荐。自荐书是求职者阐明自己的专长和技能,向用人单位推荐自我的常用文书。

2.内容的综合性。自荐书的内容是较广泛的,不仅有自荐书、个人简历、学习成绩,还要有学校意见、有关证书、复印件等。只有内容综合,才能较全面反映一个人的面貌。

3.行文的独特性。求职是面对单位,它不是个人与个人的书信交往,而是个人向单位发出的一种专用书面材料,这是自荐书的显著特点。

二、写作要求

（一）评价要客观

自荐书是以自己介绍自己的方式，向用人单位推荐自己。所以要客观如实地介绍自己的能力、特点、学习成绩等，这是对自己负责，也是对用人单位负责。

（二）态度要诚恳

求职的目的是希望用人单位能聘用自己，所以撰写自荐书态度要诚恳热切，不可狂妄自大，这是求职者应有的态度。

（三）语言要简洁

自荐书的内容较多，但语言必须简洁，否则文字过多过繁，会影响用人单位的阅读。

三、格式写法

自荐书的格式是：封面＋自荐信＋个人简历＋学习成绩＋学校意见＋有关证书复印件。

（一）封面

由学校、文种、姓名、专业、联系电话、网址和学校校景或图案组成，做到图文并茂，典雅和谐。

（二）自荐信

由称呼、问候语、正文、祝颂语、落款组成。在自荐信中，既要表现出乐意让人帮助的谦逊，又要保持不卑不亢的自信心。

（三）个人简历

一般由本人基本情况、教育背景、基本技能、社会实践、奖励情况、自我评价、求职意向、联系方式等组成。这部分内容较多，所以语言要简洁。

（四）学习成绩

这部分内容主要是汇总在校学习的各课成绩，必须有校教务处或系盖章，方为有效。

（五）学校意见

由系（学院）和学校推荐意见组成，且加盖公章。

（六）有关证书复印件

由荣誉证书、计算机考级证书、英语考级证书、普通话考级证书、有关业务考级证书等的复印件组成。这部分内容的作用，就是增加可信度。

四、实例文选

(一)封面

××职业技术学院
××Vocational & Technical College

2006届专科毕业生自荐书

姓名:×××
专业:会计
电话:13806590028
E-mail:Haixin246321@yahoo.com.cn

(二)自荐信

自 荐 信

尊敬的领导:

您好!首先感谢您在百忙之中打开我的自荐材料,给我一次自我展示的机会。

我是××职业技术学院2006届会计专业的毕业生。为人正直,性格开朗,成绩优异,组织能力强,人际关系好,我谨以足够的自信向您毛遂自荐。

在品德方面,我严格要求自己,积极上进,遵纪守法,团结同学、热爱集体。大学期间多次被评为三好生、优秀班干部、优秀团干部等,并光荣地加入了党组织。

在学习方面,我勤奋努力,成绩优异,多次获得学院奖学金;我已获得大学英语三级、全国计算机一级和普通话二甲;我十分注重专业技能的提高,在学院组织的专业技能考核中取得了优等。

在社会实践方面，我积极参加了学院的各项活动和青年志愿者活动以及假期的社会实践，极大地丰富了自己的阅历和社会经验，受益匪浅。

手捧菲薄求职之书，心怀自信诚挚之念，我期待着能成为贵单位一员！

衷心地祝愿贵单位事业蒸蒸日上，愿您工作顺利！

此致

敬礼！

自荐人：×××

2006 年 1 月 10 日

（三）个人简历

●个人简历

<table>
<tr><td>姓　名</td><td>×××</td><td>性　别</td><td>女</td><td rowspan="5">照
片</td></tr>
<tr><td>民　族</td><td>汉</td><td>出生年月</td><td>1985.8.18</td></tr>
<tr><td>政治面貌</td><td>中共党员</td><td>籍　贯</td><td>××</td></tr>
<tr><td>身　高</td><td>166(cm)</td><td>身体状况</td><td>健康</td></tr>
<tr><td>文化程度</td><td>大专</td><td>专　业</td><td>会计</td></tr>
<tr><td>爱好</td><td colspan="4">会计专业技能操作、文学、音乐、阅读</td></tr>
<tr><td>教育背景</td><td colspan="4">1991.9—1997.7 ××市××小学
1997.9—2000.7 ××市××中学
2000.9—2003.7 ××省××职业技术学校中专计算机专业
2003.9—2006.7 ××省××职业技术学院会计专业</td></tr>
<tr><td>获奖情况</td><td colspan="4">2003 学年 学校“三等奖学金”、“二等奖学金”、“优秀学生干部”
2004 学年 学院“一等奖学金”、“一等奖学金”、“三好生”、“优秀团干部”</td></tr>
<tr><td>基本技能</td><td colspan="4">全国大学英语三级
全国计算机一级
普通话二甲</td></tr>
<tr><td>社会实践</td><td colspan="4">2004 年参加青年志愿者活动
2005 年暑假在交通银行实习</td></tr>
<tr><td>自我评价</td><td colspan="4">乐观、勤奋、学习成绩优秀、工作认真负责、乐于助人、团队意识强、人际关系好、有较强的协调沟通能力和环境适应能力</td></tr>
<tr><td>联系方式</td><td colspan="4">家庭地址：××市环城东路×号×单元×室
手　　机：×××××××××××
邮　　编：××××××
E-mail：Haixin246321@yahoo.com.cn</td></tr>
</table>

（四）学习成绩

专业：会计　　　　　　　　　　　　　　姓名：×××

课程名称	成绩	课程名称	成绩
政治经济学	93	计算机应用基础	83
会计原理	80	西方经济学	92
计算技术	80	马克思主义哲学	88
毛泽东思想概论	80	计算机网络基础	95
统计学原理	85	邓小平理论	91
大学英语	92	数据库	92
财政金融学	97	现代企业管理	91
经济法基础	87	国际贸易	96
财务会计	97	预算会计	94
财务管理	87	市场营销	91
银行会计	95	成本会计	91
会计实训	优	公共关系	92
以下空白		以下空白	
自学考合格课目			

此页须经教务处盖章有效。

教务处（盖章）

（五）学校意见

系部意见	×××同学坚持四项基本原则，认真学习党的理论知识，平时严格要求自己，自觉遵守校纪校规，尊敬师长，团结同学，待人热情，为人诚恳，集体荣誉感强。学习认真、刻苦，学习目的明确，成绩优异，专业知识扎实，动手操作能力强，曾多次获得奖学金、“三好生”、“优秀学生干部”等光荣称号。工作认真、负责，富有创新精神，具有较强的组织、协调能力，是一个德、智、体全面发展的优秀毕业生。 （盖 章） ×年×月×日
学校意见	同 意 （盖 章） ×年×月×日

（六）有关证书复印件（略）

一、名词解释

日常文书、条据、书信、启事、自荐书

二、填空题

1. 日常文书具有________、________、________特点。

2. 启事具有________、________、________特点。

3. 自荐书具有________、________、________特点。

4. 日常文书可分为________、________、________、________、________、________六类。

5. 条据可分为________、________两类。

6. 书信可分为________、________两类。

7. 启事可分为________、________、________三类。

8. 启事的正文一般由________、________、________构成。

9. 自荐书的格式由________、________、________、________、________、________构成。

三、简答题

1. 说明性条据和凭证性条据各有哪些写作要求?

2. 一般书信和专用书信各有哪些写作要求?

3. 启事有哪些写作要求?

4. 自荐书有哪些写作要求?

5. 说明性条据与凭证性条据在格式上有哪些区别?

6. 一般书信和专用书信在格式上有哪些区别?

四、语言分析题

选择句后括号中恰当的词填在句中横线上。

1. 我们要大胆________年轻干部。(启用、起用)

2. 招聘________。(启示、启事)

3. 谁也没有________这么做。(权利、权力)

4. ________此报告,请领导审查。(仅、谨)

5. 群众对此________强烈。(反应、反映)

五、习作题

1. 王明的哥哥要去参军,他父亲叫他送哥哥进城,请假一天。根据这一内容,写一张请假条给张老师。

2. 给父母写一封信,谈谈自己的思想、学习、生活情况。

3. 学校学生会成立某社团,如文学社、书画社、足球队、乒乓队、英语协会、摄影协会等,请你选择写一则招聘人员的启事,内容自拟。

4. 根据自己的情况,制作一份既有创意又精美大方的自荐书。

第四章 事务文书写作

● 基本了解事务文书及各文种的定义、特点、分类、作用和写作要求。
● 重点掌握计划、总结、调查报告、简报、讲话稿、规章制度的格式和写法。
● 体味例文，培养撰写常用事务文书的能力。

第一节 事务文书概述

一、事务文书的定义

事务文书是指单位或个人在处理日常事务时经常使用的应用文。这类文书以处理公务为多，处理私务为少。

二、事务文书的特点

（一）事务性

事务性是指这类文书都是为处理单位或个人的日常事务而撰制的。如会议简报，是服务于会议的；调查报告，是为决策作准备的。处理这些事务，不在行政公文各类文种的处理范围之内，因而使用事务文书。行政公文说到底也是处理事务的，但多属大事、要事；而事务文书所处理的事务范围要比行政公文广得多、杂得多。

（二）指导性

行政公文具有法定效力，其中下行文往往带有强制性，令行禁止；事务文书则一般不具有法定效力，只有在被批转转发，作为正式文件的附件时，才具有法定效力。因此，我们说事务文书偏重于指导性。如调查报告所概括的成熟经验，所推荐的新生事物，所披露的社会问题，对别的单位、部门、地区，甚至对全局的工作都有指导作用。

（三）灵便性

灵便性，一是指表达方式灵活。事务文书可灵活运用记叙、议论、说明、描写等方法，而行政公文一般不使用描写手法。二是指表达顺序上的灵活。事务文书没有行政公文那样严格的格式，安排材料时，或以时空为序，或以因果为序，或以轻重、主次为序，给作者在构思创新上留有较大的余地。三是手续简便，不像行政公文那样有严格的拟制和审批程序。

三、事务文书的分类

按照性质和功能，事务文书主要有以下六类。

（一）计划类文书

主要有计划、规划、安排、要点、方案、设想等。

（二）总结类文书

主要有总结、述职报告、鉴定等。

（三）调研类文书

主要有调查报告、考察报告等。

（四）信息类文书

主要有简报、信息、动态、情报等。

（五）会议类文书

主要有开幕词、闭幕词、会议报告等。

（六）法规类文书

主要有条例、章程、规定、办法、公约等。

第二节 计 划

一、基本知识

（一）计划的定义

计划是单位或个人为完成未来一定时期的工作而事先作出安排的事务文书。

计划是个总称，其也有别称，如规划、安排、要点、方案、设想等。

（二）计划的特点

1. 预见性。计划是预先对未来一段时期的事务作出部署和安排，是事先确定的行动目标、方法和步骤。无论实现的条件多么可靠，但它始终还没有实现，是一种预见性的安排。由于计划带有预见性，因此在实施过程中，随着时间、条件的变化，必须作一些变化和修正。

2. 科学性。计划虽然是一种预见性的安排，但并不是一种盲目的安排，它是在认真进行调查研究的基础上，经过认真分析后的产物，其目标是切实可靠的，是通过努力后能达到的。因此，按照实际情况和客观规律拟定计划，并按照计划开展工作，是一种科学的工作方法。

3.指导性。计划是为了达到一定的工作目标而制定的,可以用来指导本部门、本单位的工作进程。有了计划,就有明确的奋斗目标,就可以合理地分配时间,安排人力、物力、财力,充分调动人们的积极性和创造性,为实现既定的目标而努力。

(三)计划的分类

1.按名称来分,有规划、纲要、方案、安排、要点、设想等。“规划”、“纲要”是指较全面的、长远的发展计划。它们比较概括、原则地展现某项工作的蓝图,时间跨度较大,往往确定方向、确定规模、展望远景,如《××市城市发展总体规划》。“方案”指的是目标明确、任务与措施具体的计划,因而专业性较强,如《国家公务员制度实施方案》。“要点”指的是确定今后工作指导思想,部署一定时期内的主要工作、明确工作重点的计划。它侧重于写明工作任务和措施,而不在于制定具体的工作方法和步骤,如《××县财政局2005年工作要点》。“安排”是指适用时间较短、适用范围较小、内容比较具体的计划。它侧重于阐明工作步骤与方法,内容单一,阶段划分较明确,如《一周工作安排》。“设想”指的是粗线条的尚未成熟的计划,如《××市财政局关于整顿机关作风的设想》。

2.按性质来分,有综合计划、专题计划等。综合计划是指工作安排较全面的计划;专题计划是指针对某专项工作做出具体安排的计划。

3.按时间来分,有长期计划、中期计划、短期计划等。长期计划是指带有蓝图性质的10年以上的远景规划;中期计划是指3—5年的计划;短期计划是指时限较短的年度计划、季度计划、月度计划。

4.按效力来分,有指令性计划和指导性计划等。指令性计划是指国家或各级行政机关要求下属必须完成的计划;指导性计划是指国家或各级行政机关允许某种新做法而给出相关政策,从而引导社会发展的计划。

5.按形式来分,有文件式计划、条文式计划、表格式计划、条文加表格式计划等。文件式计划是指计划以文件的形式发出的计划;条文式计划和表格式计划以及条文加表格式计划是指计划内容是以条文式、表格式、条文和表格结合的方式构成的计划。

(四)计划的作用

“凡事预则立,不预则废。”只有谋划在先,才能取胜于后。人们历来重视计划的作用,计划是工作的先导,它对实际工作、生产和学习等具有重要的指导、推动和保证作用。具体来讲,计划有以下几点作用。

1.有利于完成工作任务。计划是为了达到某种目标、完成某种任务、实现某种理想而采取的一种科学管理手段。因此,它就必须确定完成任务的步骤、方法、措施和要求等,从而使人有章可循,按部就班、协调一致地做好各项工作,按期完成预定的计划,保证工作和任务的完成。

2.有利于提高工作效率。一个好的计划,必然要求合理地安排人力、物力、财力，吸取最先进的经验、技术，采取最有效的工作方式、方法、步骤，这就必然会促使工作效率的提高，从而达到“投入少、产出多”的目的，提高工作效率。

3. 有利于加强督促检查。有了计划，就有了督促检查的依据。在工作过程中，领导能掌握工作进程，检查工作情况，发现问题，解决问题，及时总结和推动工作。

二、写作要求

(一)目标要实事求是

制订计划时不仅要考虑到工作的需要，而且要考虑到实际的可能。所提目标任务，不能过高，也不能偏低，要有进取性，又留有余地。计划应是经过努力之后才能达到的行动纲领或行为目标，再好的计划，如果脱离实际，只能是纸上谈兵。所以，应结合本单位、本部门的实际情况，订出切实可行的计划。

(二)内容要具体明确

计划的目标、任务要具体明确，措施、步骤要切实可行，具有可操作性，切忌目标笼统，措施含糊，职责不明，分工不清。否则，执行时不得要领，检查时也缺少依据。

(三)语言要简明扼要

计划以叙述和说理为主，语言要简洁明了，善于用深入浅出的语言说明复杂的事理，不作冗长的叙述和过多的议论，行文上也要力求条理清楚，段落分明。

三、格式写法

计划的格式是：标题＋正文＋落款。

(一)标题

有两种写法。

1. 公文式标题。由单位＋时间＋内容＋文种四部分构成，如《××市财政局2005年工作要点》。有时也省略单位或省略时间。

2. 新闻式标题。有单、双标题形式，一般公开在媒体上，如《沙漠黄河边 旅游新天地——银川兴庆区黄河旅游开发区发展设想》。

(二)正文

由前言＋主体＋结尾三部分构成。

1. 前言。用简短的文字说明制定计划的依据、目的或指导思想，或简要分析本单位的基本情况，或指出实现计划的条件。有时也省略前言。

2. 主体。它是计划的核心。第一，要交代计划的目标和任务，即具体说明“做什么”；第二，要写明计划的措施和步骤，即具体说明“怎么做”。

根据不同的计划，主体部分可以采取不同的写法，常见的结构形式有：

(1)合说式。即把任务和措施合在一起分条列项来写。它适用于任务比较多，而任务间又无共同措施的情况。这种结构多用于综合计划。

(2)分说式。即把任务和措施分成两个方面分别来写。这种结构多用于专题计划。

3.结尾。强调有关事项,表明中心或提出号召。个人计划往往表明决心。有的也不写结尾。

(三)落款

写明作者和成文时间。如作者在标题中出现,这里就可省略。

四、实例文选

(一)综合计划

××县财政局2006年工作要点

2006年我局工作指导思想是:以邓小平理论和"三个代表"重要思想为指导,认真贯彻中央、省、市有关经济和财政工作会议精神,以科学发展观为统领,认真贯彻落实稳健财政政策,深化财政改革,强化收入征管,优化支出结构,确保预算圆满完成和收支平衡,促进全县经济社会全面协调可持续发展。

一、牢固树立科学发展的思想,全力支持经济发展

进一步发挥财政职能作用,积极支持"工业兴县"战略的实施。合理整合财政专项资金,运用财政贴息政策,发挥财政资金的引导作用,鼓励企业加大科技创新投入,促进企业提高自主创新能力,促进经济增长方式转变;运用财政激励政策,积极支持招商引资;落实出口退税政策,支持企业扩大出口和实施"走出去"战略。

进一步加大财政支农力度,支持加快建设社会主义新农村。财政部门要强化主动服务意识,配合相关部门整合支农资金,加大对农业的投入力度,提高支农资金使用效益。进一步扶持搞好农业产业化建设、农业综合开发和农业基础设施建设,改善农业生产环境,支持提高农业科技含量,促进农业生产结构调整和农村产业结构升级。严格落实粮食直补、良种补贴和农业机械购置补贴等各项惠农政策,实行补贴资金"一折通"的发放方式,并加强监督检查。与有关部门一道,积极向上争取项目和资金。

二、牢固树立以人为本的思想,合理安排财政支出

全力保障干部教师工资发放和机关运转。按照"保证重点、严控一般、优化结构、提高效益"的指导思想,合理安排支出,在支出预算上将个人工资部分打足,根据财力状况适当提高政法等部门的公用经费。

大力支持建立社会保障体系。进一步完善企业职工基本养老保险制度;积极参与制定并落实中央关于就业和再就业的财税优惠政策;做好国有企业下岗职工

基本生活保障向失业保险并轨工作；城市低保做到应保尽保；积极支持做好企业军转干部和复退军人解困工作，维护社会和谐稳定。

大力支持教育事业发展。进一步增加对教育的投入，认真落实“两免一补”政策，确保九年制义务教育经费得到保障；按照财政部确定的“明确各级责任、中央地方共担、加大财政投入、提高保障水平、分步组织实施”原则，指导全市农村探索建立责任明确、保障有力的义务教育经费长效机制。

大力支持公共卫生体系建设。挤出资金，重点用于建立和完善突发公共卫生事件医疗救助体系、疾病信息网络体系、卫生执法监督体系，加强重点疾病防治等；支持建立农村卫生和医疗服务体系。

在加大重点支出保障力度的同时，要严格控制一般性开支，大力压缩会议费、招待费、差旅费及出国考察培训费，严禁搞各种形式的“形象工程”和“政绩工程”。

三、牢固树立有财才有政的思想，大力加强收入征管

贯彻“依法征税，应收尽收，坚决不收过头税，坚决制止和避免越权减免税”的组织收入原则，落实加强税收征管工作的各项政策措施，确保税收收入稳定增长。落实国务院关于加强和改善宏观调控的各项政策措施，加强部门协调配合，搞好土地、房地产税收各征管环节衔接，实施一体化管理。进一步加强减免税的管理，开展减免税的清理整顿，严格执行减免税早报制度和审批管理制度；进一步加强出口货物退（免）税管理，拓宽审核范围，加大审核范围，加大审核力度，严厉打击走私、偷逃骗税等各项涉税违法犯罪活动；加强税源监控，注重对重点税种、行业、地区收入的分析和征管。

继续加强政府非税收入管理。既要继续规范收费基金管理，加大清理整顿力度，取消不合法、不合理的收费基金项目，合理控制收费基金规模；又要努力挖掘非税收入增收潜力，确保政策法规规定的各项非税收入应收尽收，并及时足额上缴国库或财政专户，严肃查清隐瞒、截留、挤占、坐支和挪用政府非税收入的行为。

四、牢固树立依法理财的思想，积极深化财政改革

完善部门预算管理制度改革。严格部门预算编制程序，确保部门预算编制质量；加强部门预算执行监督检查，增强部门预算的约束力；加强部门支出政策信息库、项目库的建设，提高部门预算的准确性；加大项目支出的控管力度，开展项目支出绩效评价工作，增强部门预算的透明性。

深化国库集中收付制度改革。县直凡是与财政有资金拨付关系的 138 家预算单位全部纳入国库集中支付；完善财税库横向联网，实现省市县三级国库部门的纵向联网；加强国库管理信息系统建设，进一步提高国库收付业务的自动化和网络化程度。

深化收支两条线改革。对执收执罚部门和单位实行收支脱钩、分类管理。成

立非税收入管理局，加强非税收入管理，推行政府非税收入收缴制度改革，进一步抓好收缴分离、罚缴分离，将所有行政事业性收费、罚没收入、政府性基金都按规定全额上缴国库或财政专户。

加强政府采购管理。认真贯彻《政府采购法》，全面推进政府采购预算编制、批复制度和政府采购资金国库集中支付；进一步扩大政府采购规模，逐步将项目资金、专项资金纳入政府采购范围；进一步完善政府采购规程，加快采购制度的体系建设；进一步加强对协议供应商和部门采购的管理，保证采供双方权益。

加强财政监督管理。加强财政法制建设，完善财政收支监督、会计监督、内部监督等规章制度，促进依法行政、依法理财。加强行政事业资产管理工作，搞好国有资产“非转经”占用费的征收管理工作，严格审核行政事业资产的转让、出售、出让、租赁等行为。

五、牢固树立服务至上的思想，加强财政队伍建设

进一步抓好系统文明创建工作。牢固树立为民理财、依法理财意识，努力改善服务方式，提高服务质量。

进一步开展政风行风建设。巩固行评成果，建立长效机制，将党员先进性教育和行评活动的整改内容落实到制度建设上。

进一步加强干部教育培训。建立和完善培训上岗制度、人才评价制度、竞争上岗制度和干部交流轮岗制度等系列制度。

进一步加强廉政建设。牢固树立“低调做人、高效办事、规范管理、廉洁理财”的财政理念，做到防微杜渐，警钟长鸣。

二〇〇六年一月十日

（二）专题计划

本学期学习计划

为了明确学习目标，提高学习效率，掌握有关技能，丰富专业知识，特制订本学期学习计划如下：

一、主要任务

1. 通过计算机省一级考试、英语省三级考试和会计从业资格证书考试。

2. 专业课考试达到优秀，其他课考试达到良好以上。

3. 体育项目达标，身体素质增强。

4. 多看课外书和上网查阅资料，不断丰富知识。

5. 坚持书法练习，不断提高水平。

二、具体措施

1. 计算机中的打字，一直是我的弱项，每天下午下课后应去机房多练习；英语基础不够扎实，每天早晨和晚上各抽出半个小时听英语磁带，而且要多说多背；在空闲的时间，多看一些财会方面的书籍，多做一些练习，为确保通过会计从业资格证书考试而做好准备。

2. 课前要做好预习工作，有不懂的地方做好记号；上课时要认真听讲，做好相关笔记，有不懂的地方及时提出并弄懂；课后要做好复习工作，及时独立地完成老师布置的作业。同学之间互相交流，取长补短，共同进步。

3. 认真上好体育课，加强早锻炼，平时多活动。

4. 充分利用自修时间，认真看书；平时多去阅览室和图书馆，阅读课外报刊书籍；抽出一定的时间上网阅读，不断丰富各方面知识。

5. 对书法独有爱好，每周要抽出一定的时间坚持练习，还要虚心向行家求教，有机会积极参加各种大赛，不断提高自己的水平。

以上是我本学期的学习计划，我要经常以此为对照，狠抓落实，积极完成每一项任务，使自己不断进步。

会计06班：×××

二〇〇七年三月十日

例评要求：1. 以上例文是怎样安排结构的？

2. 以上例文的语言有什么特点？

第三节　总　结

一、基本知识

（一）总结的定义

总结是单位或个人对过去一个时期的实践活动做出回顾、分析研究，从中得出规律性认识，以指导今后工作的事务文书。

总结也有各种别称，如评估、汇报、回顾、小结等。

（二）总结的特点

1. 理论性。总结的过程，就是从感性认识上升为理性认识的过程，在分析事实材料上，比较、归纳、提炼出正确的观点，揭示规律，从而提高认识，发扬成绩，吸取教训，更好地指导今后工作。

2.务实性。包括两层含义：一是实在，不空泛，不笼统，所用的是实实在在的具体事例、数据、材料，使人通过总结，看到该单位的工作面貌；二是真实，不虚假，不浮夸。只有材料真实，分析才能持之有据，作出的评价才会恰如其分，概括出的经验教训才会对今后工作有指导意义。

3.概括性。总结是全面系统回顾过去的工作，工作千头万绪，不可能也不必事无巨细一一罗列。因此，总结必须抓住关键所在，高度概括地叙述以往工作，通过典型事例来反映全貌，并从事实中提炼、概括出观点，这就体现了总结概括性的特点。

（三）总结的分类

1.按性质分，可分为全面总结和专题总结。全面总结是对某一时期各项工作进行全面回顾和检查，进而总结经验与教训的文书。这种总结着重在“全”上，能展现工作多方面、多层次的全貌，能从总的方面概括实践中的经验教训。专题总结是对某项工作或某方面问题进行专门性概括的总结，尤以总结推广成功经验为多见。这种总结，重在“专”，内容单一，针对性强。

2.按时间分，可分为年度总结、季度总结、月份总结和阶段总结等。

3.按内容分，可分为工作总结、生产总结、学习总结、思想总结、经验总结和教训总结等。

4.按范围分，可分为系统总结、单位总结、部门总结和个人总结等。

总之，总结中最常用的是工作总结和经验总结。

（四）总结的作用

总结来自于实践，反过来指导实践。实践—理论—实践，总结就在中间起了重要的作用。概括起来，总结有如下作用。

1.掌握规律，提高认识。通过总结，能使工作实践中获取的感性认识上升到理性认识，将实践中分散的、零碎的意见，经过研究、分析，转化为集中的系统的意见，形成正确思想，再返回到实践中去检验。通过这种再认识的过程来掌握客观事物的发展规律，顺利完成由必然王国向自由王国的过渡，使各项工作不断地“有所发现、有所发明、有所创造、有所前进”。

2.发扬成绩，改进工作。通过总结，回顾以往的工作，并作出恰当的、正确的评价，能看到成绩，发现问题，找出差距。成绩能鼓舞士气、激励斗志；问题能给人们以教训与警戒；差距能使人们清醒地看到自己的薄弱环节。以一分为二的辩证观点反思过去，总结工作，有利于发扬成绩，吸取教训，纠正偏差，从而把以后的事情办得更好。

3.互通信息，交流经验。总结材料或上报，或下达，或分送到有关部门，能起到互通信息、交流情况的作用。上报的总结，有助于上级更好地了解本单位的情况及时加以指导；总结一经上级批转其影响面就更广，如先进单位典型经验的总结经批转下发后,能使先进的、成功的经验得以推广和运用,促使其转化为社会的共享性财富。

二、写作要求

(一)实事求是、广搜材料

实事求是是写好总结的重要原则,必须贯穿撰写总结的全过程。下笔之前,要广泛地搜集有关材料,要认真听取领导、群众对工作的评价。在大量占有材料的基础上,再对材料进行科学的加工整理。

(二)揭示本质、探求规律

抓住主要矛盾,揭示事物的本质特点,探求事物的发展规律,归纳出对现实有指导意义的新鲜经验,这是总结的价值所在,也是衡量总结质量高低的主要标志。

(三)点面结合、叙议穿插

"点",指能反映事物本质、说明主旨的人与事,"点"的材料要具体、典型、有代表性;"面",指面上的情况,"面"的材料要概括、简略。点面结合,才能体现出总结的深度和广度。

写总结还要处理好"叙"与"议"的关系。回顾工作,主要靠叙述;归纳经验,主要靠议论。但叙议两者是密不可分的,往往交替使用,相互穿插,这样写出的总结才能既有实在的内容又有一定高度。

三、格式写法

总结的格式是:标题+正文+落款。

(一) 标题

有两种写法。

1.公文式标题。由单位+时间+内容+文种构成,如《××市财政局2006年工作总结》。有时也省略单位和时间。工作总结一般使用公文式标题。

2.新闻式标题。有单、双标题形式,一般公开在媒体上,如《转变职能 加强管理推进粮食市场秩序整顿》。经验总结一般使用新闻式标题。

(二)正文

由开头+主体+结尾三部分构成。

1.开头。主要概述基本情况。工作总结一般写出时间、背景,对工作总的评价;经验总结则一般先简介与经验有关的情况和背景,然后比较具体地介绍成绩。

2.主体。具体写出成绩及问题,详细分析经验及教训。工作总结一般围绕主要做法—存在问题的思路来写;经验总结则一般围绕做法—成效—体会的思路来写。

3.结尾。工作总结往往写明今后的努力方向;经验总结往往总结全文,展望未来。经验总结有时也没有结尾。

(三)落款

写明作者和成文时间。工作总结的单位名称一般在标题中出现,这里就可省略;公开发表的经验总结,一般把单位名称写在标题下面,不写成文时间。

四、实例文选

(一)工作总结

××市××区财政局2005年工作总结

2005年,我区财政工作在区委区政府的正确领导下,在全系统干部职工的共同努力下,在各相关部门的大力支持下,圆满完成各项任务,取得较好成绩。全区共实现财政收入××亿元,占年初计划的102%,比上年自然增长15.9%,可比增长28.6%,位居全市第一。

2005年,我们主要抓了以下几方面工作:

一、以强化目标管理为中心,大力组织收入入库

在预算收入方面:一是数易其稿,精心编制了2005年财政收入预算,确定全区财政总收入为××亿元;二是结合税源实际,在广泛调查和精确测算的基础上,统筹安排了国、地、财和乡镇的收入计划,并合理分解收入任务,得到了各单位的密切配合;三是为强化税收征管,严格关注收入入库动态,定期召开国、地、财三家联席会议,积极解决入库过程中的各种问题;四是建立横向到边、纵向到底的责任网络,确保了财政收入及时划转、均衡入库。

在非税收入方面:一是通过与相关部门和单位讲政策、算细账,合理核定了收入任务;二是在局机关内部按照"单位归口、责任到人"的征收原则,实行定人、定期促收,督促各单位按实入库;三是对非税收入汇缴专户的缴库情况实行每日汇总,及时向局领导汇报,并通报各科室,保证了非税收入的及时足额入库。

在周转金和融通资金回收方面:我们克服一切困难,积极开展周转金清收和换据工作,分类排队,按照先主后次、先新后老等办法,运用行政、经济和法律的手段,想方设法,最大限度地清收历年陈账,全年共收回周转金×××万元。

二、以提高保障能力为基础,着力优化支出结构

1. 确保工资兑现和机构运转。一是通过预算专列、资金专户、直达个人、督办检查等措施,清理不属于工资统发人员100多人,理顺了财政供给关系,确保了干部和教师工资的及时足额发放。二是根据单位的不同性质和收支情况划分公用经费,确保重点,拉开档次,分类安排。三是按照乡镇机构改革总体要求,搞好乡镇工资兑现的填报、核查及区对下转移支付的测算、分解工作,不断完善乡镇工资

专户管理。全年共向乡镇调度各类资金××××万元，确保了乡镇基本工资的发放和基层政权的稳定。

2. 积极推进社会保障工作。一是加大基金征管力度，稳步推进“五费合一”。全年共征收各项保险基金××××万元，占任务××××万元的130%，比上年实绩增长6%。二是巩固“两个确保”和再就业工程。对企业养老、下岗及再就业补助共投入×××万元，保证资金发放到位。三是完善低保和优抚资金管理，确保政策落到实处。同时，我们还积极向上争取各类转移支付资金和专项资金××××万元，并进一步加强了社保资金的管理，确保了社保基金的及时足额发放。

3. 想方设法，提高资金使用效率。一是严把资金“出口关”，大力压缩非生产性支出，把保工资、保运转、保稳定作为财政支出的重中之重。二是科学调度资金，在保运转的基础上，保证对“三农”、教育等重点支出。三是加强和规范基建专项资金、国债通乡公路建设资金、优质稻基地专项资金等专项资金的管理，增强资金科技含量。四是对大批量物资和部分商品的购置实施政府采购，并进行严格管理，提高成本效益。五是严格按财经制度，进一步控制了“人、车、会、话”等重点支出，使绝大多数单位未突破年初包干指标。

三、以强化科学管理为目标，积极推进财政改革

在农村税费改革方面：一是在对乡镇人员进行业务技能培训的基础上，针对国家粮食“两补”政策的重大变化，我们研究政策，吃透精神，认真测算，合理分解，全面核实实际种植面积；二是严格资金发放程序，在基层财政所发生重大变革的情况下，积极组织“一折通”、电算化培训和乡镇会计人员培训，及时将粮食“两补”资金发放到每一户种粮农民手中；三是历尽艰辛、费尽周折将我区的粮食直补资金由去年的×××万元增加到×××万元，增加×××万元，增幅达33%；四是全面落实国家良种补贴政策，全年共发放良种补贴××××万元。

在财政四项改革方面：一是把部门预算编制范围扩大到区直全部行政事业单位，一级预算单位编制面达到100%，全面启动了2006年部门预算编制工作；二是继续加强“非税收入”管理和“收支两条线”管理。全年纳入财政专户管理的预算外资金×××××万元，收缴罚缴两分离率、资金专户储存率分别达到98%和97%，财政专户管理面、预算外资金收支计划管理面均保持100%；三是加快了全区政府采购工作进程。2005年全区共完成采购预算总额××××万元，实际支出××××万元，节约资金400.7万元，节约率12%。

在乡镇财政改革方面：一是坚决维护区委区政府的决策，以积极的态度参与乡镇体制改革，并在改革前多次召开会议、实地调查和外地取经；二是想干部之所想、急群众之所急，认真将财政所干部职工的意见、建议和具体情况向区委区政府反映，努力做好协调工作；三是积极研究对策，多方征求意见，反复分析探讨，群策

群力，千方百计为即将分流人员谋发展、保稳定。

四、以增强发展后劲为动力，努力培植骨干财源

1. 全力支持农业经济发展。一是严把工程质量关。在项目建设过程中，我们采取招投标、大宗物资政府采购、预决算审核等措施，严格监督和管理。仅××工程就节约资金9万余元。二是结合实际，深入开展调查研究，重点支持具有一定优势规模的农业科技项目、农业科技园、农业技术示范基地及产业化经营项目等，先后立项6个，上报项目4个，其中被财政部批准项目1个，资金60万元。三是争取专项资金×××万元，并及时发放到受灾农户手中。

2. 全力扶持工业产业。一是转变观念，以服务为宗旨，最大限度地为企业提供真实、完整、准确的财务信息，完善成本核算，理顺企业财务，分析企业财务状况，解决生产和经营中的根本问题。二是努力创造条件筹备成立中小企业信用担保机构，起草了《关于成立××区中小企事业信用担保机构设想》的建议书，为解决中小企业发展的融资问题献计献策。三是积极为国有企业并转、破产联营等在清理核对周转金等方面提供服务。

3. 全力打造新型工业园区。一是在财力匮乏的情况下，想方设法，积极筹措资金××××万元，用于工业园区的基础设施建设。二是积极配合区委区政府"十一五"规划的制定工作，认真调查研究，出台相关财税政策，大力扶持招商引资。

4. 全力架设经济发展的立体高速路。一是积极争取国债专项资金及专款××××万元，经省级立项且资金已到位的项目12个。二是积极争取日元贷款造林项目资金×××万元，已拨付造林资金××××万元。三是加强对城市防洪工程项目的财务管理和资金使用的控制，将贷款资金纳入区国库集中收付中心管理拨付，继续用好管好世行贷款，建立信用政府，造福一方。

五、以建设干部队伍为契机，切实转变机关作风

我们坚持"以人为本"的管理观和"全面和谐"的发展观，在内部管理上探索出了新路子。一是抓制度建立。先后修订和完善了《人事管理制度》、《区财政局机关科室工作量化考核办法》、《局领导包片、科室包所联系点制度》、《财政所财务管理办法》、《廉政谈话制度》等十多项制度，用制度约束人，并狠抓落实，使之发挥实效。二是抓责任落实。为提高广大干部职工适应新时期财政工作的思想和业务素质，我们把量化考核指标落实到每个科室、每个岗位，细化到每件事，并以科室为单位签订责任状，做到"事事有人做、人人有事做"，分工明确、职责到位。三是开展创建团结、廉洁、创新、实干"好班子"和"四五"普法教育等活动，通过学习反腐倡廉各种资料，提高依法理财水平。四是重新核定了局机关各科室和财政所的招待费指标，各科室严格把招待费控制在计划之内。五是大力开展先进性教育和

民主评议政风行风活动。通过广泛地宣传、诚恳地征求意见、扎实地自查整改和开创性的工作，我局的先进性教育和民主评议政风行风活动成效显著，得到了省市区各级领导的高度肯定。在今年的“行评”活动中，以全区最高分获行评单位排名之首。六是积极开展奉献爱心、扶贫助学活动，为×镇失学儿童和农村特困户捐款6000余元，并“帮扶结对”救助了城区6名下岗病残特困职工。七是认真抓好财政调研和信息宣传工作，完成课题文章6篇，为领导决策提供了理论依据。同时在市级以上新闻媒体刊发各类信息120多篇。八是在系统内开展了一系列公益和群众性文体活动，极大地陶冶了干部职工的思想情操，激发了广大干部职工献身财政事业的工作热情。

2005年，我们虽然做了大量的工作，也取得了较好的成绩，但也清醒地看到我区财政工作中还存在不少困难和问题，主要是：税收征管办法还不够完善；财政支出还存在一些漏洞，支持支柱产业发展的力度有待加强，思想政治工作有待提高，队伍建设还需下大力气抓紧抓好。

在新的一年里，我们要高举邓小平理论伟大旗帜，以科学发展观为统领，深入贯彻全国财政工作会议精神，抓住机遇，开拓进取，扎实工作，使我区的财政工作更上一个台阶。

二〇〇五年十二月三十日

（二）经验总结

我是怎样种植辣椒高产的

去年，我种植的6分8厘辣椒尽管遇到梅雨、高温干旱、秋雨等自然灾害，但由于采取了科学的栽培方法，仍然夺取了大丰收。共收辣椒干341公斤，折合亩产501.5公斤，比当地平均亩产增加一倍多。我种植辣椒高产的经验是把好“种、苗、旱、肥、防、收”六个关：

一、把好选种关。我种的是羊角小辣椒。选择杆直、节头长、结椒多的为种株，再选七月中旬成熟、椒长20厘米、直径1.5厘米左右、色泽鲜红的第二批辣椒作种椒，把籽剥出，晒4天太阳，干燥后用纸包好，放在不易受潮的容器内备用。

二、把好育苗关。我一般在阴历年前下种，用温床育苗。下籽前把地耕深耕细。苗床底部用适量农药杀死地下害虫。籽与籽间约一厘米见方，一分地用一两种子。将细土与磷肥（每分地2—2.5公斤）拌匀后，薄撒在苗床上，再加适量砻糠灰保温。最后把塑料薄膜撑成半圆形罩在苗床上。温度掌握在白天25℃，晚上

15℃左右。移栽前10多天揭膜炼苗。

三、把好早字关。做到早种早管促早发。去年我4月5日移栽，比别人早6天，这样可以早结夏椒。移栽时要适当密植，每亩5000—5500株，株距间隔约20厘米，根土不能太实，移栽后浇少量稀人粪尿肥，使秧苗转青早发。

四、把好施肥关，看天看苗科学施肥。基肥每亩施足蓄肥拌过磷酸钙1500公斤左右；苗肥要早施、轻施、勤施，在秧苗转青后七八天每分地上施两担人粪尿和尿素一斤左右，每隔六七天浇一次。在6月初开花结椒时，每亩施尿素75公斤，头批椒采摘后，每亩再施尿素20公斤左右，以后摘一次椒施一次肥。施肥方法可采用穴施。立秋后再施一次三要素肥，争取结秋椒。

五、把好防病关。我每隔10天或雨停后喷一次400—300倍的波尔多液，防治瘟病、菌核病，效果很好。另外，辣椒不耐湿，田间要先挖一个40—50厘米的排水沟。遇高温天气，千万不能直接浇水，以免落椒，可在晚上灌沟水抗旱。

六、把好收摘关。正确掌握采摘时间，见红即摘，摘后先要堆高20厘米，在地上放一夜，这样辣椒色泽好。晒后一两天用脚踏瘪，晒干收藏。

××××年×月×日

例评要求：1. 以上例文是怎样安排结构的？

2. 以上例文的语言有什么特点？

五、文种辨析：总结与计划

总结与计划都是搞好工作的重要环节，两者相互制约、相互促进。一般来说，总结是计划的执行情况，而计划也要在总结的基础上来制订。但是它们的区别也是很明显的：①时间安排不同。计划是在工作开始之前，对未来行动的部署或安排；总结是在工作结束之后，对过去所做工作的评价、鉴定。②内容要求不同。计划要求回答的是在未来一定时间内要“做什么”和“怎么做”；总结则要求回答的是在过去一段时期内已经“做了什么”和“做得怎么样”。③表达方式不同。计划是完成一定任务所要采取的措施、步骤，因此重在叙述、说明；总结则是对计划完成情况的检查、分析和评价，因此重在叙述、议论，通过叙述、议论作出理论概括。

第四节 调查报告

一、基本知识

(一)调查报告的定义

调查报告是组织或个人对客观事物进行调查研究,根据所获成果写成的书面报告。调查是报告的基础,报告是调查的反映。

调查报告也有各种别称,如调查、纪实、考察报告、调查附记等。

(二)调查报告的特点

1.真实性。调查报告所反映的内容必须是调查研究的结果或经过调查所亲自了解到的情况,绝不能是道听途说、东拼西凑的东西。在调查报告中,不仅主要人物和事件要真实,就是事件的时间、地点、过程及各种细节,也要绝对真实,不能有半点浮夸和虚假。

2.针对性。进行调查研究,撰写调查报告,是为了解决实际问题,因此要有很强的针对性。同时,也只有针对某个问题进行调查,才容易调查得深入,走马观花式的泛泛调查,是不会有太大的收获的。一般来说,针对性越强,调查的效果就越好,调查报告的作用也就越大。在某种意义上说,针对性是调查报告的灵魂。

3.典型性。调查报告所反映的内容,无论是经验,还是问题,都要有典型性,要能起到以局部反映全局或以“点”带“面”的作用。如果调查报告所反映的只是没有任何典型意义的孤立的个别事例,则不会对工作有指导意义。

(三)调查报告的分类

1.反映情况的调查报告。这种调查报告着重对某一方面的现实情况进行调查,为有关部门了解情况、研究问题、制定政策提供依据和参考。如《××市房地产情况的调查报告》。

2.介绍经验的调查报告。这种调查报告着重介绍具有普遍意义的典型经验,有较强的针对性和政策性,对指导和推动工作起着重要作用。如《××市引进人才的调查》。

3.揭示问题的调查报告。这种调查报告着重用调查到的大量事实,揭示存在的某一问题,并分析原因,点明性质,总结教训,教育人们引以为戒。如《这样做,对得起良心吗?——对××市发票造假事件的调查》。

(四)调查报告的作用

调查报告主要用于弄清事实真相,总结经验教训,发现新生事物,探求事物规律,具体地讲,调查报告的作用有以下几点。

1.是决策和调控的重要依据。通过调查报告,能使领导获得更多的社会信息,更准确地掌握全面情况并以此为依据作出符合实际的决策，采取有效的调控措施，更好地指导工作。

2.是正确认识客观实际的有效手段。运用调查报告可以帮助人们了解事实真相，正视社会现状，把握事物规律，借鉴成功经验，提高认识水平。

3.是开发深层次信息的重要工具。调查报告是一种信息载体，通过它对有关资料进行分析归纳，加工处理，使我们可以获得对信息资料更深刻的认识，从而可以利用调查研究报告来总结自己的经验教训，推动本单位工作的进展。

二、写作步骤

（一）确立调查主题

主题是纲，是方向，主题确立后，才能合理地安排人力、物力、财力，确定调查的方法，展开有目的有针对性的行之有效的调查。

（二）选择调查方法

1.普遍调查法。即普查，是指在一定范围内，对所有对象进行全面的调查，以获得完整、系统的资料。普查的优点是资料全面、准确、误差小。

2.典型调查法。即在一定的总体范围内，选择能够代表总体状况的典型深入地调查。准确地选择典型，是此调查法的关键。若典型不具普遍性、代表性，将特殊规律误认为是适用于全局的一般规律，用来指导全局则会造成失误。

3.抽样调查法。即在需要调查的客观事物的总体中抽取一部分进行调查，以此来推断总体情况。此法的长处是：省时，经济，排除人们的主观选择结论，较客观、可靠。

4.实地观察法。即直接亲身深入到调查第一线中去，通过观察、访谈等方式，获取真实、可靠的材料。

（三）搜集整理材料

主题一旦确定，就要搜集相关材料。调查材料好比是“米”，没有米，巧妇难为无米之炊，没有材料，也无法写成调查报告。材料还有数量和质量的要求：从数量上来说，调查材料必须充分，过少容易以偏概全，依据不足，影响观点的阐述；从质量上来说，不能抓到篮里都是菜，必须经过整理，去粗取精，去伪存真，选择有代表性的、具有说服力的材料，并做好分析、归类工作。

（四）编写提纲，形成报告

提纲也即调查报告的框架，如分哪几部分写，各部分的观点和最后的结论等。编写提纲，可以使调查报告在写作中脉络分明，条理清晰。

三、写作要求

（一）掌握方针政策

调查报告主要是用于反映贯彻党和国家的方针政策以及贯彻上级指示出现的新形势、新情况、新经验和存在的问题，为领导决策、指导工作、处理问题作参考。登在报刊上的调查报告更是对广大干部和群众的一种新闻宣传，起着以点带面、推动全局、让人效仿或给人教育等重要作用。因此，写调查报告必须认真学习、正确领会党和国家的方针、政策，服从、服务于党和国家以及上级领导在一个时期内的中心工作。这样，经过深入调查研究写出的调查报告才更有参考价值和宣传教育作用。

（二）深入调查研究

调查报告，顾名思义，是经过调查以后写出的书面报告。它要靠客观存在的事实说话，不能凭空杜撰。这就要求写作之前作深入细致、全面系统的调查，充分占有第一手材料。无论是历史的还是现实的，正面的还是反面的，具体的还是概括的，直接的还是间接的，都要尽可能的搜集，充分掌握相关的材料。

（三）分析综合材料

调查是获取材料的第一步，但材料不等于就是报告。经过深入细致的调查，大量占有材料之后，还必须进行分析、综合，也就是研究。没有分析、综合，就没有调查研究的结果，也没有调查报告。分析，综合的任务是总结经验，发现问题，找出规律，提出办法。对材料进行分析，综合要“正确”，而要做到“正确”，就要运用马克思主义的立场观点和方法，在正确的思想指导下，运用科学的方法，对材料进行细致的而不是粗略的，深刻的而不是肤浅的，全面的而不是片面的实事求是的分析综合，才能把调查的原始素材变为真正有用的调查报告的题材。

（四）观点结论鲜明

写调查报告不能只是罗列现象，而必须通过对材料的分析、综合，从中提炼出观点、作出结论。观点、结论是从调查材料提炼出来的认识和判断，材料则是说明观点、结论的依据。不论是几条经验、几条教训或几个要解决的问题都必须鲜明地提出来，同时分别用真实、充足的材料去证明，采用叙议结合的表达方法，做到观点和材料的有机统一。

四、格式写法

调查报告的格式是：标题＋正文＋落款。

（一）标题

有两种写法。

1. 公文式标题。由调查范围＋调查内容＋文种构成，如《××市民营经济发展情况的调查报告》。

2.新闻式标题。有单、双标题形式，一般公开在媒体上。如《浦东农村加快城市化步伐 农民生活方式发生新变化》。

（二）正文

由导语＋主体＋结尾三部分构成。

1.导语。概述调查对象的基本情况或概述调查经过。

2.主体。具体写出调查对象的主要事实和作者的分析评论。由于调查报告的种类不同，主体的结构方式主要有以下三种。

（1）反映情况的调查报告：情况——成果（问题）——建议。

（2）介绍经验的调查报告：成绩——做法——启示。

（3）揭示问题的调查报告：问题——原因——处理意见。

3.结尾。调查报告结尾的写法灵活多样，或总结全文，深化主题；或提出问题，启发思考；或表示决心，展望未来；或指明方向，提出建议。如果主体部分已把有关内容讲清楚了，结尾部分也可以省略。

（三）落款

写明作者和成文时间。

五、实例文选

××市民营经济发展情况的调查报告

为贯彻落实党的十六大精神，加快推进民营经济的发展步伐，遵照市委的统一部署和安排，自5月中旬以来，我们通过走访民营经济实体、召开各种类型的座谈会、到周边先进地区学习发展民营经济的先进经验等活动，就我市民营经济发展情况组织了专题调查。现将调查情况报告如下：

一、我市民营经济发展的现状

随着我国经济结构调整，民营经济在国家政策的大力扶持下，呈现出蓬勃发展的态势，已成为国民经济中最具活力的新生力量。我市民营经济工作在市委、市府的领导下，按照党的十六大要求，实现全省“两个率先”和我市经济社会“争先进位、跨越发展”的奋斗目标，在大力发展外向型经济的同时，坚持把发展民营经济作为提升经济水平、优化经济结构的重要着力点，及时制定出台了发展民营经济的“三十条”政策措施，不断加大扶持力度，强化服务，努力营造有利于民营经济发展的环境和氛围，推动了全市民营经济健康发展。目前，我市民营经济的发展状况具有以下五个特点。

1.规模总量迅速扩张。到今年5月,全市私营企业达××××户,个体工商户×××××户,注册资金分别为××亿元和×××亿元。其中民营规模企业×××户,占全市规模企业的78%。全市私营企业总数和注册资金总数分别是1998年的×倍和×倍,涌现出了一批如××集团、××集团等超强型私营企业。

2.贡献份额不断增大。据乡镇工业局统计,至今年4月,全市私营企业实现销售收入××亿元,实现利税总额××亿元,上交财政收入××亿元,占全市财政收入的61%。

3.行业门类日益拓宽。目前,全市私营企业已横跨一二三产业,产业比例日趋合理,行业门类基本齐全,企业品位不断提升。第三产业不仅增速快,而且已发展到物流、科研、咨询、中介等领域,第二产业的行业结构和企业结构不断优化,已初步形成了以能源、纺织服装、精密机械、精细化工、电子、食品六大支柱产业,成为我市工业经济的半壁江山。

4.整体素质有所提高。民营企业在规模扩张的同时,越来越重视现代企业制度建设,规范企业行为,提升产品档次,扩大市场占有份额。目前,在全市私营企业中通过ISO质量认证企业×××家,创国家级驰名商标8只,省级著名商标20只,市级知名商标85只。

二、我市民营经济发展中存在的问题

按照省委"两个率先"和市委"争先进位、跨越发展"的要求,我们感到我市民营经济发展过程还存在一些不足和问题,特别是与周边先进地区相比差距较大,主要表现在以下几方面。

一是民营企业基础较弱。目前,我市民营经济还处在起步阶段和资本原始积累阶段,不像周边先进地区的企业基础已具相当规模。在现有的私营企业中真正上规模、上档次、科技型、外向型、集约型的企业比例不大,普遍都是传统型产业、装备和产品,缺乏后劲,竞争力不强。

二是载体建设缺乏整体规划。调查中我们感到,我市民营工业区建设滞后,小而散的"村村点火、户户冒烟"现象依然存在,没有形成相对集中、有一定规模的民营工业园区。

三是扶持政策没有完全到位。在调查座谈中,大家普遍反映我市制定的《关于实施"富民强市"工程,加快私营个体经济的政策意见》是好的,对于加快发展我市民营经济起到推动作用,但好政策要认真落实,现实情况让人担忧,主要意见集中在收费问题上,有的部门虽然减免了服务费,但追加了材料费,有的收费项目在规定幅度内就高不就低,对委托收费意见较大等等。

四是服务意识有待提高。在调查中,无论是镇、村领导还是私营企业主,反映比较突出的是"考虑部门利益多,考虑业主利益少;向企业收费多,为企业服务少;

事后罚款多,事前帮助指导少”的三多三少现象。

三、对民营经济发展的建议

为进一步促进我市民营经济快速发展,有效解决制约我市民营经济发展的问题,提出以下五点建议:

(一)优化服务工作,做优民营经济发展环境

1. 营造社会的舆论环境。要重视发挥社会舆论的导向作用,采取多种形式,充分利用报纸、电视、广播等传媒工具,广泛宣传党的十六大精神,宣传民营经济在全市经济社会发展中的地位、作用和贡献,宣传我市发展民营经济的各项优惠政策和鼓励措施,努力在全社会形成人人关心、个个支持、踊跃参与民营经济发展的强烈氛围。要理直气壮地表彰一批在发展民营经济中艰苦创业、合法经营、勤劳致富的先进典型,进一步激发自主创业的热情,加速我市民营经济的发展步伐。

2. 营造公平的政策环境。要按照省委、省政府提出“放心、放胆、放手、放开、放宽、放活”的六放要求,不折不扣地落实好我市发展民营经济的“三十条”政策措施。当前要着重抓好三项工作:一要抓紧建立企业缴费登记制度,向企业统一发放办理《企业缴费登记卡》;二要切实放宽领域,实行低门槛吸纳民营实体;三要在税收、缴费、信贷等方面,将民企与外企一视同仁,实行外资、民资政策同轨。

3. 营造优质的服务环境。政府和有关部门要切实转变职能,改进工作作风,增强服务意识,把支持民营经济发展作为义不容辞的重要职责。一要优化窗口服务,打造优质高效的窗口服务形象。二要完善全程服务,重点扶持企业做大做强。三要强化政策创新服务,按照“三个有利于”标准,只要有利于我市民营经济发展,凡别人能做到的我们也能做到,切实承担起政策创新和政策变通的风险。

(4)营造积极的融资环境。目前,拓宽民营经济的融资渠道已成为推进我市民企发展的当务之急。为此,建议政府尽快建立民营企业贷款担保基金。贷款担保基金应由政府搭台,企业化运作,市场化管理。

(5)营造有效的人才环境。要确立人才资源是第一资源的观念,积极为民营企业的人才招聘广开门路,对民营企业的人才引进、户口迁移、职称评定、出国考察和有关政治待遇的享受方面给予优惠,努力为我市民营企业发展提供强有力的人才支持。

(二)加强招商力度,做大民营经济发展“蛋糕”

发展民营经济项目是关键,因此,市、镇两级党委政府和各部门都要把发展外资与发展民资放到同等重要的位置,加大招商引资力度,做大民营经济发展“蛋糕”,增大民企发展后劲。

一要全方位拓宽招商引资的领域。坚持一二三产并举、大中小项目并举,千方百计扩大招商规模,拓宽引资渠道。要通过以资源换技术、以产权换资金、以存

量换增量、以市场换项目、以岗位换人才等方法，吸引客商投资支柱产业和优势产业。

二要抓住招商引资的主攻方向。在一二三产项目中，要以工业项目为主，集中力量引进一批科技含量高、市场前景好、有利于发挥资源和产业优势的制造业项目，带动农业特别是服务业项目进入。在引进内资项目时，要在重点引进浙东、上海和珠江三角洲等国内发达地区民间资本上下工夫。在大中小项目中，要以骨干项目为主，提高招商引资的规模和档次，重点吸引国际著名跨国公司或国内大企业、大集团前来投资兴办支撑带动强的大项目。

三要创新招商引资方式方法。要广泛采用驻点招商、代理招商、项目招商和网上招商等方式，提高招商引资的成功率。要在民资相对集中地区设立联络处，选派得力干部长期驻点招商。要委托驻外机构、知名人士、投资中介机构牵线搭桥，推荐项目，联络客商，吸引投资。要利用现有各类企业，以商引商，吸引投资者增资扩股。

（三）实施扶持工程，增强民营经济发展动力

一是坚持把发展民营经济与推进工业化结合，加快培育壮大骨干企业，对我市现有的重点民营企业进行分类排队，因企制宜，逐一落实培育壮大的具体措施。二是引导和支持运行质量好、扩张能力强的企业尽快进入全省乃至全国同行业先进行列，加快发展步伐，拓展发展领域，壮大发展规模。三是大力支持成长性好、后发力强的重点民营科技企业，依托科技优势，加快产品开发，扩张生产能力，实现裂变发展，并对他们实施重奖。四是围绕加快发展具有地方特色的支柱产业，引导中小民营企业与支柱产业相配套，与大企业、大集团协作，走“小而专”、“小而精”、“小而特”的发展路子，形成以大企业为支撑，中小企业为依托的产业群。五是积极鼓励和引导民营企业利用当地农产品、土地和劳动力资源优势，大力发展农业产业化龙头企业，拉长农业产业链，促进农产品加工增值，逐步实现农业工业化。

（四）加强载体建设，做强民营经济发展基础

要坚持把发展民营经济与推进城市化相结合，加快民营工业园区建设。要抓住我省实施城市圈规划的机遇，把建设民营工业园区作为加快我市城镇建设的切入点，引导民营企业向园区集中、向城镇集聚，在推进农村城镇化进程中开辟新的发展空间。一要科学规划。把民营工业园区规划与城市规划相衔接，做到规划一步到位，建设分步实施。二要强化功能。在产业功能上，综合产业基础资源优势和区位条件，使各类园区的生产区、生态区、生活区、服务区、管理区和各类基础设施相配套。三要项目带动。采取灵活优惠的政策措施，引导现有企业和新上项目向园区集中，把民营工业园区建设成为工业项目的密集区和城市、城镇建设的新

亮点。四是要积极推动“一镇一品”、“一区一品”的区域经济战略。对具有特色产业的区域性经济实行滚动开发、行业连锁等方法，进一步拓宽市场覆盖面。

（五）加强组织领导，形成民营经济发展合力

发展壮大我市民营经济，第一要确保领导到位，要站在“两个率先”和实现我市“争先进位、跨越发展”的全局高度，充分认识发展民营经济对于实践“三个代表”重要思想，实现“富民强市”的战略意义，真正把发展民营经济摆上重要位置，切实改进领导方法，明确领导分工，建立各级责任制和周报、月报制度，完善考核、奖惩机制。第二要制定民营经济发展目标，合理规划布局，明确发展思路，纳入国民经济、社会发展规划，研究政策措施，协调解决好发展过程中的重大问题。第三要充分发挥政府职能部门的作用。中小企业局要切实承担起对发展全市民营经济工作的指导、协调、服务和监督的重要职责，加强检查和考核。第四要规范管理，实行“先发展后规范”、“边发展边规范”方针，像关心支持外资企业、国有、集体企业一样，关心支持民营企业发展，尽快在我市形成推动民营经济快速发展的合力。要尊重和保护群众的首创精神，及时总结民营经济发展的成功经验和做法，支持和鼓励广大人民群众理直气壮地发展私营个体经济，为我市经济社会发展作出更大贡献。

××市民营经济调查组

二〇〇六年×月×日

例评要求：1. 本文是怎样安排结构的？

2. 本文的语言有什么特点？

六、文种辨析：调查报告与总结

调查报告和总结在写作上有许多相通之处，特别是介绍经验的调查报告和总结，无论从反映的内容或表达的形式上来看，都非常接近。这两种方式相同点反映在：它们都是紧密配合形势，宣传党的任务，有较高的政策性；抓住点上材料，推动面上工作，有较广的指导性；运用事实说话，揭示事物本质，有较强的针对性。但其区别有三点：①行文的目的不同。调查报告行文的目的侧重于对事物情况的探讨、发现、了解，认识事物的客观规律。总结侧重于对自己所做的事做得如何进行评价，总结经验教训，以推动下一步的工作，是对计划落实情况的检查。②行文的时间不同。调查报告的写作是不定期的，发现新情况、新问题随时可以展开调查，事前事后均可以调查。而总结大多是定期的，年末、月末，或者某一阶段工作结束，都要做常规总结，是一种事后的行为。③反映的范围不同。调查报告所反映的范围，可以是本单位的，也可以是外单位的，更多的是社会上的人和事。而总结局限于对本单位、本部

门、本地区的人和事做总结，不涉及社会上的事情。④熟悉的程度不同。调查报告中调查者对被调查的人或事，大多并不十分熟悉和了解，正因为如此，故需展开调查，弄清事实真相。而总结则相反，只有对自己所做过的事或经历的事方可总结，否则无法加以总结。⑤所用的人称不同。调查报告的作者不是以当事人的身份出现，所以常用第三人称写作。总结因为是当事人对自身工作的回顾、分析，所以常用第一人称写作。

第五节 简 报

一、基本知识

（一）简报的定义

简报即情况的简要报告，是国家机关、社会团体及企事业单位为交流经验、反映情况、沟通信息、报道动态而编发的一种简短的文字材料。

简报的名称很多，常见的有《××简报》、《××简讯》、《××信息》、《××动态》、《××通报》、《××通讯》及《内部参考》等。

（二）简报的特点

1. 快。快是指简报具有强烈的时间性，也就是说，反映情况要及时，传达领导的旨意要及时，编发简报要及时。如果慢了，错过了时机，也就失去了简报应有的价值。

2. 新。新是指简报所反映的内容要有新意。也就是说，要反映新情况、新问题、新经验，值得注意的新事物、新苗头，富有启发性的新见解等。通过简报把新的信息输送或传递给上级机关或领导，便于领导及时处理。

3. 简。简是指简报的内容要简要，篇幅要简短，语言要简明。

（三）简报的分类

1. 按时间分，有定期的简报，不定期的简报。

2. 按内容分，有工作简报、会议简报等。

3. 按范围分，有综合简报、专题简报。

（四）简报作用

简报既可以用来向上级反映情况、汇报工作，也可以用来向下级或平级通报情况、交流经验，它的作用是非常广泛的。具体来说有以下几点。

1. 下情上报，为领导决策提供依据。简报是领导了解下情的一条重要渠道，下级部门通过简报可以迅速、及时地向上级领导反映日常工作和业务活动的情况，作好下情上报工作以利于为领导制定政策提供信息依据。

2. 上情下达，可及时传达领导意图。简报也是领导向下传达意图的渠道之一，上级领导可以通过简报提出工作意见和要求，从而指导基层工作的正常开展。

3. 互通情况，有利于加强单位协作。简报同时也可用于同一系统、同一机构之间互通情况、交流信息。工作中的经验教训、措施办法可以利用简报进行交流，互相学习，加强协作。

二、写作要求

（一）要真实准确

真实是简报的生命所在。简报的写作目的就是为了上传下达，为了交流工作情况，处理实际问题。如果反映的内容失真，就不利于做出正确的判断，也就不利于问题的解决。所以，简报所反映的内容必须千真万确，每一个细节，包括具体的时间、地点、数字及引语，也都要准确无误。绝不能自己随意加工粉饰，要保证材料、内容的真实准确。

（二）要短小精悍

短小是简报的特点表现。简报是简明扼要、短小精悍的文字材料，通过简报，要起到快速传递信息、交流经验的作用，如果文字过长，将影响简报作用的发挥。所以，简报就是要“简”，一般每篇应限制在 1000 字以内。这就要求作者选材要典型，内容要集中，开门见山，直截了当，不说空话、套话，尽量让事实说话。

（三）要快写快发

快是简报的质量体现。简报有时又称之为“快报”，出现情况要及时汇报，先进经验要及时推广，下情要及时上达，都要求一个“快”。只有快，才能真正发挥简报对工作的指导作用；否则，滞后报道，即使内容再好，也很难起到应有的指导作用。

三、格式写法

简报的格式是：报头＋报核＋报尾。

（一）报头

在简报首页的上方，占全页三分之一，由间隔线将报头与正文部分分开。报头由以下四个要素构成。

1. 简报名称。由单位名称＋文种构成，有的可省略单位名称，只用文种。简报名称一般套红、居中、字体稍大印刷。如《工作简报》、《××信息》、《××动态》、《会议简报》。

2. 期数。一般是分年排号，用汉字写出“第×期”，印于简报名称正下方。如“第10 期”。

3. 编印单位。编印单位一般为制发简报单位的办公部门或中心工作领导小组及会议的秘书处（组），要求用全称或规范化简称，在期号下、间隔线上居左书写。如“××市财政局办公室编”、“××公司办公室编”。

4. 编印日期。编印日期写在间隔线右上方,要求年月日齐全。如“2003 年 5 月 8 日”或“二〇〇三年五月八日”。

除以上四个要素外,因简报是内部交流资料,所以常用“内部资料、注意保存”的字样写在左上角。

(二)报核

报核又称报体,即简报的中间部分,在间隔线以下。常包括以下四部分内容。

1. 按语。它视需要而使用,并非每篇必有。一般在转引类、总结类及重要的报道类、汇编类简报文章前才使用按语。如“编者按”、“编者的话”。按语是由简报的编发部门加写,是为引导读者理解所编发文章、了解编者意图而写的提示语。要对所编文章做出说明、评价,如说明材料来源、转引目的、转发范围,表明对简报内容的倾向性意见及表示对所提问题引起讨论研究的希望,等等。按语的位置在报头下,标题之上。

按语可分三种类型:一是题解性按语,它类似前言,主要对文稿产生过程、作者情况、主体内容作简要介绍;二是提示性按语,它侧重于对简报内容的理解提示或是针对当前实践应注意事项的提醒;三是批示性按语,它往往援引领导人原话或上级机关指示,结合简报内容对实际工作提出批示性意见。

2. 标题。标题往往是一个完整的句子,概括出全文的要点。标题在按语下面,如果不加按语,简报的标题写在间隔线以下居中的位置。

根据简报的体式,标题也有不同写法。动态性较强的内容多采用单行新闻式标题,简短明快地交代事实、揭示中心,如“得人心者得人才”;在总结体简报和其他体式简报中,一般使用准公文式标题,如“××饭店××事故情况反映”。

3. 正文。一般由导语+主体+尾语三部分构成。它是简报的主要内容,在标题下面。

(1)导语。简报的导语写在开头,用一段概括的话总揽全文。一般交代简报所反映情况的要点及会议的有关要素,如时间、地点、人物、事情、结果等。

(2)主体。导语之后,具体展开事实的部分即为主体,是简报内容的主要部分。主体部分的写作根据简报的不同类型有多种写法。可以按时间顺序写,如有些会议简报按与会者发言的先后顺序来组织材料;也可以按逻辑顺序、思维顺序写。

另外,在写作体式上,简报的体式常见有四种:一是报道体式,它及时、简明、准确地叙述、报告部门、行业、系统领域内最新发生的新情况、新动态,其文体十分类似于动态消息、动态信息;二是汇编体式,这是在众多信息基础上剪辑而成的类似综合消息的简报文体,其信息量大,而且涉及面广,能做到点面结合,反映全局性情况;三是总结体式,其文章即一般意义的总结,但内容具有典型性,有推广价值,编入简报能发挥其指导作用;四是转引体式,即将其他单位有参考借鉴意义的材料完整地或片段地摘编转引。

(3)结尾。简报的结尾可以对全文进行归纳和概括,也可以发出号召、提出希望及打算。简短的简报也可以不写尾语,情况介绍完后自然结束。

4.供稿者。在正文右下方加括号写上供稿单位或个人姓名。

(三)报尾

简报的报尾在最后一页的下三分之一处,用间隔线隔开。报尾包括以下两部分内容。

1.发送范围。简报的发送范围按受文单位级别的不同,分别写为"报:××、××、××"(上级)。"送:××、××、××"(平级)。"发:××、××、××"(下级)。

2.印发份数。简报的印发份数与发送范围之间用间隔线隔开,印发份数写在间隔横线右下方的括号内。如:(共印200份)。

四、实例文选

××国税信息

第×期

××市国税局办公室编　　　　　　　　　　二〇〇四年六月六日

全市国税发票专项检查情况表明

事业单位发票管理亟待规范

5月初以来,市国税局组织六个检查组,在全市范围内开展发票专项大检查。截止到5月底,共检查用票户××××户,查处违章普通发票××××份,违章增值税专用发票×××份,补税××万元,罚款××万元,取得了显著成效。

检查情况表明,当前发票管理秩序比较混乱,事业单位使用、索取发票违章现象尤为突出,检查的×××户事业单位,都存在不同程度的违章现象,占被检查户数的××%,发现违章发票××××份,占违章发票总数的××%。事业单位发票违章行为主要表现在:

一是白条入账多,×××户事业单位中,白条入账的违章行为占违章情况的××%,造成大量的税收流失;二是自印收据代替发票入账,这种情况在有收费职能的医院、广播电视等事业单位和土地管理、城建等所属的事业单位表现比较突出;三是使用过期发票;四是跨行业填开,如将商品零售发票作酒席款入账,国税、地税发票混用;五是开具的发票不规范,大多数事业单位财会人员为图省事,项目填写不全,如有1份×××元的发票只有金额和日期,余下项目全部空白。

事业单位发票管理问题如此之多，漏洞如此之大，值得大家深思。针对发票检查中发现的问题，市国税局要求全市国税系统采取五项措施，推动发票管理工作扎实整改。一是各国税分局要转变观念，改变只管企业、个体户等纳税人，而不管事业单位发票使用的旧观念，明确事业单位不是“税收盲区”，对事业单位的发票使用情况同样要适时检查，定期辅导，与其他性质的纳税人一样严格管理。二是加强发票宣传工作，重点宣传《中华人民共和国发票管理办法》，使事业单位理解发票的意义、作用，增强依法规范用票、管票意识。三是大力争取地方党委、政府的重视与支持。目前，全市事业单位因发票使用而违章的情况较多，处罚金额较高，罚款和税款入库的阻力较大，各国税分局务必做好宣传汇报工作，切实争取党政领导的支持，坚决按政策办事，处罚到位，入库到位。四是严格发票审批，坚持实行“以票控税”制度，对发票领、用、存各个环节都加强控管，规范发票使用、管理。五是进一步加强发票违章查处力度，对违章使用发票屡教不改的事业单位，国税部门要顶住方方面面的压力，发现一个查处一个，必要时可在新闻媒体公开曝光。

（××处供稿）

报：省局领导及有关处室。
送：市局领导、市直有关单位。
发：各分局、机关各科室。

（共印×××份）

第六节 讲话稿

一、基本知识

（一）讲话稿的定义

讲话稿是人们为了提示讲话内容、约束讲话范围、控制讲话时间，为使讲话取得良好效果而在讲话之前拟就的文稿。

（二）讲话稿的特点

1. 目的性。讲话总是有一定的目的性，或是为了阐明某种观点，或是为了阐明某个问题，或是为了澄清某件事情，或是为了表达某种感情。总之，每篇讲话稿都有其特定的具体目的。

2. 特定性。讲话总是由特定的讲话人面对特定的对象来进行的。不同身份、不同文化修养的发言人有不同的特点,不同的听众对象也有不同的特点,甚至不同的发言场合也会对讲话起到特定的作用。

3. 情感性。因为讲话是面对有血有肉有感情的听众进行的,是要通过自己的讲话去感染听众的。所以,好的讲话稿总是根据讲稿的内容,采用较为情感化的语言,或亲切,或严肃,或激愤,或赞许,做到既以理服人,又以情感人,以增强鼓动性和号召力。

(三)讲话稿的分类

讲话稿种类较多,如贺词、祝词、竞选词、会议发言等,但主要有下列几种。

1. 开幕词。它是在隆重的大会上宣布大会开始的致词。开幕词的内容主要是介绍大会的背景、意义、目的与任务,说明会议的组织、人员出席情况、开法和议程,以及对大会的希望和要求。要求感情热烈真挚,语言简短明了,具有鼓舞性和号召力。

2. 闭幕词。它是会议的结束语。闭幕词的主要内容是对大会作出评价,如取得了什么成果、有什么样的意义等,也可以评述会议议程,进一步阐明会议基本精神,号召为实现大会提出的目标奋斗。语言要求与开幕词相同。

3. 会议报告。包括工作报告、情况报告等,是会议的主要文件。其内容包括对某一时间或某种情况的总结与回顾,分析有关新的情况,提出新的任务,要求在一定范围内动员有关力量予以完成等。会议报告要求明确、具体,因而经常写得较长。把会议报告由长压短,这是会议改革的重要内容。

4. 领导讲话。有两种情形,一种是三言两语,即兴而作的讲话;另一种是精心准备的带有指示性、总结性的讲话。领导讲话关键是要有的放矢,有话可讲。

(四)讲话稿的作用

1. 理顺思路,提高效果。讲话稿的写作过程,是围绕中心来取舍材料并写成文字的过程,这个过程使讲话者对所讲的内容有了个程序,即先讲什么,后讲什么。讲话者都按照这个思路讲下去,就会有条不紊。

2. 控制语速,增强效果。讲话一般都有一定的时间限制,必须在限定的时间内讲完。有了讲话稿,预先就可根据它的字数来计算所用的时间和速度。根据时间与速度,可以加进自己思维以外的语音成分,增强讲话效果。

二、写作要求

(一)针对性要强

讲话通常有着特定的场合和固定的听众,撰写讲话稿必须充分考虑讲话场合和听众对象的特点,据此确定讲话的主题、材料、语言和形式。针对性不强,就不会收到预期的效果，甚至会使听众产生反感。

（二）主题要集中鲜明

公开发表讲话不同于随便聊天，不能东拉西扯，漫无边际，而必须围绕一个中心，有一个主题，准备讲话稿的一个很重要的作用就是防止讲话人跑题。因此，撰写讲话稿也要像写其他文章那样确立主题，并以主题统领全篇；同时，由于听众不能像读者那样反复研读文章，因而讲话稿的主题还不能含而不露，要表达得更加明白、直接。赞成什么、反对什么、主张什么、避免什么，要明白无误地告诉听众。

（三）内容要吸引听众

一篇讲话稿的质量如何，在很大程度上取决于能否吸引听众。讲话即使再重要，再有意义，如果不能引起听众的注意，无法对听众产生作用，也是无济于事的。增加讲话内容的知识性、哲理性和趣味性及语言的气势和文采，是征服和打动听众的有效方式。

（四）语言要通俗生动

讲话稿是要讲出来给人听的，应同纯粹的书面语言有所不同，要带有口语的特点：①用语要通俗自然，使听众有亲切感，并容易理解和接受。②要尽量多用形象生动的语言形式，比如，恰当地运用比喻、幽默等，或适当引用警句、诗文、成语等，以有利于引发听众的兴趣。③要注意协调语音，以使讲话稿讲起来抑扬顿挫，朗朗上口，铿锵有声，富有节奏感和韵律美。

三、格式写法

讲话稿的格式是：标题＋署名和日期＋正文。

（一）标题

有两种写法。

1. 单标题。如《在全市财税工作会议上的讲话》。

2. 双标题。如《树立和落实科学发展观 加快建设旅游经济强省——在全省旅游发展工作会议上的讲话》。

（二）署名和日期

写明讲话者和讲话日期。

（三）正文

一般由称谓＋开头＋主体＋结尾四部分构成。讲话稿种类较多，正文部分各有不同的要求，会议讲话稿主体结构形式大致如下。

1. 开幕词：任务—议程—希望和要求。

2. 闭幕词：会议评价—发出号召。

3. 会议报告：

（1）党代会、人代会报告：前阶段工作的总结—下阶段工作的计划。

(2)工作报告:总结—认识(或经验)—任务—领导。

4.领导讲话:

(1)动员大会讲话:认识—任务—领导。

(2)表彰大会讲话:认识—任务—要求。

(3)庆祝会、纪念会讲话:追溯历史、阐述意义—新成绩、新经验—提出号召。

(4)汇报会、报告会讲话:调查、考察的基本情况—对某问题处理的意见、建议、结果或学习先进经验的打算、措施和要求。

(5)现场会、经验交流会讲话:对典型经验的概括和阐述—对先进学习的要求。

四、实例文选

在全市财税工作会议上的讲话

××市市长　×××

(2006年×月×日)

同志们:

这次全市财税工作会议的主要任务是:贯彻落实全省财税工作会议精神,总结去年工作,部署今年任务,动员全市上下提高认识,加大力度,扎扎实实地做好财税工作,充分发挥财税杠杆对经济社会发展的重要调控作用。下面,我讲四点意见。

一、充分肯定去年我市财税工作取得的成绩

1.财政收入呈现新局面。(略)

2.财源建设开拓新领域。(略)

3.统筹发展迈出新步伐。(略)

4.参谋作用走出新路子。(略)

5.规范管理取得新成效。(略)

二、充分认识财税调控作用对促进经济社会发展的重要意义

1.要注重发挥财税杠杆对经济发展的调控作用,促进经济结构优化升级。(略)

2.要注重发挥财税杠杆对收入分配的调节作用,促进社会和谐发展。(略)

3.要注重发挥财税杠杆对政权建设的保障作用,促进财政实力的增强。(略)

三、突出重点，抓住关键，确保完成全年各项财税任务

1. 要在提高"两个比重"上求突破。(略)

2. 要在深化改革上求突破。(略)

3. 要在监督管理上求突破。(略)

四、加强领导，搞好配合，形成齐抓共管财税工作的强大合力

1. 各级党委、政府要加强对财税工作的领导。(略)

2. 各级部门要积极支持财税工作。(略)

3. 各级财税单位要加强自身建设。(略)

同志们，今年财税工作的任务艰巨而又繁重。希望各级财税部门要以科学发展观为指导，振奋精神，开拓创新，埋头苦干，扎实工作，为建设经济强市、促进全市经济社会全面协调可持续发展做出新的更大贡献。

例评要求：1. 本文是怎样安排结构的？

2. 本文的语言有什么特点？

第七节　规章制度

一、基本知识

(一)规章制度的定义

规章制度是党政机关、社会团体、企事业单位规范人们的行为。规范人们的行为而制定的具有法规性和约束力的事务文书。制度是一个总称，日常所见的条例、规定、办法，细到章程、规则、须知、公约等均属于规章制度。按照《宪法》和有关法规文件规定，制定各种规章制度的权限如下：

1. 全国人民代表大会及其常务委员会制定法或法律；

2. 国务院制定行政法规；

3. 国务院各部委制定行政规章；

4. 省、直辖市的人民代表大会及其常务委员会可制定地方性法规；

5. 县以上的人民代表大会和人民政府可制定规章；

6. 人民团体、企事业单位可根据本部门的权限制定某些规定，一般称规章制度。

(二)规章制度的特点

1. 规范性。所谓规范性是指在内容上要符合国家有关政策、法令，不得与之相抵触；在写作上要有一定的程式要求，如执行的范围、执行的条款、执行的标准和要求等要尽可能考虑周到、齐全，便于实施执行。

2. 约束性。订立规章制度的目的就在于约束，对单位或对个人的言行举止、工

作职责、纪律、秩序等进行约束、限制、规范，缺少约束性，也就失去了规章制度应有的作用和意义。

3.公开性。规章制度在它的适用范围内是公开的，应该让一切有关人员都知道，并遵照执行。

（三）规章制度的分类

1.法规性规章制度。它是行政机关、人大及其常委会对某些事项的处理或对某项法律、法规的实施所作的规定，包括条例、规定、办法、细则等。但条例的制发，在国家机关中只有国务院才能独立制发。

2.规范性规章制度。它是行政机关、社会团体、企事业单位为本部门、本单位内共同遵守的准则所作的规定，常用于规范有关人员的行为，包括章程、制度、守则、通则、准则、规则等。

3.规约性规章制度。它是一种面向社会，为规范社会成员所作的规定，包括须知、公约等。

（四）规章制度的作用

1.执行方针政策的保证。党和国家的方针政策是社会主义建设的行动纲领，而方针政策的贯彻执行，往往要辅之以规章制度加以明确，加以规范。比如，国家旅游工作方面方针政策的执行，就辅之有种种相关的条例、规定等，明确遵守的事项、职责范围等，以切实保证党和国家的方针政策不折不扣地执行。

2.加强科学管理的手段。建立健全各种规章制度，可使各行各业的人有章可循，以保证工作、学习、生产高效率地进行。这是加强现代化管理，由单一的行政手段走向法制管理方法的重大变革，也是提高工作效率的重要保证。

3.规范道德行为的准则。规章制度除了要求人们共同遵守具有法律约束力的法规以外，还要求人们遵守具有道德约束力的行为规范，使自己的言行符合社会公共利益和公共道德，养成良好的社会习惯，保证各项工作的顺利进行。

二、写作要求

（一）必须符合党和国家的方针政策

规章制度公布以后，具有明显的强制性，起着规范行为的作用。因此规章制度必须依照党和国家的方针政策制定，必须符合有关法律法规。

（二）切合实际，合情合理

规章制度既然要人们遵守执行，在制订时就必须首先深入基层，了解实际情况，而不能脱离群众，闭门造车，人为地设置条条框框，限制束缚人们正当的活动。只有切合实际、合情合理，做到“令顺民心”，才能做到令行禁止。在写作时就要做到结构严谨、周密，读后使人明确应该怎么做、不应该怎么做，便于执行和遵守。同时，用语要准确、规范、简明，不可模棱两可、含糊不清，以免产生歧义。

(三)条理清晰,用词准确

规章制度采用章条式和条文式的写法,主要是为了便于记忆、阅读、理解,也便于查找、引证,所以撰写中要条理清晰,层次分明。而且在遣词造句上,各项条款、每句话、每个词,都要有准确的涵义,便于人们贯彻执行。

三、格式写法

规章制度的格式是:标题+正文。

(一)标题有三种写法

1.发文机关+事由+文种。如《中华人民共和国民用航空法》。

2.事由+文种。如《旅行社管理条例》。

3.适用范围+文种。如《城市房地产开发经营管理条例》。

(二)正文

规章制度的种类很多,各类的正文写法也不一,通常可分为章条式和条文式两类。

1.章条式。对一些内容较全面、系统、原则、条文较多的规章制度宜用章条式写作。如法规、章程、条例、准则、规则等。所谓章条式,通常由总则、分则和附则三大部分组成。则中分若干章,章中分若干条,有时条下分若干款项。

(1)总则。它主要概括说明制定此规章制度的目的、依据、基本原则、适用范围、主管部门等情况,类似于文章的前言。如果是章程,总则中主要写明该组织或该团体的名称,其性质、宗旨、任务等。总则一般只设一章,下分若干条。

(2)分则。自总则以下至附则的中间若干章均为分则。分则是全文的主体部分,根据不同的内容交代不同的事项。如章程的分则,通常写明成员的资格、条件、义务、权利、组织机构、原则、纪律等。而一些条例、规定、办法、准则的分则部分通常交代必须遵循的具体行为规则、做法,如范围分类、具体规定做法、责任、要求、处罚办法等。分则中章的数目视内容多少而定。根据需要,章下可分若干条,条下还可分若干款项。

(3)附则。是全文的末章。通常说明该规章制度的适用范围、作解释权的单位名称、与有关文件的关系及其他未尽事宜的处置办法、生效日期等内容。附则也只设一章,根据需要,下分若干条。

2.条文式。对内容相对简单的以及非权力机构制定的规章制度常用条文式写作,如一些条例、办法、规则、守则、公约、须知等。条文式不分章,而分条列项来阐述。条文式也可分为两种:一种是前言条文式,另一种是条文到底式。

(1)前言条文式。它分前言和主体两部分。前言不设条,而用简明扼要的文字概述制定该文的目的、依据、性质、意义。主体部分则分若干条款交代各种规定的事项。

(2)条文到底式。即全文都用条款来阐述表达,不另分段作说明。这样写并非不要前言、结尾,而是将前言、结尾也都用条款标出。在写作中,根据需要条下也可分若干项表达。在写作中有的不标明“第×条”,而用汉语数字“一、二、三、……”来分开表达。

四、实例文选

行政单位财政统一发放工资暂行办法

(财政部财行〔2000〕1号文件发布)

第一章　总则(略)
第二章　实施范围(略)
第三章　主管部门职责(略)
第四章　工资发放程序(略)
第五章　管理监督(略)
第六章　附则(略)

例评要求:1.本文是怎样安排结构的?
　　　　　2.本文的语言有什么特点?

一、名词解释

事务文书、计划、总结、调查报告、简报、讲话稿、规章制度

二、填空题

1.事务文书具有________、________、________特点。
2.计划具有________、________、________特点。
3.总结具有________、________、________特点。
4.调查报告具有________、________、________特点。
5.简报具有________、________、________特点。
6.讲话稿具有________、________、________特点。
7.规章制度具有________、________、________特点。
8.事务文书可分为________、________、________、________、________、

________六类。

9. 计划按名称可分为________、________、________、________、________、________等。

10. 总结中最常用的是________、________。

11. 调查报告可分为________、________、________三类。

12. 简报按内容可分为________、________等。

13. 会议讲话稿最主要有________、________、________、________四种。

14. 规章制度可分为________、________、________三类。

15. 计划具有________、________、________作用。

16. 总结具有________、________、________作用。

17. 简报具有________、________、________作用。

18. 计划正文的主体部分有________、________两种结构方式。

19. 总结的正文一般由________、________、________三部分内容构成。

20. 反映情况的调查报告的主体结构方式是________，介绍经验的调查报告的主体结构方式是________，揭示问题的调查报告的主体结构方式是________。

21. 简报正文的主体部分写作体式常见有________、________、________、________四种。

22. 讲话稿的正文一般由________、________、________、________四部分构成。

23. 规章制度正文部分的写法通常有________、________两类。

三、简答题

1. 计划有哪些写作要求？

2. 总结有哪些写作要求？

3. 调查报告有哪些写作要求？

4. 简报有哪些写作要求？

5. 讲话稿有哪些写作要求？

6. 规章制度有哪些写作要求？

7. 总结与计划有哪些区别？

8. 调查报告与总结有哪些区别？

9. 工作总结与经验总结在写法上有哪些区别？

四、语言分析题

修改下列各句中不恰当的地方。

1. 他们渡过了一道又一道难关，终于取得了成功。

2. 他们工作不负责任，以至造成严重的后果。

3. 考虑到加强财务管理的需要，我们公司拟制定《会计人员业务操作规范指南》。

4.最近一段时间以来，我们局里经常接收到你们公司一些群众来信来访。

5.我国当前的经济形势出现让人忧愁情况，基本建设规模如燎原之势；房地价格如入云天；三农问题更是堆积如山。已到了非下狠心不可地步！

五、习作题

1.为自己撰写一份本学期学习计划。

2.为班级撰写一份本学期总结。

3.利用暑假活动，撰写一份调查报告。

4.为近期班级活动编一份简报。

5.为某项活动撰写一份讲话稿。

6.为班级撰写一份《班级公约》。

7.评析下面这份个人总结，谈谈存在哪些问题。

本学年个人总结

炎日当空，天上无一丝云彩，火辣辣的太阳简直叫人不敢出门，没有一丝风，只有知了在树上不停地叫着，好像在说："放假啦，放假啦！"又一学年过去了，我应该利用暑假对这一学年的学习情况做一些总结，以迎接新学年。

在这一学年里，我学习了成本会计、管理会计、审计原理、经济法、计算机应用、外贸会计、大学英语、应用文写作、体育、职业道德、概率论等课。其中成本会计82分，管理会计86分，审计原理77分，经济法89分，计算机应用90分，外贸会计90分，大学英语72分，应用文写作68分，体育是中，职业道德是优，概率论是中。总的来说，成绩还是可以的，在班上属中等水平。其中计算机应用和外贸会计成绩好些，而大学英语、概率论和应用文写作差些。下一学期，我要继续努力，争取取得更好的成绩，最好都在80分以上，这样就可以获得奖学金，减轻家庭的经济负担，更可以在择业时增加自己的实力。

×××

第五章　财经文书写作

学习目标

- 基本了解财经文书及各文种的定义、特点、分类、作用和写作要求。
- 重点掌握经济活动预测报告、经济活动分析报告、财务分析报告、商品广告、产品说明书、经济合同的格式和写法。
- 体味例文，培养撰写财经文书的能力。

第一节　财经文书概述

一、财经文书的定义

财经文书是在财经领域活动中形成和发展的，为现实财经活动服务的，具有特定惯用格式的应用文书。

二、财经文书的特点

（一）专业性

财经应用文是用来反映财经工作情况，解决财经活动中的实际问题，因此带有鲜明的财经专业特色。在内容上，财经应用文是反映财经部门的工作和业务活动；在表达形式上，财经应用文往往运用大量的专业术语，如投资、利润、预算、决算、询盘、报盘等。

（二）依循性

我国目前实行的是社会主义市场经济体制，一切财经活动都是在党和国家的财政方针政策的指导下，在国家允许的法律范围内，遵循客观经济规律进行的。作为反映、研究、指导财经活动的应用文，必须以党和国家的路线、方针、政策、任务和颁布的经济法律、法规、条例、章程为准则去分析经济现象，解决经济问题。

（三）时效性

为了及时地解决和处理现实生活中的具体问题，改善财经工作和经营管理，提高经济效益，财经写作要求一定的时效性。像商业广告、外贸函电、索赔理赔文书、招标投标文书等大部分的财经应用文都要讲求时效。否则，便会影响工作的正常进行，甚至造成重大损失。

三、财经文书的分类

财经文书非常广泛，常见的种类如下。

(一)财经管理类文书

这类文书是指按照一定的工作程序，采用特定的工作方法，对财经管理工作进行周密调查，深入分析、科学评估之后形成的财经应用文。如经济活动预测报告、经济活动分析报告、可行性研究报告、审计报告等。

(二)财经会计类文书

这类文书是指按照特定的要求，对财务会计工作进行计划或总结之后形成的财经应用文。如预决算报告、财务计划编制说明书、财务分析报告等。

(三)财经营销类文书

这类文书是指在经济活动中，促进商品经营销售而形成和使用的财经应用文。如商品广告、产品说明书、市场营销方案、招标投标文书、经济合同等。

(四)财经涉外类文书

这类文书是指在对外贸易和对外经济合作中所形成和使用财经应用文。如外贸函电、涉外经济合同、索赔理赔文书等。

第二节　经济活动预测报告

一、基本知识

(一)经济活动预测报告的定义

经济活动预测报告是经济部门或企业依据调查获得的相关资料、数据，以正确理论为指导，运用科学的方法，对未来一定时期内经济变化及其发展趋势所进行的测算和推断后写成的书面报告。

(二)经济活动预测报告的特点

1. 预见性。预见是对未来一定时间内经济趋势作出符合事物发展规律的判断。正确的预见是经济预测报告的根本任务所在。

2. 科学性。经济预测不是主观想象，而是采取科学的预测方法，以科学的理论为指导，由此及彼，由表及里，由已知推断未知，由现实推断未来。科学性是经济预测报告正确的保障。

3. 时效性。经济预测报告有一定的预测时限，其导向作用便具有时效性，它往往只在预测期内发生影响，过了预测期限就不一定适用了。

（三）经济活动预测报告的分类

1. 按预测时间分，可分为近期（1 年内）、中期（2—5 年）和长期（5 年以上）三类预测的报告。

2. 按预测空间分，可分为宏观（全国）、中观（省、市）和微观（企业）三类预测报告。

3. 按预测范围分，可分为综合预测报告和专题预测报告。

4. 按预测内容分，可分为市场预测报告、销售预测报告、资源预测报告、生产预测报告、财政收入预测报告、技术发展预测报告、银行信贷预测报告等。

（四）经济活动预测报告的作用

1. 有利于领导机关作出正确的决策。正确的经济决策不是凭空而来的，它来源于各种经济信息的分析研究，来源于对客观经济规律的探寻和认识。经济预测报告可以提供来自各个方面、各个渠道的经济信息，领导机关可以据此了解经济活动的情况和趋势，从而作出正确的经济决策。

2. 有利于企业发展生产和提高效益。对于企业来说，经济预测报告能为他们提供各种必需的经济信息，如市场需求、产品质量、价格水平、商品信誉等。这些情况的掌握可以使管理者具有战略性的眼光，发扬长处，改进不足，以获得更大的经济效益。

3. 有利于发挥计划指导和市场杠杆的作用。国家和企业制订经济计划都要对未来经济发展作合理的设想，都需要有科学的预测，否则经济的发展会陷入盲目。因此，撰写经济预测报告对于发挥计划的指导作用是有重要意义的。另一方面，我国很大一部分经济活动是靠市场调节，企业的生产活动也要根据市场的需要组织安排，这也需要加强经济预测，以掌握市场的供求变化和规律性，起到市场的杠杆作用。

二、写作要求

（一）预测目的要明确

预测目的是开展预测活动、写作预测报告的出发点，它对于预测工作和预测报告的写作都具有确定方向和决定成败的作用。要写好经济预测报告，首先必须明确预测的目的，这样才能根据目的需要来确定预测什么内容，搜集和选用哪些预测资料，运用什么预测方法，从而保证预测工作顺利开展，保证预测报告有充实的写作内容和较强的现实针对性。

（二）预测方法要科学

选用科学的方法对经济活动进行预测，是作出正确预测的基础。常用的科学预测方法有以下两种。

1. 定性预测法。也叫直觉经济预测法、调查研究预测法。它是通过调查研究当前经济形势，取得预测对象相关因素的历史资料和现实资料，对这些资料进行加工整理和分析研究，以判断和推测对象未来情况的预测方法。这种方法适用于数据还不充足和发展还不稳定的对象。定性预测法常用有以下几种。

(1)专家意见法。向经济领域的专家征求预测意见，得出预测结果。

(2)经营人员意见法。经营人员直接面对市场，掌握第一手材料，听取他们所掌握的市场情况，汇总预测意见。

(3)用户意见法。这是调查了解用户需要情况的方法，可以直接向用户调查，也可以发函或打电话调查。

2. 定量预测法。也叫客观分析预测法、数学模式预测法。它是根据过去的统计资料，借用数学方法，建立数学模式，对经济的未来发展作出量的预测的方法。这种方法适用于比较完备的经济资料，运用一定的数学方法，来进行科学的计算和预测。定量预测法常用有以下几种。

(1)时间数列法。这是通过研究某个变量的时间数列，从其过去的变化趋势，来预测未来的经济情况的预测方法。

(2)指数函数法。这是通过拥有率和饱和率的概念而建立起来的预测方法。

(3)抽样统计法。这是通过对相关数据的抽样统计，求出概率，用以推测经济现象的发展与变化趋势的预测方法。

总之，定性预测法是根据已掌握的材料，凭经验进行预测，因此就不免有主观上的局限，受到一些主观因素如业务知识、分析能力等影响；定量预测法是运用一定的数学方法，进行科学的计算，比较客观，相对定性预测法来说，不受预测者主观倾向的影响，但是社会对经济的诸多影响有时不是仅有数据就能反映出来的，所以在经济预测时，最好是兼顾上述两种预测方法，综合分析，才会取得较好的预测效果。

(三)结构安排要合理

撰写经济活动预测报告一般采用“指出问题—分析预测问题—解决问题”的结构，要做到条理清楚、层次分明，使人一目了然。

(四)语言运用要得体

经济预测报告要本着冷静、科学、客观的态度来写，所以专有名词、术语和数据的运用一定要准确无误，才具有可信性。另外，经济预测本身就是超前的想法，所以有时可用些模糊语言，如“一些地区”、“不久”、“估计”、“基本上”等，这样更切合实际。

三、格式写法

经济活动预测报告的格式是：标题＋正文＋落款。

(一)标题

有两种写法。

1. 公文式标题。由时间+区域+内容+文种四部分构成,如《2006 年杭州市电脑需求量预测》。有时可省略时限或区域。

2. 新闻式标题。有单、双标题形式,如《轻工业市场走向何方》、《春风将度玉门关——2000 年我国 B 股市场走势展望》。

(二)正文

由前言+主体两部分构成。

1. 前言。写明预测原因,交代有关情况。如简要介绍预测的时间、地点、对象、目的,说明预测的主旨和采用的方法。

2. 主体。由基本情况+预测分析+建议三部分构成。

(1)基本情况。主要运用资料和数据,对预测对象的历史、现状作回顾和说明。

(2)预测分析。对调查研究中所取得的资料、数据进行认真分析,要写明预测的依据,要写清各种社会因素对预测对象的影响。

(3)建议。要根据预测分析的结果,为决策者提出实际的、有价值的、值得参考的建议。

(三)落款

上报的经济活动预测报告,正文后署名和成文时间。公开发表的经济活动预测报告,署名写在标题下方,没有成文时间。

四、实例文选

2000 年全国轿车需求量预测

随着我国国民经济发展的持续向好,轿车和住房一样被分列为刺激消费扩大内需的重大商品,市场需求较之以前有所增加,但轿车市场依然面临很多困难,各大厂商竞争势必日益激烈。

一、概况

纵观 1999 年各月销售轨迹,出现 4 次起伏,销售不均,传统的销售旺季不旺,市场变化使人难以捉摸。1999 年全年累计销售 56 万辆,实现年初确定的预测目标,增长 10%,但期末库存压力依然很大,厂家的库存 5 万余辆,如果连同红旗、奥迪、捷达和桑塔纳总经销商的库存,则总库存近 10 万辆。

具体来看,现有车型结构存在矛盾,车型市场需求发展不平衡,上海通用别克和广州本田雅阁市场看好,一汽大众捷达和二汽神龙富康接近或基本达到调整后的销售目标，原先市场份额较大的上海桑塔纳和天津夏利，由于相对基数大，市场扩容较难。

二、分析预测

1999 年下半年起国民经济发展出现的一些积极变化，预计在 2000 年将会持续，经济发展环境总体上趋好。扩大内需、增加农民收入、国企改革作为中心环节、继续执行积极的财政政策、积极增加进出口等等，被作为 2000 年经济工作指导思想和总体要求的重要组成部分。1999 年国务院有关部门，为规范汽车收费、减轻车主负担，把汽车与住房列为刺激消费扩大内需的重大商品，还将研究扩大汽车消费的有关措施。这些为 2000 年培育汽车市场提供了有利环境。

但面对 WTO 及世界经济贸易回升，汽车工业的压力也是较大的。2000 年轿车市场面临的困难与矛盾依然相当突出。消费需求的扩张受到诸多不利因素的制约，居民收支预期不看好的态势尚未扭转；短缺经济时期把轿车作为奢侈品加以限制的某些政策和地方上设置的价外乱收费，至今仍无多大松动；现行的轿车消费政策正成为制约轿车市场活跃的一个重要"瓶颈"。

根据 10 年来国产轿车的销量，对历年数据用 3 次曲线进行拟合，进而预测 2000 年轿车市场需求为 62 万辆。

根据我们了解的信息，主要轿车品牌生产企业的预期目标，中高级轿车 12.5 万辆、中级轿车 24 万辆、普通级轿车 14.6 万辆、微型轿车 18.5 万辆，还有一些以轻客名义生产的两厢式小汽车也有上万辆之多。进口小汽车可能较 1999 年增加 1.5 万辆。加上 1999 年生产厂家包括厂家经销商的库存近 10 万辆，这样市场资源的总供给不会低于 80 万辆。就我们所预测的需求而言，2000 年依然是个供过于求的买方市场年。

三、建议

尽快调整汽车消费政策，取消不合理收费及尽量减轻合理收费，推动轿车生产成本降低，达到规模经济，形成产销的合理衔接和良性循环，已是推动我国轿车产业及至国民经济增长的切实需要。

××汽车销售总公司
一九九九年十二月二十日

例评要求：1. 本文是怎样安排结构的？

2. 本文的语言有什么特点？

3. 本文采用了哪些预测方法？

第二节　经济活动分析报告

一、基本知识

(一)经济活动分析报告的定义

经济活动分析报告是经济部门或企业,以计划指标、会计核算、统计核算和调研情况等为依据,运用科学的方法,对一定范围、时间内经济活动状况进行分析研究后写成的书面报告。

(二)经济活动分析报告的特点

1.定期性。经济活动分析报告是对一定时期里已完成的生产经营、销售或其他经济活动的分析与总结,一般在年终或一段经济时间后进行,具有明显的定期性。

2.对比性。经济活动分析报告以数据对比分析为主。不同的经济活动有不同的经济技术指标的构成,有不同的分析要求和计算方法,专业技术性强。检验每一项经济指标的完成情况以及相关因素等,必须通过数字对比(包括图表等)来加以表示、说明。有比较才有鉴别,才能明辨得失优劣,确定方向。

3.指导性。分析过去只是手段,指导今后工作才是目的。经济活动分析报告着重分析经济情况产生的原因,总结成功的经验,找出薄弱环节,提出解决的建议等,具有承前启后的功效,指导性很强。

(三)经济活动分析报告的分类

1.按时间分,可以分为定期分析报告、不定期分析报告和季度分析报告、年终分析报告等。

2.按范围分,可以分为全面分析报告和专题分析报告。

3.按内容分,可以分为生产形势分析报告、统计分析报告、财务分析报告、税收计划执行情况分析报告、成本分析报告、库存分析报告、资金运转情况分析报告等。

(四)经济活动分析报告的作用

1.反映现有经济状况,进行科学评价。通过对各种经济指标完成情况的汇总分析,可以考核本期计划的执行情况,而经过与历史、与先进等横向纵向的比较,更可以比较客观地、全面地认识现状、地位,既总结成绩与经验,又看到不足与危机,从而对一定范围、一定时间内的经济活动作出实事求是的科学评价。

2.分析主客观因素,明确努力方向。对影响或决定经济活动的各种主客观因素的分析研究,能找出主要矛盾及决定因素,如完成计划或没有完成计划的原因,一方面肯定成绩,表扬先进,另一方面揭露矛盾,解决矛盾,进一步挖掘各方面潜力,提出合理的意见或措施,明确前进的方向。

3.发挥管理功能,提高管理水平。经济活动分析是经济管理工作的重要组成部分。计划、核算、分析三个既联系又独立的环节,反映了经济管理的整个过程。计划是事先控制,重在预定目标;核算是事中控制,重在反映和监督计划的执行过程和结果;分析是事后控制,根据核算资料对计划执行情况进行分析。三者构成了经济管理的有机统一整体,有效促进管理水平的提高。

二、写作要求

(一)方针政策要掌握

我国的一切经济活动,都是在党和国家的方针、政策指导下,在一定的经济环境中进行的,并随着经济形势的变化而变化。因此,掌握党和国家的经济政策,掌握有关经济法令和规章制度,了解经济发展动态,是写好分析报告的前提。

(二)分析方法要科学

选用科学的方法对经济活动进行分析,是作出正确结论的基础。常用的科学分析方法有下列两种。

1. 比较分析法。也称对比分析法。它将两组或多组具有可比性(如时间、内容、项目和条件、标准等相同或相近)的数据资料放在同一基础上进行比较,以鉴别高低,找出差异,查明原因,提出改进措施。一般可从以下几方面比较。

(1)比计划。以本期各项指标的实际数与计划数对比,这是最基本的比较。其作用有二:其一说明本期执行计划的实际情况,找出差异的原因;其二能检验计划指标是否合理、实际,是否需要修订。

(2)比历史。以本期的实际完成数与上期、上年度或历史同期最高水平比较,看其增减之幅度,以反映经济活动的发展变化及趋势。

(3)比先进。将本期的实际完成数与国内外同行业基本条件相似相同的先进企业同期完成数对比,以考察本企业各项经济指标的高低层次,既能对本企业状况合理定位、准确评估,也可以学习先进,找出差距,扬长避短,明确努力方向。

2. 因素分析法。它是探求影响某一经济指标完成情况的各种因素的分析方法,它要将造成差异、问题的各种主客观因素综合分析,在错综复杂的矛盾中找出最本质、最关键、起决定作用的因素。比较分析法着重于数据和情况的对比,因素分析法则侧重于事实的说明和特点、原因的剖析。运用因素分析法,应注意以下几点。

(1)要重点分析主要因素。经济分析必须要抓住主要问题的主要因素作重点分析。这样才能突出中心,给人以鲜明的印象,切忌面面俱到,贪大求全。

(2)要注意分析潜在因素。某些因素目前看起来无足轻重,但从发展趋势看,很可能成为具有影响力的重要因素。因此,必须要注意某些带有倾向性的因素。对某些因素的潜在发展趋向,在分析时应及时指出,加以强调,以引起领导及有关部门的重视。

(3)要顾及主客两个方面的因素。既要重视客观因素的分析,也要重视主观因素的分析。在分析客观因素时,不能掩盖主观因素所造成的影响。

除了以上两种方法外,还有动态分析法、预测分析法、平衡分析法、时间分析法、指数分析法、差额分析法、相关分析法等,分别从不同角度进行经济活动分析。在具体选择时,可依据资料内容、性质、分析对象和目标,采用一种或几种分析方法。

(三)各种材料要充分

材料是分析的依据,没有充分可靠的材料,就不可能进行全面、深入的分析。因此,在撰写分析报告之前,必须进行调查研究,充分地掌握各项技术经济指标和经济活动的事实材料,并充分利用计划、报表、账本、凭证等有效资料,使分析建立在坚实的事实和材料基础之上。

(四)语言运用要中肯

经济活动分析报告的用语除了准确、简洁外,还要中肯,即探讨现状的用语要得体,分析原因的用语要恰当,提出对策的用语要适度。

三、格式写法

经济活动分析报告的格式是:标题+正文+落款。

(一)标题

标题有两种写法。

1.公文式标题。由单位+时间+内容+文种四部分构成,如《××卷烟厂20××年上半年经济效益分析报告》。有时也省略单位或时间。

2.新闻式标题。有单、双标题形式,如《要从削价损失中吸取经验教训》、《服务出效益——××酒店2004年财务分析报告》。

(二)正文

正文由前言+主体两部分构成。

1.前言。主要概述分析报告的内容、范围、对象、目的和背景等。此部分有时也可省略。

2.主体。主要阐释经济活动"怎么样(状况)—为什么这样(原因)—应该怎么办(建议)"等内容,一般由基本情况+原因分析+建议三部分构成。

(1)基本情况。写出现状。

(2)原因分析。找出主客观因素,给予恰当评价。

(3)建议。有针对性地提出合理的建议,以指导实践。

(三)落款

一般只写明成文时间,因为署名往往在标题中已出现。

四、实例文选

××卷烟厂200×年上半年经济效益分析报告

一、200×年上半年经济效益状况

××卷烟厂是近年来新建的地方国营卷烟厂，现有职工600人。建厂几年来，生产逐年上升，但利润增长较慢，远低于生产的增长。本年上半年利润略有下降，有关资料如表1所示。

表1 200×上半年经济效益表

经济效益情况 / 经济活动时间 / 经济活动项目	上年度上半年	本年度上半年计划	本年度上半年实际	本年度与上年度对比		本年度与计划对比	
				差异	%	差异	%
产量(万箱)	3.8	4.2	4.2	+0.4	+10.5	0	0
销售产品量(万箱)	3.8	4.2	4.0	+0.2	+5.3	−0.2	−4.8
销售收入(万元)	2000	2000	2060	+60	+3	−140	−6.4
销售利润(万元)	90	100	86	−4	−4.4	−14	−14
单箱利润(元)	23.68	23.92	21.5	−2.18	−9.2	−2.42	−10.1

从表1看，本年度上半年实际产量与上年度同期对比，产量继续上升，增长10.5%，销售量增长5.3%，销售收入增加3%，但销售利润却下降4.4%，单箱利润下降9.2%。若与计划对比，除产量计划完成外，其他指标都未完成，特别是销售利润指标比计划下降14%，单箱利润下降10.1%。

经济效益差，这是我厂需要重点分析研究的重大问题。

为了分析这一问题，现搜集有关经济效益的数据资料和情况，以及国内同行业的有关资料，如表2所示。

从表2可以看到，与同行业先进水平比，我厂各项指标都相差很远。与全国平均水平相比，本厂各项指标都有不小差距。这足以说明本厂的人力、物力、财力利用效果欠佳，生产耗费过多，利润减少，经济效益差。

表 2 上年度有关指标对比表

指 标	同行业先进水平	全国平均水平	本厂	与先进水平对比		与全国平均水平相比	
				差异	%	差异	%
劳动生产率(箱/人)	400	240	221	－179	－44.8	－19	－7.9
产品合格率(%)	99.9	99.5	98.1	－1.8	－1.8	－1.4	－1.4
单箱消耗烟叶(hy)	51	56	58	＋7	＋13.7	＋2	＋3.6
煤(吨)	18.9	19.2	21.1	＋2.2	＋11.6	＋1.9	＋9.9
电(度)	0.3	8.9	10.9	＋4.6	＋73	＋2	＋22.5
百元产量占用流动资金(元)	2.7	9.8	10.4	＋7.7	＋285.2	＋0.6	＋6.1
单箱利润(元)	52.20	25.10	23.2	－29	－55.6	－1.9	－7.6

二、生产差距的原因

1. 职工队伍素质较差，技术力量薄弱

我厂是新建厂，除少量老工人是兄弟厂支援来的外，大部分是近年来进厂的新工人。目前全厂工人技术水平等级为 1.9 级，有的车间平均只有 1.05 级。职工队伍文化素质较低，又没有进行严格培训，劳动纪律松散，不按规程操作。相当一部分人顶不上岗，定员超编，劳动力浪费，这使得劳动生产率不高，不仅与国内先进水平相差甚多，比全国平均水平还低 7.9%；产品质量欠佳，合格率比全国平均水平还低 1.4%。

2. 采购无计划，验收不严格

烟叶是卷烟工业的主要原料，约占卷烟成本的 80% 以上。但我厂采购无计划，盲目购进大量烟叶，积压严重。仅甲级烟叶库存量，按目前生产用量计算，即可用 4 年多。超额贮存，从而大量占用储备资金，使资金周转减慢（由上年的 40 天周转一次减慢为今年的 56 天），百元产值占用流动资金指标也上升较多。另外，烟叶收购入库无严格的验收手续，缺斤短两，混级变质，既增加了烟叶的采购成本，又影响卷烟质量。

3. 消耗无定额，成本上升

由于各项规章制度不健全，生产用料无严格定额的核算，材料和能源的消耗偏高。从表 2 可看出，上年度每箱卷烟消耗烟叶 58 公斤，比全国平均超过 3.6%，消耗煤和电也分别超过 9.9% 和 22.5%，本年度上半年仍无下降趋势，使成本降低计划难以完成，从而利润计划也没有完成。

4. 追求产量，忽视质量

近年来香烟一直畅销，卷烟生产指标层层加码，以致片面追求产量，忽视了质量。加上新工人增加，技术力量薄弱，卷烟质量逐步下降，上年度卷烟质量合格率为 98.1%，比全国平均水平低 1.4%，本年度上半年与去年同期对比，一级品率下降，次品烟和废品烟比重上升，以致单价略有降低，使销售收入受到影响。

三、提高经济效益的对策

根据上述分析，我厂今后应在如何提高经济效益方面多作些努力，具体来说应从以下几个方面进行改进。

1. 积极抓好职工队伍的培训工作，提高他们的文化素质技术水平。同时大力整顿劳动纪律，制定各项岗位责任制。

2. 加强计划管理工作，健全各项规章制度，使采购有计划，消耗有定额，费用开支有预算，材料和成品进出库有严格的验收手续。

3. 努力提高产品质量，搞好市场调查，以销定产。

4. 搞好经济核算，加强经济活动分析工作，及时总结经验教训，巩固成绩，改进不足，争取不断进步。

二〇〇×年×月×日

例评要求：1. 本文是怎样安排结构的？
2. 本文的语言有什么特点？
3. 本文采用了哪些分析方法？

五、文种辨析：经济活动分析报告与总结

经济活动分析报告与一般工作总结的性质和功能在本质上是一致的，即都以马克思主义的认识论为指导，以党和国家的方针、政策为依据，在掌握丰富材料的基础上，进行深入的分析，探索事物的规律，指导今后的实践。但其区别有两点：①写作要求不同。经济活动分析报告以指标数据为核心展开分析，以数量的增减为出发点评价得失成败，分析原因也要对具体的数量变化作出具体的剖析，都要落到实处；一般工作总结则要求把实践上升到理论，注重对现象进行概括和抽象，寻找事物的发展规律，忌讳就事论事。②分析角度不同。经济活动分析报告侧重于定量分析，一般工作总结则侧重于定性分析。

第四节　财务分析报告

一、基本知识

(一)财务分析报告的定义

财务分析报告是指财会人员运用科学的方法,通过剖析会计报表等有关资料,对财务整体或某一方面作出结论性评价的书面文件。又称财务情况说明书、财务活动分析。

(二)财务分析报告的特点

1.依法性。即按照有关财务会计法规,对一定时期内企事业单位的偿债能力、营运能力、盈利能力等财务状况进行分析,不能随意的分析。

2.说明性。财务分析报告是在分析财务计划完成情况的基础上概括而成的说明性文件。

3.总结性。财务分析报告是如实反映财务计划完成情况,肯定成绩,指出不足,以达到总结经验,吸取教训,强化管理的目的。

(三)财务分析报告的分类

1.按结构组成不同,可分为只用文字、数据或简图说明,不附加财务报表的财务分析报告和由文字、数据说明及若干财务报表共同组成的财务分析报告。

2.按中心内容不同,可分为财务综合分析报告、财务专题分析、财务简要分析报告、财务对比分析报告和财务典型分析报告。

(四)财务分析报告的作用

1.检查情况。通过财务分析报告所分析的情况,可以检查企业或经济实体的财务活动是否符合党和国家的政策,是否遵守财经制度、财经纪律;可以检查各项财务计划完成情况或进度,从而提高财务管理水平。

2.改进管理。通过财务分析报告的分析,可以找到财务管理中的差距,找出潜力,针对差距和潜力提出改进的意见,从而进一步提升财务管理的水平。

3.揭示规律。根据财务分析报告的分析,能够揭示生产、经营、资金运转、收支管理、财务成果以及它们之间的关系,从而把握财务工作的规律,取得工作的主动权。

二、写作要求

(一)充分占有资料

占有充分的资料是进行财务分析的基础。因此在进行财务分析之前必须认真调查研究,尽可能搜集有关的资料,包括与财务活动有关的统计资料、会计核算资料、其他业务核算资料以及上级的有关文件和典型调查资料。另外,还要全面掌握企业经营活动的情况,及时了解影响主要财务指标变动的因素。这样才能得心应手地写好财务分析报告。

(二)如实分析财务情况

财务分析报告应根据真实可靠的资料来编写,不能随意编造数字和情况;有关指标应按照规定的公式进行计算;运用的分析方法要科学合理,所作评价要恰如其分,使财务分析报告能真正地说明问题,为决策者提供依据。

(三)抓住主要矛盾

编写财务分析报告时要运用科学的经济理论,综合分析财务活动中存在的问题,抓住其中的主要矛盾,解决重点问题。在财务活动中,资金的筹集与使用、消耗与收回、增值与分析、成本的大小与利润的高低等之间存在着矛盾,对这些矛盾要认真分析,分清主要矛盾和次要矛盾,从而抓住主要矛盾,解决重点问题。

(四)必须恰当而准确地运用数字

财务分析报告离不开数字。数字必须运用得当,以下几点值得特别注意。①定数与约数不能在同一句子中使用。定数是表示肯定的数,如 2、10、1/3、4 倍、半等;约数是表示不肯定的数,如“20 左右”、“30 上下”、“70 几”等。②倍数只能用于增加,不能用于减少,如“2 倍”、“3 番”等。分数既能用于增加,也能用于减少,如“3/4”、“6%”等。③增加“到”与增加“了”的倍数不相等,必须正确使用,如增加到过去的 2 倍,表示过去为 1,现在为 2;增加了 2 倍,表示过去为 1,现在为 3。④“以上”、“以下”是限制数字的词,运用时要明确说明是包括本数还是排除本数。如 30%以下(包括 30%)或 30%以下(不包括 30%)。

三、格式写法

财务分析报告的格式是:标题+正文+落款。

(一)标题

一般由单位+时间+文种三部分构成,如《××公司××××年财务分析报告》。有些也省略单位或时间。

(二)正文

由开头+主体+结尾三部分构成。

1. 开头。扼要介绍经营和财务的基本情况,为下文展开分析作引导。这一部分要使人形成对报告的总体印象,所以要简明,突出重点。

2. 主体。这是财务分析报告的中心部分,即全文的重点所在,它要对财务状况分条列项进行分析,然后从中总结成功的经验和失败的教训。

一份综合性财务分析报告,需要对以下财务情况进行分析:

(1)财务指标完成情况分析;

(2)财务盈亏和利润分配情况分析;

(3)资金增减和周转情况分析；

(4)资金结构及变动情况分析；

(5)其他必要情况的分析。

财务分析报告的特色重在分析、探究财务变化的原因。一般地说，综合分析报告需要对各项重要财务指标进行逐项分析；专题分析报告，应突出重点分析；进度分析报告，应突出变动情况进行分析。在表达形式上，无论是哪一种形式的分析报告，都应把文字阐述和数据资料结合起来。

3.结尾。得出结论并针对性地提出今后应努力的方向。这部分内容要简明、具体，不要空发议论。

(三)落款

写明单位和成文时间。如单位在标题中已出现，这里就可省略。

四、实例文选

××公司××××年度财务分析报告

××××年，由于公司进行了一系列的内部改革及技术改造，并完成了产品结构的局部调整，生产经营情况和财务状况明显好转。工业总产值达××××万元，比上年增加××%；产品销售收入为××××万元，比上年增加××%；人均创利润达到×万元，比上年增加一倍。

一、利润情况分析

本年公司实现利润××××万元，比上年增加××%，净增×××万元。产值利润率达××%，销售收入利润达到××%，创历史最高水平。

(一)属于增加利润的因素如下，共使利润增加×××万元。

1.经公司主管部门和物价部门批准，提高了部分产品价格，因而比去年增加利润××万元。

2.由于产品销售量增加，比上年增加利润×××万元。

3.企业技术改造之后，品种结构发生变化，增加新产品7种，增加利润××万元。

4.由于减少了外协加工部件，因此比去年减少亏损×万元。

5.由于部分物资消耗定额比去年略有降低，从而使部分产品成本降低了×万元。

6.营业外收入比去年增加××万元。

7.由于财务费用下降，比上年增加利润×万元。

8.投资收益比去年增加××万元。

(二)属于减少利润的因素如下,共使利润减少×××万元。

1.由于销售成本增加,利润比去年减少×××万元。

2.由于价税分离,销售收入中扣除增值税因素,而增值税税率比去年提高,致使利润减少×万元。

3.销售费用上升,比去年减少利润××万元。

4.由于外卖材料亏损,减少利润××万元。

5.管理费用上升,减少利润××万元。

6.营业外支出增加,相应减少利润××万元。

二、资金情况分析

本年应收款周转率为×××%,比去年降低××%,主要是产品赊销情况较多,货款不能及时回收所致;存货周转率为×××%,比去年降低××%,主要原因是产品结构调整后,库存钢材金额有所增加,原积压材又未能及时处理;流动资金周转天数为××天,比去年增加×天;流动比率为×××%,尚属正常;速动比率×××%,低于常规水平。

以上情况表明,公司存货积压现象较明显,流动资金紧张,周转情况欠佳。

三、成本情况分析

本年公司全部商品总成本为××××万元,可比产品成本××××万元,按上年平均单位成本计算为×××万元,上升×%。

(一)原材料价格变动,影响成本上升×××万元。其中:

1.部分钢材价格上调,影响成本上升×××万元。

2.灰铸铁价格上调,影响成本上升×万元。

3.铜材价格上调,影响成本上升××万元。

(二)燃料、动力及运费提价影响成本上升××万元。其中:煤炭提价××万元,电提价××万元,运费提价×万元,水提价×万元。

(三)工资及附加费××万元。

(四)通过“双增双节”,部分产品的原材料消耗定额降低,成本下降××万元。

(五)本年通过切实增收节支措施,废品损失比上年减少××万元。

四、费用情况分析

本年管理费用×××万元,比去年增加××万元;销售费用××××万元,比去年增加××万元。主要由汽车、铁路、航空运费普遍涨价及按国家政策调升员工工资所致。

财务费用××万元,比去年减少×万元,系归还银行贷款,从而减少利息支出所致。

五、需说明的问题

(一)固定资产盈亏报废情况

按规定,公司以11月末财务账面数为准,对固定资产实物进行盘点,处理盘盈资产××万元,处理盘亏资产××万元,报废清理固定资产××万元。

(二)坏账损失处理情况

共处理坏账××笔,金额×万元,其中债务人破产造成坏账损失×万元,债务人调离或死亡造成的坏账损失×千元。

综上所述,本年公司经济效益良好,这是对企业进行技术改造,调整产品结构所产生的结果,也是公司内部改革逐步深化及开展"双增双节"活动所带来的好处。但是,也应看到,由于整个市场形势影响,大量货款未能收回,企业内部库存物资清理工作没有很好地开展,导致资金大量占用在应收账款及存货形态上,这势必会严重影响企业的生产经营活动。按目前的财务状况至少需补充××××万元的流动资金,才能确保生产经营的良性循环。现在,公司技术改造工作已局部完成,并已发挥作用,但若想彻底进行技术改造还需筹集大笔资金。在明年的工作中,建议公司加强销售收入回收及存货清理、管理工作,完成产品结构的全面调整及技术改造工作,加强财务管理,提高资金使用效率,使公司经济效益更上一层楼。

××××年×月×日

例评要求:1.本文是怎样安排结构?
　　　　　2.本文的语言有什么特点?

第五节　商业广告

一、基本知识

(一)商业广告的定义

《中华人民共和国广告法》第二条规定,商业广告"是指商品经营或者服务提供者承担费用,通过一定媒介和形式直接或者间接地介绍自己所推销的商品或者所提供的服务"。它是一种传播活动。

从广告的定义我们可以看出它所包含的一些基本要素。

1.广告主。是指广告的发布者,即商品经营者或服务者。由其承担广告创作宣传的费用。

2.广告媒介。是指广告主用以将广告信息传达给目标受众的一种信息载体,包括报纸、杂志、广播、电视、路牌、橱窗、车体等。

3.信息。是指通过广告所要表达的内容，即传递有关商品或服务的信息。

4.目标受众。是指广告主根据自身的广告战略目标所选定的广告信息的接受者。目标受众的不同直接影响传播媒介和信息的选择。

（二）广告的特点

1.真实性。真实是广告的生命。广告一定要实事求是，不可弄虚作假，哗众取宠。《中华人民共和国广告法》规定，广告不得含有虚假的内容，不得欺骗和误导消费者。否则，一旦查处，该广告应立即停止发布，公开更正，消除影响，并处以罚款；情节严重构成犯罪的，要依法追究刑事责任。

2.艺术性。艺术是广告成功的关键。因此，广告一般均有好的创意、好的文采、好的构图、好的色彩，采用文字、音乐、美术等各种艺术形式进行宣传，产生强烈的艺术魅力，广告被人们称为人类文明的“第八艺术”。

3.宣传性。没有哪个商家做广告只为了做一个艺术作品，那样的话就不叫广告了，所以广告的内容最终还是要落到宣传的目的上。有的广告宣传的是商品本身，有的宣传是服务内容，等等。广告的表现手法各种各样，有的广告内容完全是公益性质的，但也要让人知道是谁在做广告。

（三）广告的分类

根据不同的分类方法，可以把商业广告分成不同的种类。

按目的分，有盈利性广告、非盈利性广告；按内容分，有产品介绍广告、业务介绍广告、服务介绍广告；按表现形式分，有文字广告，以图为主广告，图文并茂广告；按生产周期分，有开拓期广告、竞争期广告、维持期广告；按覆盖区域分，有全球性广告、全国性广告、地区性广告等。

但最主要的是按传播媒介来分，有以下七类。

1.印刷广告。它是以报纸、杂志、画册、电话本、挂历、传单等为媒介的广告。这种广告易于保存，可反复查看，复读率高，渗透力强。

2.声像广告。它是以电视、广播、网络、电子显示屏等为媒介的广告。这种广告声图并茂，生动感人，能产生强烈的效应。

3.户外广告。它是以公路高架、屋顶、外墙、霓虹灯、灯箱、橱窗、商店或饭店招牌等为媒介的广告。这种广告场所固定，信息简洁，复读率高。

4.交通广告。它是以车站、车体、路牌、交通栏杆等为媒介的广告。这种广告人流量较大，复读率高。

5.邮件广告。它是以明信片、邮件传单、邮件样本、推销信等为媒介的广告。这种广告以特定的组织、人员为诉求对象，针对性强，通过邮递而发。

6.赠品广告。它是以各种小巧价廉的馈赠品，如打火机、钥匙圈、购物袋、雨伞等为媒介的广告。

7. 其他媒介广告。如以飞艇、气拱门、模特等为媒介的广告。

（四）广告的作用

1. 推介商品，诱发购买。“商品不做广告，就像姑娘在黑暗处向小伙子递送秋波。”（著名经济学家布里特言）商业广告能通过各种形式、各种媒体，从时间或空间多个层面去宣传商品功用，宣传服务内容，宣传企业形象，从而诱发人们的消费欲望。

2. 交流信息，扩大市场。通过广告能为供求双方取得联系提供信息，从而开辟市场，扩大产品销售，最终促进市场经济的繁荣和发展。

3. 带动潮流，影响风尚。正是因为现代社会中广告的无孔不入，所以广告能潜移默化地影响人们的思想和行为。广告与时尚是紧密相关的，人们能从广告中知道当代社会的时尚生活是怎样的，并且追赶潮流；广告与人们的价值观也是紧密相连的，广告者会将自己的价值观体现在广告中，能影响大众的价值观。

二、写作要求

设计商业广告，首先要听取广告主的意见，然后进行市场动态预测、消费者心理研究和商品特点分析，并在此基础上进行广告策划和设计。

（一）主题鲜明、定位合理

主题，就是广告主向消费者介绍、说明商品或服务的意愿。主题的内容要鲜明，使消费者一目了然；主题的定位要合理，适合消费者需求；主题数量要单一，不能面面俱到。

美国广告大师雷斯曾提出独特的消费主张 VSP，其要点是说：每则广告必须向消费者“说一个主张”，必须说出其独特之处，集中打动消费者。这个理论使得成千上万的广告人获得成功。例如宝洁公司依仗它产品的独特性，占领了中国高档洗涤用品的市场且各个品牌都只有一个主张：海飞丝去头皮屑；飘柔洗发、护发二合一，令头发飘逸柔顺；潘婷含维他命元素 B5，令头发健康亮泽。

（二）创意独特，感觉新颖

广告的创意是对广告主题的创造性表现。闻名全球的 DDB 广告公司的首脑威廉·伯恩巴克说：“创意是广告的灵魂，是将广告赋予精神和生命的活动。”写广告不能不重视创意，不少广告人的成功都是从创意开始的。独具匠心的创意，才能使人耳目一新，心驰神往。如强生（中国）有限公司成立广告以一份婴儿出生证明来创意，与公司经营的系列婴儿护理用品相吻合，令人过目难忘。

（三）形式多样，生动活泼

广告要适应丰富多彩的经济活动的需要，就必须具有多种多样、生动活泼的形式。广告不仅可以运用说明体、叙述体、议论体、抗辩体、提要体、摘录体、证书体、问答体、问卷体、对话体、书信体、新闻体、祝贺体等文章类广告形式，而且可以运用诗歌体、散文体、故事体、童话体、寓言体、对联体、格言体等文字类广告形式,更可以用歌曲广告、戏剧广告、说唱广告、相声广告、快板广告、电视广告、广播广告等文艺类广告形式,将广告做得丰富多彩,美不胜收。

(四)图文并茂,协调美观

广告不论文字、图画都要协调美观,给人以一气呵成之感。一则广告,从形式确定、画面选择、装饰陈列,到层次结构、字体大小、色彩浓淡,都要根据商品的特点、消费者的心理等因素加以考虑,精心构思,合理布局,这样才能取得最佳的传播效果。

三、格式写法

商业广告的宣传形式和传播媒介多种多样,但无论是哪一种广告,几乎都离不开语言文字。广告的语言文字部分就是广告文案,也称广告文稿、广告文。有资料显示,广告效果 50%—70%来自广告中的语言文字,因此广告文案实际上是广告作品的核心。

广告文案的格式是:标题+正文+随文。

(一)标题

英国广告大师奥格威认为:读标题的人平均为读正文的人的 5 倍。所以,一则优秀广告的标题,应能一下子就抓住读者,诱发其对广告产生兴趣。

广告的标题一般两种写法。

1. 直接标题。是指揭示广告文案主题或点明广告文案主要内容的标题,人们一看标题,就清楚明白地知晓广告的主要信息是什么。拟写这种标题可采用以下几种方式。

(1)商品名称式。如《小白兔高级儿童牙膏》。

(2)服务项目式。如《全球通手机 WAP 上网》。

(3)企业名称式。如《浙江黄岩石鑫水泥制品有限公司》。

直接标题的特点是:直截了当,开门见山,常以商标、商品和企业名称作为标题来命名,简明扼要,信息容量大。但比较平淡呆板,缺少特色,容易雷同和一般化,故吸引力和感染力不强。

2. 间接标题。与直接标题相反,间接标题不正面揭示广告文稿主题或具体介绍企业、商品或服务,而是运用耐人寻味的艺术化语言,以迂回曲折的方式来吸引消费者的注意和兴趣,引导消费者进一步了解广告文案正文中的信息。撰写这种标题可采用以下几种方式。

(1)提问式。如《今年暑假何处去》。

(2)新闻式。用一行、两行或三行形式撰写标题,如《蜂花液体香皂(正题),使你头发根根柔软,令您肌肤寸寸滑嫩(副题)》

(3)广告语式。将广告语作为标题来用,如《利民皮鞋走天下,一路风光一路情》。

间接标题的特点是:生动活泼,富有艺术想象力和创造力,给人以咀嚼和回味的余地,留下深刻难忘的印象。但应把握住分寸,力避故弄玄虚,否则容易让消费者费解,达不到广告宣传的目的,甚至造成消费者的逆反心理。

(二)正文

正文是广告的中心和主体,广告的绝大部分信息要靠正文来传达。

1.结构。广告正文一般是三段式,即开头、主体和结尾。

2.内容。正文的内容受到创意的约束,可长可短,可偏可全。总体有以下四方面的内容。

(1)信息。提供商品、服务或企业的有关信息。诸如商品的名称、商标、型号、规格、性能、特点、用途、获奖情况等;服务的内容、形式、质量、特点、优势、信誉、承诺等;企业的性质、规模、级别、历史、现状、设备、产品、技术力量、服务宗旨、企业文化、获奖情况等。

(2)说明。具体说明商品或服务能给广大消费者带来的利益,引发消费者购买的欲望。一般采用两种方式,一种是理性诉求方式,即通过试验、比较、证明、事实、数据、提醒、忠告等,说服消费者作出理智的选择;另一种是感性诉求方式,即通过富有感情色彩的语句打动广大消费者,或用联想、象征、暗示的方式引发消费者的潜在欲望,作出购买的选择。

(3)承诺。对广大消费者作出明确的承诺,让消费者买得放心,用得舒心,消除后顾之忧,并以此来塑造和树立商品、服务或企业的良好形象。

(4)其他。包括商品的使用方法、维护方法、禁忌、售后服务和服务的宗旨、服务对象、有关注意事项等。

3.体裁。正文体裁一般有:陈述体、对话体、新闻体、小说体、诗歌体和戏剧体等。不同的体裁适合不同的创意的内容。选择好适当的体裁,对广告的效果至关重要。

4.写法。常见有五种基本类型。

(1)叙述型。以叙述为主要表达方式,把人物的经历、言行和事物发生、发展、变化的过程介绍出来。这是一种最基本的、使用频率最高的表达方式,在广告文稿写作中也运用得最为广泛。叙述型广告文稿采用第一人称或第三人称,需要交代清楚人、事、时、地、因、果六个要素,主要回答“做什么”的问题。用事实说话,强调“以事显理”,常用来记叙企业的发展历程、新产品的研制过程或某商品畅销的情况。例如《四十年风雨兼程路,看轻骑马到成功时》:

一家公私合营的小厂,一步步发展成为一个现代化的国家特大型企业,中国轻骑集团走过了四十年的艰辛路程——

从生产出中国第一辆轻骑型摩托车,到拥有8个系列60多个品牌,产品适应着国人步入现代富足生活的多样化需求；

从被确定为国家级企业技术中心，到获得 ISO9001 国际质量体系认证，昂首跨入世界级优质供应商的行列；

从建立遍布全国的 3000 多个销售网点和 1000 多个维修服务站，创造出国内同行业产销第一的骄人佳绩，到成立 10 多家国外销售公司、产品出口 30 多个国家和地区，综合实力进入世界同行业前五强……

今天的轻骑，已从艰苦磨炼中探索出一条振兴中华民族企业的必由之路，不断借鉴和吸收世界最新技术潮流，积累丰富的专业化经验，以多样化的产品、出色的营销和完美的服务，确立在国内市场的主导地位；同时，勇敢地跨出国门，以世界级的优秀品质参与国际竞争，创立中国的世界名牌，振兴中国的民族企业！

中国轻骑，任重而道远。

(2)描写型。以描写为主要表达方式，用生动形象的语言，对人物、事件、景物、环境及其形态、特征等进行具体的描摹和刻画，使读者产生一种如见其人、如闻其声、如睹其物、如历其事、如临其境的感受。描写型广告文稿将商品或服务的情状，即“什么样子”告诉消费者，多见于旅游、房地产、宾馆、娱乐场所、新潮服装、美容化妆品、装饰用品等题材，着重于优美的自然环境，优越的设备条件的功能的描写，例如：

这是一片神奇的土地，一把龙王坐镇的石椅，一湖美人遗香的碧水，散发着远古不尽的幽思；这是一块祥瑞的土地，依山面海，龙脉绵延，白沙无限，雪浪拥岸，如瑶池仙境，似世外桃源，尽洗世间尘烟，这就是—香水湾。

(3)抒情型。以抒情为主要表达方式，可以直接抒情，也可以间接抒情，可以抒发对企业、商品、服务的赞美之情，也可以抒发对消费者的关心、爱护和感激之情，还可以抒发人与人之间的关切、呵护之情。总之，以情动人，以情感的诉求来打动用户、消费者的心弦。例如：

在浩瀚如烟的语汇中，有一个词的发音是最相近的，那就是每个婴儿在牙牙学语时就能牢记的：妈妈 MAMA(中文)、MUM(英文)、MAMA(德文)、MAMAN(法文)……

妈妈为我们的成长付出了所有的心血。我们长大、懂事、成熟后，妈妈却日见衰老，“多么想抚平您脸上的皱纹，多么想抹去您满头的银发”，这是普天下子女共同的心声。

美国乐兰莎化妆品公司，为庆祝今年 5 月 9 日的母亲节，准备了一份节日的厚礼。清纯柔和的乐兰莎化妆品系列，最能表达您的爱心：祝妈妈永远年轻，永远健康！

(4)议论型。以议论为主要表达方式，议论型广告文稿可采用第一人称或第三人称，一般包括有论点、论据、论证三个要素，主题回答“为什么”的问题。它以理服人，通过叙述事实、讲清道理，使消费者心悦诚服地去购买某一商品或接受某一服务。例如《图书经营与决策一招制胜，不可不看〈中国图书商报〉》：

随着图书市场竞争程序的加剧，中国书业界将更加热闹更加精彩，图书经营与决策者在得到更多机会的同时，其承担的风险也逐渐加大。因此，随时了解图书信息的最新动态，掌握图书市场的风云变幻，制定切实可行的经营策略，也就成了出版、发行经营决策者的制胜法宝。《中国图书商报》紧扣图书市场脉搏，以传播党和政府有关出版发行的政策和法规，沟通图书信息渠道为己任，及时报道书业界重大新闻，追踪书业界热点问题，推出书业界新闻人物，分析图书产业走势，叙述图书选题思路，披露图书营销策略，评价最新上市新书，介绍环球书业最新现状……它将是图书经营决策者运筹帷幄、制胜于千里之外的理想“军师”。《中国图书商报》以处在图书市场第一线的十几万新华书店的职工构成其基本读者，所以它将是图书促销得力的传媒。《中国图书商报》以其清晰活泼的版面风格和丰富而实用的图书信息取胜，在出版发行界的影响日益扩大，因此它既是图书馆不可缺少的“参谋”，又是广大读者朋友可靠的购书指南。

(5)说明型。以说明为主要表达方式。说明型广告文稿在各种广告的媒体中广泛应用，不论是宣传企业，还是宣传商品、劳务，均可采用说明这一表达方式。它原原本本地介绍所宣传的企业、商品、劳务“是什么”，将客观性、科学性、知识性、实用性、指导性、可读性有机地结合在一起，以达到教人以知、导人以用的目的。例如：

《中国书法》为中国书法家协会机关刊物，坚持“二为”方向，贯彻“双百”方针，指导普通读者，注重提高。开展学术争鸣，交流创作经验，传播书坛信息，继承传统，反映成就，促进创作。主要栏目有：现代名家、书法赏析、书坛中青年、书法批评、书学论坛、学者读书、展览巡礼、书艺广场、书法教育等十余个。

《中国书法》自 1995 年起增加彩版，刊登国内外收藏鲜见的古代书法珍品；增加黑白版，还辟有“中国书法教育”等栏目。

篆刻作品全部套红，并提高质量，改进设计，将更为赏心悦目。

《中国书法》定价为每册 8 元，半年定价 24 元(邮费另加 10%)，全年定价 48 元(免费邮寄)，未能在邮局订阅者，欢迎来我社函购。

(三)随文

随文，又称附文，它是对正文的必要补充和说明。一般包括单位名称、地址、银行账号、电话、电传和网址等。

随文一般安置在广告文稿正文的后面，但商标、厂标则多置于广告文稿的前面，或广告文稿标题的左前方。置于最突出、最显著的位置，旨在以特殊的印记和有效的方法加以强调，帮助广大消费者于同类商品、劳务或同类企业中识别出所做广告的商品、劳务或企业，不致在付诸行动时作出错误的选择。

四、广告语

(一)广告语的定义

广告语又称广告词、广告标语、主题口号。它是广告制作者从长远销售利益出发,在一定时期反复使用的稳定的宣传语句,能给人以强烈的印象,具有鼓动和诱导人们行动的作用。

(二)广告语与广告标题的联系和区别

广告语和广告标题都是构成广告文案的重要成分,都是简短精炼、引人注目的语句,都担负着有效传播广告信息的使命,它们之间有着密切的关系。在某些情况下,广告语和广告标题是交叉、叠合和合二为一的,即广告语就是广告标题,广告标题也就是广告语;有时二者可以互换,即广告语与广告标题相互易位;有时又是分开的,广告语对标题起陪衬、补充阐发的作用;有的广告文案既有大标题,又有小标题,而有时大标题或小标题却又是与广告语重合的。

如果将广告语和标题严格加以区分的话,二者的差异还是十分明显。具体地说,广告语与广告标题的区别主要有以下四个方面。

1. 目的不同。广告标题是一则广告的题目,是广告文案乃至整个广告基本内容的高度概括和浓缩,目的在于引起广大消费者的注意,引导他们阅读广告文案;广告语是广告主在较长时间内反复使用的特定商业用语,是贯穿于一系列广告文案和各类媒体广告宣传中的某种共同宗旨、精神和行为准则,在一定程度上游离和超越广告文案乃至整个广告的基本内容之一,目的在于使广大消费者建立起一种思想观念,强化消费者对企业或商品、服务的印象,引导和指导消费者有目的地进行选择和行动。

2. 位置不同。广告标题的位置是固定的,一般置于广告文案中最醒目的地方,即正文的前面,也就是广告文案乃至整个广告的上方,通常与商标、照片、插图等有机地结合在一起;而广告语安置的位置则相当自由,既可放在正文之前,又可安放在正文中,还可安放在广告文案的末尾,甚至安放在广告文案的中心或两侧,担负起平衡视觉和突出视觉中心的功能,还可孤立出现在商品的外观装潢上,成为某一商品特殊的识别标志。

3. 结构不同。广告标题是广告文案不可分割的有机组成部分,在实际运用上具有明显的依附性,即依附于正文、商标、照片、插图等,语句的结构形式可以是相对稳定的词组,如"中意电器"、"南山奶粉",而广告语并不是非有不可的,也不存在对正文、商标、照片、插入图的依附性,但它无论在广告文案中出现还是单独出现,都必须是一个完整的句子,表达出明确的概念,绝不允许只出现单独的词组或没有完整的语义的半句话。

4. 时限不同。广告主可根据广告宣传的需要,经常更换广告标题。可从不同侧面，依据商品或服务的优长、特色，分别写出若干则广告文案，拟制不同的广告标题，连续发布；而广告语则是在相当长的时间内固定不变的，可以连续使用甚至无限期使用，尤其是那些成功的、已为广大消费者认同的广告语，更不宜轻易改变或放弃。

（三）广告语的写法

广告语的写法多种多样，常见的有鼓动式、赞扬式、抒情式、对比式、隐藏式、风趣式、建议式、引言式、标异式等等。

1.鼓动式。运用鼓动性的语句，直接鼓动广大消费者购买某种商品或接受某种服务。这种广告往往集中为一句祈求、敦促、激励口吻的话，还有明显的吁请色彩。例如：

请喝可口可乐吧！（可口可乐公司广告语）

穿李宁鞋，踏成功路。（李宁鞋广告语）

2.赞扬式。用广告语对企业、商品、服务加以赞扬，特别是赞扬商品的性能、特点、功用、优点等，将它浓缩成一句引人注目的简短语句，促使消费者行动。例如：

喝了娃哈哈，吃饭就是香！（娃哈哈营养液广告语）

家门口的上海专家医院。（杭州虹桥医院广告语）

3.抒情式。用富有抒情色彩的语句来渲染商品或服务的优点、特色，以情动人，引发广大消费者产生美好的联想，进而付诸行动。例如：

冬天里的一把火。（保暖器广告语）

乐百氏奶，无言的爱。（乐百氏奶广告语）

4.对比式。采用对照、比较的方法，对商品本身或本商品与同类商品在性能、用途、质量、特色等方面进行对比，以显示和突出其优点。此类广告语两相对照，有着很强的感染力和说服力，例如：

古有毕昇，今有方正。（北大方正集团广告语）

花有牡丹，酒有春山。（春山酒广告语）

5.隐藏式。把企业、商品或服务的名称隐藏在广告语之中，以利于消费者加深记忆。例如：

承诺于中，至认于信。（中信银行广告语）

同是妙手，仁心首要。（同仁医院广告语）

6.风趣式。发挥丰富的想象和联想，运用幽默、谐趣的手法，强调商品的主要用途、特色，以激发广大消费者购买和接受服务的欲望。例如：

请到这里用餐吧，否则你我都要挨饿了。（小饭店广告语）

不打不相识。（打字机广告语）

7.建议式。站在广大消费者的立场，设身处地为消费者着想，用建议、咨询的口吻向消费者推荐某种商品或某种服务。这类广告语热情恳切、真挚自然，因而容易为广大消费者接受。例如：

吸烟或者健康，请您抉择！（法国戒烟广告语）

植物需要滋养，您的皮肤也不例外。（美容霜广告语）

8.引言式。引用俗语、谚语、成语、典故、古典诗词等，稍作改动，构成广告语。由于这些俗语、谚语、成语、典故、古典诗词等都是人们所熟知的，便于诵读、记忆，给广大消费者一种亲切感和贴近感，例如：

万里之行，始于足下。（南京皮鞋厂广告语）

路遥知马力，日久见“跃进”。（跃进牌汽车广告语）

9.标异式。故意标新立异，与众不同，以期引起广大消费者的好奇心，留下深刻难忘的印象。这类广告语以反常、悖理取胜，但仔细思量，却又合乎情理，并不与人们的日常心理和基本常识相违背。例如：

一毛不拔！（上海梁新记牙刷广告语）

只要您敢来，没有“大”不了的。（美容院隆胸广告语）

五、实例文选

白马寺
中国第一古刹

白马寺，位于古都洛阳东十二公里处，北依巍巍邙山，南望清清洛水。在郁郁葱葱的古柏苍松中，隐隐透出峥嵘的殿阁和高耸的宝塔，给人以无限庄严、肃穆、神圣之感；每日钟声长鸣，法香远溢，呈现一派佛门“净土”特有的清幽气象。白马寺是中国佛教的发祥地，被中外佛教界公认为“中国第一古刹”，在中国佛教史上占有独特的、极其重要的地位。

白马寺创建于东汉永平十一年（公元68年）。据史载：东汉永平七年（公元64年），汉明帝刘庄夜宿南宫，梦中见一金人，身高丈六，飞绕殿庭。第二天就召集大臣，诉说自己所梦之境，不知是何应兆。太史傅毅回答说：臣听说西方有位佛，佛的形象同陛下所梦见的一样。汉明帝听罢，立即派大臣中郎将蔡音、博士王遵等十八人，出使西域，拜求佛法。他们抵达大月氏国（即今阿富汗境至中亚一带），正巧遇到在此游化宣教的印度高僧摄摩腾、竺法兰两位大师。东汉使者诚恳邀请两位高僧东赴中土弘法宣教。永平十年（公元67年），汉使及两位高僧用白马驮载佛经、佛像同返国都洛阳。汉明帝对两位高僧非常礼重，亲自接待，并将他们安置在当时的国宾馆——鸿卢寺。翌年，明帝敕令在洛阳城西雍门外三里御道北兴建僧院。为了铭记白马驮经之功，便命名此僧院为白马寺。

佛教虽起源于印度，而发展却在中国。白马寺建成后，腾、兰两高僧移居其内，翻译佛典，讲经说法。他们在寺内清凉台上共同译出了中国第一部汉文佛经《佛说四十二章经》。明帝极为珍视这部佛经，敕令藏于兰台石室第十四间。因此，作为白马寺六景之一的清凉台，也是中国第一译经场。曹魏时期，印度高僧昙柯迦罗在白马寺译出了中国第一部汉文佛教戒律《僧祇戒心》，并立坛传戒，开震旦传戒之先河。当时中国第一个汉人出家和尚朱士行就是在白马寺出的家、受的戒。其后，佛教就在中国弘扬流布并日趋兴盛。佛日的光辉照耀着东土震旦，上化帝王、下洽黎民，甘露普被，法泽长流。佛教文化作为中国传统文化的重要组成部分，不仅对中国人民的道德观念、思想文化，而且对中国的政治、哲学、建筑、音乐、美术及人民的生活也都产生了重大影响。佛教传入东土，不但在中国成为一大宗教，而且远播日本、朝鲜、越南等地，近代还相继传到欧洲和美洲，为汉语系佛教盛传于世界，度脱人天，利益无尽。追本寻源，白马驮经之功，自是千秋不朽。腾、兰二高僧，被尊为东土佛教鼻祖，应是当之无愧；而洛阳白马寺作为世界著名伽蓝，尊为"释源"、"祖庭"，自是理所当然。由此可知，白马寺在中国佛教史上的重要地位和重大作用。故有"祖庭十古"之说：即中国第一古刹——白马寺、第一古塔——齐云塔、第一次西天求经——永平求法、第一来华传教的印度高僧——摄摩腾、竺法兰、第一传入中国的梵文佛经——贝叶经、第一译经道场——白马寺清凉台、第一部汉文佛经——《佛说四十二章经》、第一部汉文戒律——《佛祇戒心》、第一座传戒道场——白马寺、第一位汉人出家和尚——朱士行。

白马寺作为首批全国重点文物保护单位和全国重点寺院，是重要的佛教圣地和旅游景区。2001 年 1 月，经过评定验收，白马寺被国家旅游局命名为首批 AAAA 级景区。目前，白马寺旅游区占地面积达二百五十亩。寺门前绿草如茵，开阔平坦。寺内，其主体建筑分布在由南向北的中轴线上。进入山门依次为天王殿、大佛殿、大雄殿、接引殿、毗卢阁五层殿堂。从前到后，渐次升高。中轴线两侧建筑，左右对称。寺院内苍松翠柏，花香四溢，清净优雅的环境，安详静谧的佛门气氛，受到了中外旅客的好评。

中国第一古刹白马寺被佛教界奉为"释源"和"祖庭"，到洛阳白马寺拜谒参禅是无数善男信女一生的追求，听白马寺钟声，增智慧、祛烦恼，是黎民百姓最大的愿望。每年洛阳举办的白马寺钟声迎新年活动都吸引众多海内外游人，在白马寺 108 下悠长的钟声里迎来幸福吉祥的新年。

洛阳旅游网：http//www.lyta.com.cn

旅游咨询热线：0379—××××××××、××××××××

资料来源：本文选自 2005 年 2 月 16 日《中国旅游报》。

例评要求：1. 本文是怎样安排结构的？

2. 本文的语言有什么特点？

第六节 产品说明书

一、基本知识

(一)产品说明书的定义

产品说明书是介绍说明产品的性质、性能、构造、特点、用途、规格、使用方法、注意事项等,以帮助人们了解和正确使用产品的一种文字材料。

产品说明书一般随产品附送,其形式多样:简短的说明书就标明在产品的包装上;稍长的就印在单页纸上;更长的说明书则制成小册子,做到图文并茂。

(二)商品说明书的特点

1.依附性。产品说明书是完全依附于产品本身的,可以说没有产品,也就不会有产品说明书。产品说明书的依附性体现在两个方面:一是内容上的依附性,即产品说明书的内容完全是对产品本身的说明和介绍,不能凭空杜撰,张冠李戴;二是形式上依附性,即产品说明书,一般不能独立存在,而必须依附于产品存在。

2.实用性。产品说明书是为消费者了解产品和使用产品而写的,是消费者认识和掌握产品知识产品用法的工具,因此具有实用性和可操作性。

3.说明性。说明性是产品说明书在表达上的特点,要求用浅显、明白、平实的语言,科学、准确的说明方法,对产品进行客观的说明和介绍,以指导消费者使用产品的目的。

(三)产品说明书的分类

1.按行业分,可分为工业品说明书、农产品说明书、科技产品说明书、商业服务说明书、全能保险说明书、旅游观光说明书、影视作品说明书等。

2.按表现形式分,可分为文字式说明书、图表式说明书。

3.按写作方式分,可分为条款式说明书、概述式说明书。

4.按包装方法分,可分为外包装式说明书、内包装式说明书。

(四)产品说明书的作用

1.传播知识。产品说明书会使消费者获得有关某一商品的知识,加深对产品的了解,为进而购买和使用产品创造便利条件。

2.指导消费。产品说明书通过对产品进行客观的介绍、科学的解释,可使消费者了解产品的特点,熟悉产品的性能,掌握产品的使用方法,进而采取合理的消费行为,避免因选择和使用不当而造成不必要的损失。

3.宣传企业。产品说明书在介绍产品的同时,也宣传了企业,因而它往往兼有广告宣传的性质。应当说,产品说明书在推介产品、扩大品牌知名度方面有着重要的作用。

二、写作要求

(一)事项要齐全

为使消费者对产品知识有全面的了解,在产品说明书中,要将消费者需要了解的事项全部写入,而不能有任何遗漏。

(二)内容要准确

为使消费者对产品的实际用途和价值有准确的了解,在撰写产品说明书时,要实事求是地介绍产品的真实内容,而不能弄虚作假。

(三)特点要突出

注意突出产品的特点,有两层含义:一是不同类型的产品有着不同的特点,在写作时要善于根据产品的特点确定写作的侧重点,以使内容有详有略,把消费者最需要了解的内容反映出来;二是与同类产品相比,该产品应有自己的特性,要善于把这种个性化的东西反映出来,以加深消费者对该产品的了解。

(四)语言要通俗

产品说明书的读者对象是广大消费者,有的是第一次接触该产品,因而产品说明书应尽可能把说明书写得明白、浅显,把深奥的专业知识尽可能介绍简单、明了,让广大消费者都能读懂,并指导消费。

三、格式写法

产品说明书的格式是:标题+正文+尾部。

(一)标题

通常采用产品名称+文种,如《散利痛片使用说明书》。有时可采用省略式,只字产品名称或文种。

(二)正文

正文是产品说明书的中心和主体,这部分要写得内容完整,条理清楚。

1.内容。不同产品的说明书,说明的重点不一,有的强调各种用途,有的强调优良性能,有的重点介绍使用方法。因此,产品说明书的正文,应根据不同的产品和写作目的来决定内容的取舍和写法。但"定法虽无,大法则有",产品说明书的正文,一般按照"是什么"、"怎么样"、"怎么用"的顺序来展开。

(1)开头部分交代产品"是什么",如产品的名称、产地、性能、特点、用途、设计目的等。

(2)中间部分说明产品究竟"怎么样",如产品的制作工艺、性能指标、主要技术参数、工作原理等。

(3)结尾部分介绍产品"怎么用",如产品的使用方法、维修保养方法、注意事项等。

2.写法。产品说明书可用条款式、概述式、问答式、表格等外在表现形式来写。其中条款式和概述式最为常见。

药品、服装和各种电器,一般都用条款式。这种说明方式的优点是:醒目、突出、条理清楚。概述式也叫短文式,多用于介绍性的内容说明,它相当于一篇说明文,不仅产品说明可用它,电影电视戏剧图书等说明也可以用,这种说明方式的优点是简明、连贯。

(三)尾部

一般写出厂名、地址、邮编、电话、传真、网址等,以联络之用。

四、实例文选

散利痛片
使用说明书

正名:散利痛片

英文名:Compound Propyphenazoni Tablets

成分:每片含对乙酰氨基酚(扑热息痛)250毫克,异丙安替比林150毫克,咖啡因50毫克。

性状:本品为白色片。

药理作用:本品为解热镇痛药,对乙酰氨基酚和异丙安替比林系通过抑制中枢神经系统的前列腺素的合成产生镇痛作用;解热作用系通过下视丘体温调节中枢而起作用。咖啡因能增强镇痛效果。

适应征:适用于头痛、牙痛、神经痛、月经痛、肌肉痛及风湿痛、发热等。

用法与用量:口服,成人每次1—2片,6岁以上儿童每次1/2—1片,一日3次。

不良反应:一般在常用剂量下可耐受,在极个别的情况下可引起皮肤过敏症(红疹,荨麻疹)。

禁忌症:严重肝肾功能不全,溶血性贫血及对本品某一成分过敏者禁用,学龄前小儿不宜服用。

注意事项:本品不宜长期或大剂量服用,服药期间应忌酒。

贮藏:遮光,密封保存。

包装:铝塑包装。10片/盒;20片/盒。

有效期:5年

批准文号:沪卫药准字(1995)第203001号

药物请勿放置于儿童容易接触之地方
制造商:上海罗氏制药有限公司
地址:上海浦东龙东大道1100号
邮政编码:201203
电话:021—50801888

例评要求:1.本文是怎样安排结构的?
2.本文的语言有什么特点?

五、文种辨析:商业广告与产品说明书

商业广告和产品说明书的相同之处:在介绍产品和服务项目时,都能起到宣传、告知的作用,均有吸引注意力、引导消费、提高品牌知名度之目的。但两者的不同之处有四点:①写作目的不同。商业广告的目的是诱导消费者购买商品,以促进销售;产品说明书的目的是帮助人们了解产品,掌握产品的用法。②写作重点不同。商业广告往往只选取最富有特征性的内容加以重点介绍,其他次要内容一般少写或不写;产品说明书往往全面地介绍产品的性能、特点、用途、规模、型号、使用方法、注意事项等,让消费者全面了解和使用产品。③宣传手段不同。商业广告一般由广告主委托广告专业部门策划、制作,单独出现在各种媒体上;产品说明书一般由生产厂家自己撰写,多写在产品的内、外包装上,与产品在一起。④表达方式不同。商业广告一般使用叙述、描写、议论、抒情等多种表达方式,往往配上图画、照片、色彩等,突出艺术性和感染力,以刺激消费者的欲望;产品说明书以说明为主要表达方式,行文朴素无华,冷静客观地说明,以帮助消费者正确消费。

第七节　经济合同

一、基本知识

(一)经济合同的定义

《中华人民共和国合同法》第二条规定:“合同是平等主体的自然人、法人、其他组织之间设立、变更、终止民事权利义务关系的协议。”

经济合同是合同中的一个重要分支,它是当事人之间为实现一定的经济目的,明确相互之间权利义务的协议。

(二)经济合同的特点

1.制约性。签订合同,必须遵守《合同法》。合同的签订及各项各款内容要合法,签订后必须严格遵守,不得擅自变更或解除。对违反合同的行为,当事人有权向

仲裁或司法机关提出追究责任的请求，有关部门将依法予以处理。

2.平等性。经济合同的各方，无论单位大小，无论是单位还是个人，都是平等的关系。订立合同是平等协商、自愿互利的，条款规定的各方权利、义务也是平等的，各方的权益都同样受到法律的保护。在合同面前，任何一方都不得享受特权。

3.规范性。经济合同有固定的格式，其基本条款在《合同法》中有明确的规定。行业性质不同，合同格式也有差别。目前各行业主管部门和工商行政管理部门对各类合同一般都制作了规范的指导性文本，以便当事人使用。有的内容如在规范文本中不能涵盖，还可另签补充合同。

（三）经济合同的分类

经济合同的种类较多，按照不同的标准可以有不同的类别。按订立方式划分，有口头合同、书面合同、其他形式合同；按写作形式划分，有条款式合同、表格式合同、条款加表格式合同；按有效期限划分，有长期合同、中期合同、短期合同；按当事人划分，有国内合同、涉外合同等；按内容范围划分，《合同法》规定有买卖合同、供用电（水、气、热力）合同、赠与合同、借款合同、租赁合同、融资租赁合同、承揽合同、建设工程合同、运输合同、技术合同、保管合同、仓储合同、委托合同、行纪合同、居间合同等15种。

（四）经济合同的作用

1.有利于保护当事人的合法权益。合同依法订立，即具有法律效力。对不履行合同或故意破坏合同而造成经济损失的一方，就要以合同为依据，对照条款进行交涉，甚至诉诸法律，请求仲裁，这就从法律上保护了当事人的合法效益。

2.有利于企业加强经营管理。一经签订经济合同，就要保质保量并如期完成合同所规定的任务，这就促使企业改善经营管理，加强成本核算，挖潜节能，提高产品质量，从而提高经济效益。

3.有利于社会主义经济的发展。随着社会主义市场经济体制的建立和逐步完善，越来越多的经济关系和经济活动需要明确契约关系，以保证市场经济在法律的轨道上正常运转。经济合同，作为受法律保护的财经文书，自然成为发展市场经济不可或缺的工具。

二、写作要求

（一）内容要合法

合同的内容必须遵循合法性的原则，遵循平等互利、协商一致、等价有偿的原则。合同的内容不得违反国家的法律法规，不得破坏国家利益和社会公共利益，不得损害社会主义道德原则，要承担相应的权利和义务。合同内容的不合法，应被视为无效合同。另外，对合同的订立和履行、变更和解除、违法责任等，国家都以法规的形式作为规定。从合同的签署、履行到纠纷的调解、仲裁，都必须依法进行。

(二)条款要完备

在合同中,当事人双方的权利、义务和责任都要分别写清,任何一种可能出现的情况都要有所顾及。条款要全面、周详,不能有遗漏,除了要写明主要条款和附则之外,有的条款还要根据标的物的特点尽可能具体化。如有需要,在合同中还可以另加附件,以避免引发日后的纠纷。

(三)措辞要严密

为避免在合同的履行中产生不必要的争执,也为了避免留下漏洞,使别有用心者找到钻空子的机会,合同的语言要十分准确、严密,不能有模棱两可或含糊不清的情况出现。从实际情况来看,在合同的签订中,遣词造句确实是很重要的一环。一句话、一个词、一个字,甚至一个标点符号用得是否得当,有时会涉及极大的经济利益,真可谓"一字千金"。

三、格式写法

经济合同的格式是:标题+当事人+正文+落款。

(一)标题

主要用以明确合同的业务性质,即写明这是哪一类合同,如《贷款合同》、《建设工程合同》等。

(二)当事人

当事人也叫立合同人。在这个部分,应写明签订合同的当事人(或单位)名称,名称应按营业执照上核准的全称来写,不应写简称,更不能写外人不了解的代称、代号。为了正文部分行文方便,可在括号中注明一方为"甲方",另一方为"乙方"。在贸易合同中,有的称一方为"供方",另一方为"需方"。无论哪一类合同,都不能将当事人称作"我方"和"你方"。

(三)正文

一般是由开头+主体+附则三部分构成。

1. 开头。简单说明签订合同的目的或依据。

2. 主体。这是反映合同的主要内容的核心部分,在此要逐条写明双方议定的各项条款。经济合同一般应具备以下主要条款。

(1)标的。标的是合同双方的权利和义务所共同指向的对象。它可以是某种实物或货币,也可以是某项工程、劳务、科技成果或专利权等等。没有标的或标的不明确,当事人的权利和义务就失去了指向和依据,合同就没有意义,因此也就不能成立。

(2)数量和质量。数量是衡量标的的尺度,是确定双方的权利和义务大小的标准,是履行合同的具体条件之一。数量的规定要准确,法定计量单位要明确。质量是标的的性质和特征,也是履行合同的具体条件之一。在合同中详细写明质量的技术要求和标准,对于保证和检验标的质量有着重要的意义。

(3)价款或酬金。又称标的的价金,是指取得对方产品或接受对方劳务等所支付的代价,通常以货币的数量来表示。除法律或行政法规另有规定外,以货币履行义务时,必须用人民币进行计算和支付;除国家允许使用现金发行义务的以外,必须通过银行转账或者票据结算。

(4)履行的期限、地点和方式。履行的期限、地点和方式,是合同当事人的权利、义务和责任的有机组成部分,必须认真写清。履行的期限要写具体日期,履行的地点和方式中应包括包装要求、费用负担、运输方式等各项内容。

(5)违约责任。这一项又称"罚则"。由于当事人一方的过错、造成合同不能履行或者履行中出现事故,要由有过错的一方承担违约责任。在此要将制裁措施及违约金、赔偿金的数额写清。

3.附则。在这个部分主要写明合同的生效、保管、附件等情况。

(四)落款

在落款处,主要应有以下两项内容。

1.署名。当事人分别签署各自的名称,并加盖印章。如有鉴证机关,也应署名加印。

2.日期。在署名的下方,应注明合同签订的日期。

四、实例文选

购销合同

合同编号:

××××××(供方)

立合同双方:

××××××(需方)

根据《经济合同法》和有关政策规定,经双方协商,签订本合同,以资共同信守。

一、产品的名称、型号、单位、数量、金额、交货时间:

产品名称	规格型名	单位	数量	单　价	金　额	交货时间
BET	树脂切片	吨	50	8000.00	400000.00	×年×月×日
聚乙烯		吨	50	7000.00	350000.00	×年×月×日
聚丙烯		吨	50	7000.00	350000.00	×年×月×日
总计金额(大写)壹佰壹拾万元整						

二、产品质量标准：按国家标准验收。

三、交货地点、方式：在供方厂内仓库交货，需方委托供方代办运输。

四、包装要求：包装完好，包装纸箱由供方负责，不计价，不回收。

五、费用负担：由需方负担。

六、结算方法：合同生效之日，需方以银行汇票交付供方货款总额的10%；供方按合同规定交清数量后，需方在10日内以银行汇总结清。

七、违约责任：供方不能交货或需方退货时，向对方偿付不能交货或退货部分货款总值的5%的违约金；供方不能按时交货或需方不能按时付款时，每迟一日，向对方偿付500元违约金。

八、附则：本合同双方签字盖章后生效；本合同双方各执一份。

供方单位：××××(盖公章)	需方单位：××××(盖公章)
代表人：×××(盖私章)	代表人：××× (盖私章)
开户银行：××××××	开户银行：××××××
账号：××××××	账号：××××××
电话：×××××××	电话：×××××××
邮编：××××××	邮编：××××××
地址：××××××	地址：××××××

签订时间：××××年×月×日

例评要求：1. 以上例文是怎样安排结构的？

2. 以上例文的语言有什么特点？

五、文种辨析：合同与协议书

协议书，是单位或个人之间经协商共同订立的一种具有经济关系或其他关系的契约文字。协议书与合同有不少相同之处，如都是双方或多方平等协商后签订的，格式也相类似，有些协议书实际上就是合同。协议书与合同的区别有三点：①适用范围不同。合同多用于经济活动；而协议书在政治、经济、军事、外交、教育、科技等领域均可使用，范围比合同广泛得多。②条款内容不同。合同大多从微观角度出发，就某一具体事项制定条款；而协议书多从宏观角度讲总体原则，涉及事项比合同多，但不及合同具体细致。因此，有些协议书签订后，还需再签订有关项目的单项合同。③法律依据不同。合同的订立必须严格遵守《合同法》，并受其保护；关于协议书的订立，目前尚无专门的法律规定。

技能训练

一、名词解释

经济活动预测报告、经济活动分析报告、财务分析报告、商业广告、产品说明书、经济合同、定性预测法、定量预测法、比较分析法、因素分析法

二、填空题

1. 经济活动预测报告具有________、________、________特点。

2. 经济活动分析报告具有________、________、________特点。

3. 财务分析报告具有________、________、________特点。

4. 商业广告具有________、________、________特点。

5. 产品说明书具有________、________、________特点。

6. 经济合同具有________、________、________特点。

7. 经济活动预测报告的正文由________、________构成，主体部分又由________、________、________构成。

8. 经济活动分析报告的正文由________、________构成，主体部分又由________、________、________构成。

9. 财务分析报告正文主体部分一般对________、________、________、________、________进行分析。

10. 广告按传播媒介可分为________、________、________、________、________、________、________七类。

11. 广告文案的格式由________、________、________构成。

12. 广告语的写作常见有________、________、________、________、________、________、________、________八种。

13. 产品说明书的格式由________、________、________构成。

14. 经济合同正文主体部分的主要条款是________、________、________、________、________。

三、简答题

1. 什么是财经文书？它有哪些特点和分类？

2. 经济活动预测报告有哪些写作要求？

3. 经济活动分析报告有哪些写作要求？

4. 财务分析报告有哪些写作要求？

5. 商业广告有哪些写作要求？

6. 产品说明书有哪些写作要求？

7. 经济合同有哪些写作要求？

8. 经济活动分析报告与总结有哪些异同点？

9. 商业广告与产品说明书有哪些区别？

10. 合同与协议书有哪些区别？

四、语言分析题

（一）下列句子有错，请加以改正。

1. ××厂一年的生产任务仅用六个月就完成了，时间缩短了1倍。

2. ××公司，仅两年时间，上交的税利从10万元增加到50万元，整整增加了5倍。

3. ××商场6月份销售额完成9万元，比5月份15万元降低了60%。

4. ××厂去年亏损12万元，今年减少1倍，只亏损6万元。

5. 超额完成月计划销售额10%以上柜组，每月每人发奖金200元；若超额20%以上，则按月每人发奖金400元。

（二）一则广告写道："该厂生产的工业缝纫机，荣获国家名牌产品，欢迎来函来人订货。"请对这则广告用语上的失误予以改正。

（三）某市食品商店（甲方）与某县粮食局（乙方）签订了一份供应芝麻的合同，其中有一句："乙方向甲方供应黄白芝麻共100吨。"这句话原意是品种为"黄白相间"的芝麻，可是乙方供货时，却是黄芝麻50吨，白芝麻50吨，闹出一场经济纠纷。你认为问题出什么地方？从中可吸取些什么教训？

五、习作题

1. 做一次调查，为某商品撰写一份预测报告。

2. 选择一个企业进行调查，就某一经济活动情况撰写一份分析报告。

3. 搜集有关资料，撰写一份财务分析报告。

4. 请你为××商业银行制作一份户外高架广告。

5. ××饮食服务公司经理李××对该公司下属红星饭店经理赵××说："根据经济管理体制改革的精神，为调动广大职工积极性，公司决定将这家饭店租给你们经营，由你代表员工与公司签订一份承包合同。"请你以赵××的身份与公司草拟这份合同。

第六章 司法文书写作

学习目标

- 基本了解司法文书及各文种的定义、特点、分类、作用和写作要求。
- 重点掌握起诉状、答辩状、上诉状、判决书的格式和写法。
- 体味例文，培养撰写司法文书的能力。

第一节 司法文书概述

一、司法文书的定义

司法文书的定义有广义和狭义两种解释。

广义的司法文书是指公安机关、国家安全机关、检察机关、法院、监狱等司法机关，律师组织、公证机关、仲裁机关、当事人及诉讼参与人依法制作的处理各类诉讼案件及非诉讼事件的具有法律意义的文书的总称。其中诉讼案件指刑事、民事（含经济）、行政三类案件；非诉讼事件指公证实务及仲裁案件。有法律效力指具有执行效力，如裁判文书；公证文书虽无执行效力但具有法律意义。

狭义的司法文书仅指司法机关即公安、检察、审判、劳改机关，在办理各类诉讼案件中依法制作的各类应用文书。

二、司法文书的特点

（一）合法性

司法文书的制作总是和一定的法律程序相联系的，有着严格的规定。什么情况下依据什么法律，应制作什么文书，制作的主体是谁，制作的内容和要求是什么，如何提交送达等，都必须有法律依据。任何单位和个人都不能随心所欲地进行制作。

（二）规范性

司法文书的每一文种都有规范化的格式和写法，必须包括若干基本要素，不能随意增删。另外，司法文书中的习惯用语和法律用语都有独立、确切的涵义，具有规范性的特点,不能随意乱用。

(三)有效性

司法文书是处理司法实务的文字凭证,具有法律效力或法律意义。法律效力是指具有强制性的执行效力,如判决书一旦生效,判决就要执行;法律意义是指在处理诉讼案件或非诉讼事件中不可缺少的必经程序或必备手续,如检察人员的公诉意见书、辩护人的辩护词等。

三、司法文书的分类

(一)按制作主体分

按司法文书制作主体划分,可以分为机关司法文书、机构司法文书和个人司法文书三类。机关司法文书是指以国家机关或者机关工作人员名义制作的司法文书,包括公安机关的刑事、预审、户籍管理、交通管理等文书,检察机关的检察文书,人民法院的审判文书,监狱劳教部门的刑事执行文书,以及国家行政机关在行政执法中制作和使用的司法文书。机构司法文书是指法律授权的机关或组织制作和使用的司法文书,如仲裁机构的仲裁文书。个人司法文书是指公民或根据法律规定以个人身份出现的人(当事人、法人、法人组织等)制作和使用的司法文书,如诉讼文书等。

(二)按文书性质分

按照司法文书性质划分,大致可以分为侦查预审文书、检察文书、刑事裁判文书、民事裁判文书、行政裁判文书、狱政文书、公证文书、仲裁文书、律师业务文书、诉讼当事人递交的诉状等。

(三)按撰写形式分

按司法文书的撰写形式划分,可以分为表格式、书写式和记录式三种。表格式文书又称为填写式文书,是印就的文书形式,只在空白处进行填写即成,如出庭通知书。书写式文书主要指根据规定的格式,既要叙述事实、说明情况,又要对案件涉及的有关问题进行分析判断,提出处理意见或者作出裁决,如侦查文书中的起诉意见书、检察文书中的起诉书、人民法院的判断书等。记录式文书指由办案人员将办案过程中出现的需要加以记录的情况记载下来而制成的文书,如询问笔录、法庭笔录等。

第二节 起诉状

一、基本知识

(一)起诉状的定义

起诉状是指在诉讼过程中,原告向人民法院陈述纠纷事实,阐明起诉理由,提出诉讼请求,要求依法裁判的法律文书。

起诉状可以由原告本人亲自具状，也可以由律师代书。

（二）起诉状的特点

1. 明确性。明确性即起诉状应写明通过法律向谁提出诉讼。如果对方当事人为两人以上，应当分清其所承担责任的主次，要将主要被告列在前面。

2. 具体性。诉讼要求是起诉当事人请求法院解决纠纷所要达到的目的，因此起诉要求必须明确具体，若有几项请求，应注明次序，逐项写明，不要笼统含糊。

3. 依据性。在陈述事实的时候，要把纠纷的事实概述清楚，时间、人员、地点、事情的起因、经过和结果等都写清楚，不能有误。另外，援引法律法规政策条文要具体准确，引用原文必须一字不漏。

（三）起诉状的分类

起诉状根据其适用的不同性质的诉讼程序，可分为：民事起诉状、刑事自诉状、行政起诉状。

（四）起诉状的作用

1. 当事人维护合法权益的武器。制作和提交起诉状，对维护当事人的合法权益有着切实的意义和作用，可以使国家、集体或个人的利益少受损失或免受损失，还可以制止某些别有用心者不当得利。

2. 法院进行案件审理的基础。《民事诉讼法》规定："起诉应当向人民法院递交诉状，并按被告人数提出副本。"这就是说，当事人向人民法院提交的起诉状，是人民法院解决纠纷，保护当事人合法权益，开始诉讼的必须程序，它是人民法院对案件进行审理或调解的依据与基础。

3. 被告进行答辩的依据。原告写作起诉状，不仅能给人民法院的调解审理带来方便，也为被告的答辩提供了辩驳的范围和据理争取权利的机会。一般来说，被告的答辩书只需针对原告的提问答辩，无需回答其他问题。

二、写作要求

（一）起诉事实要真实可靠

"以事实为依据，以法律为准绳"，是法院进行案件审理工作的基本原则。因此，在撰写诉状时，一定要实事求是地反映情况，把事情的真实情况原原本本地写出，既不能按照自己的需要加以取舍，也不能任意夸大或缩小。只有全面、客观地反映情况，所写诉状才能真正成为法院作出公正合理的裁决的依据。歪曲事实，弄虚作假，有碍于审判工作的顺利进行，要负法律责任。

（二）起诉理由要依据充分

阐明理由，讲清道理，提出主张，诉状必须依照有关法律或政策的规定撰写。引用具体法律条款或政策条文，一定要用得确切、适应，不能断章取义或牵强附会。在讲道理时，还要善于抓住问题的关键，突出重点，在主要理由的申诉上多用笔墨。

（三）写作体式要合乎规范

起诉状属于司法文书，而司法文书对体例格式的要求是非常严格的。撰写起诉状要严格依循有关格式的规定，不能随意增减项目，也不能随意安排结构，变动各项目的排列次序。在司法实践中，经常看到有人按一般书信或人民来信的格式写诉状，这是不妥的，对这样的诉状法院是很难接受的。

（四）语言表达要准确得体

起诉状的语言运用，除了应用文语言运用的共同要求之外，还应特别注意以下三点：一是语句的使用要突出文种特色，在司法文书的使用中，许多用语已经固定下来，成为程式化的东西，对这些固定的说法，不能随意改动；二是要用具有肯定、判断等语义特征的句式及陈述性句式，以增强诉状的说服力，模棱两可、似是而非的语言，不宜用于司法文书当中；三是在事实的陈述中，要保持语言的客观、平和，尽量不用带有感情色彩或修辞效果的语句。

三、格式写法

起诉状的格式是：首部＋正文＋尾部。

（一）首部

首部由标题＋原告的基本情况＋被告的基本情况三部分构成。

1.标题。如写《民事起诉状》或《刑事自诉状》。

2.原告的基本情况。写明姓名、性别、出生年月日、民族、籍贯、职业或工作单位和职务、住址、邮编、电话等。若原告是法人或其他组织的，应写明其名称、所在地址和电话等。

3.被告的基本情况。写法同上。

（二）正文

正文由诉讼请求＋事实与理由＋证据和证据来源、证人姓名和住址三部分构成。

1.诉讼请求。它是原告希望通过诉讼所达到的目的。各自独立的请求事项应分项列出，诉讼费用的负担通常也作为一项独立的请求在最后提出。诉讼请求应该明确、具体、全面、合法。

2.事实与理由。本项内容分为事实和理由两部分分别写。写事实部分应写清楚当事人之间发生纠纷、纠纷经过和结果等基本情况，叙述要全面、真实并有所侧重；写理由部分先对前述事实中原告的合法正当的行为和被告的非法不正当行为进行提炼，再援引有关的法律条款、司法解释和政策法规，论证纠纷的性质和被告的法律责任，阐述原告诉讼请求的合法性，这部分理由的内容与诉讼请求的内容要一致。

3.证据和证据来源、证人姓名和住址。《民事诉讼法》规定，当事人对自己提出的主张，有责任提供证据。原告负有举证责任，应在诉状中列举证明案件的事实和支持自己诉讼请求的各种证据。根据文件规定，举证采用清单式列举的方法，即只需要依照一定顺序列举出证据和证据来源、证人姓名和住址，而不需要写出证据的具体内容，也不需要对证据进行分析。

(三)尾部

尾部由受诉法院名称＋附项(副本和证据)＋起诉人姓名或单位名称＋起诉日期四部分构成。

四、实例文选

民事起诉状

原告：××市卷烟厂。

地址：××市南街32号。

法定代表人：李××，厂长，电话：×××××××。

被告：利达公司。

地址：××市石桥路90号。

法定代表人：何××，经理，电话：×××××××。

诉讼请求

1.要求被告立即予以退货，退还货款30000元人民币并支付违约金2400元人民币；

2.本案诉讼费用由被告负担。

事实与理由

1999年10月19日，我厂与被告签订了一份《烟草过滤机买卖协议》(以下简称《协议》(证据1))。1999年10月29日，过滤机安装调试完毕，开始使用。前两周内运转比较正常，但从11月中旬起，过滤机频出故障，如停机、过滤效果差等。我厂通知被告后，被告派员来检修过，但过滤机仍旧无好转。经××市甲研究所检测，这三台过滤机为质量不合格产品，其中c、f两项技术指标达不到国家标准(证据2)。我厂根据《协议》19条的约定，"产品质量不合格，应向对方退款并支付货款总额8%的违约金"，为此要求被告予以退货，同时退还我厂货款并支付违约金。但被告拒不同意。

根据《中华人民共和国合同法》第153条："出卖人应当按照约定的质量要求交付标的物。"被告向我厂交付质量不合格产品，其行为已构成违约，应按《协议》将30000元货款退还我厂并支付2400元违约金。特提出诉讼，请贵院支持我厂诉讼请求。

证据和证据来源、证人姓名和住址

1. 烟草过滤机买卖合同

2. ××市甲研究所检测报告。

3. 证人×××,电话:××××××××。

4. 证人×××,电话:××××××××。

此致

××市海滨区人民法院

附:1. 本状副本1份。

2. 书证×份。

3. 物证×份。

××市卷烟厂

(盖章)

××××年×月×日

例评要求:1. 本文是怎样安排格式的?

2. 本文的语言有什么特点?

第三节 答辩状

一、基本知识

(一)答辩状的定义

答辩状是指在诉讼过程中,被告或被上诉人针对起诉状或上诉状的内容,进行答复和辩解的一种法律文书。

答辩状可由被告、被上诉人自己写,也可请律师代写。

答辩的主要方法如下:①用正确真实的事例反驳错误荒谬的事例;②用正确充分的理由反驳错误荒谬的理由;③用正确适用的法律条文校正不正确不适用的法律条文。

(二)答辩状的特点

写作答辩状的目的是要通过答辩,让法院否定原告或上诉人在起诉状或上诉状中提出的意见和主张、事实和理由,接受自己的意见和主张,认定自己提出的事实和理由,从而达到使对方败诉的目的。因此,答辩状最突出的特点是辩驳,具体体现在以下方面。

1. 针对性。答辩状是针对起诉状或上诉状写作的文书,是对起诉状或上诉状作出的反驳。写作答辩状，最忌讳空发议论、自立命题，最讲究紧紧抓住对方提出的不完全、不可靠、不确凿的事实和证据以及不能成立的理由，予以逐条驳斥，进而证明对方的起诉请求或上诉要求是不合理的、不合法的。缺乏针对性的答辩状必然是无的放矢，也就达不到辩驳的目的。

2.说理性。答辩状在驳斥对方的事实和理由时，要注意把与原告或上诉人所提出的事实和理由相反的事实和理由摆充分，特别是对那些关键性问题要辩解清楚，切忌模糊混乱，似是而非。要以事实为依据，以法律为准绳，证明对方的意见和主张错误，证明自己的意见和主张正确。否则，就很可能会强词夺理，或危言耸听，失去应有的说服力。

3.程序性。按照法律规定，答辩有两种形式。一是一审程序上的答辩。根据《民事诉讼法》第 113 条的规定，一审法院受理案件后，应在 5 日内将原告起诉状副本转交给被告，被告应在收到起诉状副本后 15 日内向法院写出答辩状。二是二审程序上的答辩。根据《民事诉讼法》第 150 条的规定，二审法院收到诉讼，应在 5 日内将上诉状副本送交对方当事人，对方当事人在收到上诉状副本后 15 日内写出答辩状。上述法律规定的程序是不能违反的。

（三）答辩状的分类

根据审判程序可分为一审答辩状和二审答辩状。

根据法律适用范围可分为民事答辩状和行政答辩状。

（四）答辩状的作用

1.体现了被告或被上诉人的诉讼权利。被告或被上诉人使用答辩状，答复、辩驳原告或上诉人的诉讼请求，这是诉讼程序的一种法律行为，这一规定充分体现了诉讼当事人权利和义务一律平等的民主原则，体现了被告或被上诉人依法拥有的诉讼权利。

2.有利于保护被告或被上诉人的合法权益。被告或被上诉人使用答辩状，能够针对原告或上诉人提出的起诉或上诉的理由、根据和请求事项，有的放矢地辩驳，充分陈述有关事实，明确提出自己的主张和理由，维护自己的合法权益。

3.有利于人民法院公正、合理地裁判。人民法院能通过答辩状全面了解纠纷情况和诉讼双方当事人的意见和要求，以分清是非，对案件作出合理、公正的处理。在诉讼活动中，原告的起诉和上诉人的上诉对于法院来说，都是当事人的一面之词。俗话说得好：兼听则明，偏信则暗。要想对案情全面了解，就必须同时认真听取另一方的辨析。这样，才能为正确的判决创造条件。

二、写作要求

（一）抓住关键，据理力争

答辩状要特别注意针对起诉状或上诉状中所涉及的问题，明确指出自己承认哪些、否认哪些，否认的理由和根据是什么，据理力争，维护自己的合法权益，并针锋相对地阐明自己的理由、证据及具体要求。牢牢抓住争议的焦点，找出足以使对方败诉的“破绽”，集中反驳。抓住重点关键，变防守为进攻。因此，写作答辩状，切忌不分主次，眉毛胡子一把抓，赘述案情，面面俱到，在枝节问题上大做文章。

（二）答辩理由的写法，一般多用反驳的方法

在理由中明确地回答原告、上诉人的诉讼请求，要准确、具体地阐明答辩人对案件的主张和理由。答辩理由在写法上，主要用反驳的方法，目的是使对方败诉。反驳的方法分三个步骤：第一，先抓住对方在起诉状、上诉状中所陈述的错误事实，或适用法律上的错误的关键之处，作为反驳的论点；第二，应由被告、被上诉人列出事实与证据，作为反驳诉讼请求的论据；第三，运用逻辑推理进行论证。在进行反驳时，要注意摆事实讲道理，不能空发议论，故意回避矛盾，切忌强词夺理、生硬武断、无理辩解。

（三）答辩意见的写法，一般多用立论的方法

答辩人根据可靠的事实和充分的理由，从正面提出对诉讼事实争执焦点的主张或看法，在反驳对方之后，集中力量，提出自己的答辩意见。立论的方法分三个步骤：第一，从整个事实中，归纳提炼出答辩的观点；第二，提出法律根据，举出客观证据列出事实凭据，作为立论的论据；第三，经过分析论证，得出结论，即自己的答辩意见。

（四）语言犀利，一气呵成

答辩状强烈的辩论色彩决定了它的语言必须针尖对麦芒，犀利尖锐，势不可挡。无可争辩的事实加上犀利无比、一气呵成的语言，更能帮助答辩人在诉讼中变被动为主动。

三、格式写法

答辩状的格式是：首部＋正文＋尾部。

（一）首部

首部由标题＋答辩人的基本情况两部分构成。

1. 标题。如写《民事答辩状》或《民事上诉答辩状》。

2. 答辩人的基本情况。与起诉状中当事人的事项写法相同。原告或上诉人的基本情况一般不写。

（二）正文

正文由案由＋答辩理由＋答辩意见三部分构成。

1. 案由。一般写明对何人、何单位起诉或上诉的何案进行答辩。

2. 答辩理由。这是答辩的核心，是胜诉或者败诉的关键所在，其基本思路如下：①指出其指控所依据的事实有误或证据不实，并举出相反的事实、证据以澄清事实

真相;②运用基本法学理论和有关法律适用的种种规则,从程序到实体针对所指控的罪名及要求答辩人承担的法律责任展开辩驳;③将对方隐瞒的或不为对方所了解的有利于己方答辩请求的事实具体说明。

3. 答辩意见。在充分阐明答辩理由的基础上,进行综合归纳,用简明的语句明确提出答辩意见。一方面指出对方当事人提出诉讼请求的谬误性,另一方面根据事实和法律提出自己对纠纷如何解决的主张和要求,请人民法院依法公正裁判。

(三)尾部

尾部由受诉法院+附项(副本和证据)+答辩人姓名或单位名称+答辩日期四部分构成。

五、实例文选

民事答辩状

答辩人:××市利达公司,××市石桥路90号。法定代表人何××,经理,电话×××××××。

兹就××市卷烟厂为经济合同纠纷对我公司起诉一案,特答辩如下:

我公司向原告交付的三台烟草过滤机无质量问题,是合格产品。

一、这三台过滤机是我公司从美国原装进口的,有经美国权威机构检测的质量合格证书(证据)。

二、原告依据的××市甲研究所的检测报告没有任何说服力。他们属于同一地区,不能保证检测的公正性。我公司要求贵院安排重新检测。

综上所述,我公司一直严格履行《烟草过滤机买卖协议》的约定,交付的过滤机质量合格。原告自己使用不当造成过滤机故障,一切后果应由其自行承担,与我公司无关。请贵院依法公正裁判,驳回原告无理请求。

此致

××市海滨区人民法院

附:1. 本状副本1份。

2. 过滤机质量合格证书。

答辩人:××市利达公司

(盖章)

××××年×月×日

例评要求:1. 本文是怎样安排格式的?

2. 本文的语言有什么特点?

第四节　上诉状

一、基本知识

(一)上诉状的定义

上诉状是指诉讼当事人不服第一审法院的判决，按照法律的规定，在上诉期内请求上一级人民法院撤销或变更原审裁决的法律文书。

上诉状可以由上诉人自己撰写，也可请律师代写。

提起上诉是民事案件、刑事案件和行政案件当事人的合法诉讼权益，是二审程序的开始。我国的《民事诉讼法》、《刑事诉讼法》、《行政诉讼法》都明确规定，诉讼当事人如果不服人民法院的第一审判决，有权向上一级人民法院提起上诉。上诉需要以下三个条件：一是必须在法定期限内提出上诉，逾期不予受理；二是必须向有管辖权的上一级人民法院提起上诉，不能越级上诉；三是上诉的内容必须明确，应针对一审法院所认定的事实和适用法律有错误的地方，要求上一级人民法院予以纠正。

(二)上诉状的特点

1.平等性。上诉状显示了在各类诉讼活动中，诉讼当事人相互间、诉讼当事人与一审法院间的法律地位是完全平等的。通过上诉状提起上诉是诉讼当事人的合法权利。但刑事案件的被告人的近亲属和辩护人，须经被告人同意方可提出上诉。刑事附带民事诉讼的原告人和法定代理人只能就附带民事诉讼部分提出上诉。

2.连续性。上诉状的提交，可以引起审判的第二审程序的发生，给诉讼当事人再次提供了保护自己合法权益的机会。

3.期限性。上诉有法定的期限，民事、行政案件是在一审判决书和裁定书分别为送达之日起 15 日内和 10 日内，刑事一审判决书和裁定书分别为送达之日起 10 日内和 5 日内，可向上一级人民法院提起上诉。如果超过法定的上诉期限，一审裁决即产生法律效力，不能再行上诉。

(三)上诉状的分类

根据法律适用范围可分为民事上诉状、刑事上诉状和行政上诉状。

(四)上诉状的作用

1.体现了法律的平等和民主原则。人民法院依法保障上诉状的递交、受理和上诉权的行使，体现了法律的平等和民主原则。对于合法的上诉，任何人不得限制和刁难。

2.体现了人民法院慎重处理案件的精神。使用上诉状，对不服第一审的判决提出上诉，能加强上级法院对下级法院审判工作的监督，也能促使二审法院对案件进行全面的审理、正确的审判。

3.有利于保护当事人的合法权益。当事人只要认为第一审裁判不符合事实和法律，就可以具状上诉，这对正确、合法、及时地解决当事人之间的争议，保护正当权益，有着重要的意义。

二、写作要求

(一)指出错误要准确

上诉状的写作一开始就应该将原判与客观事实认真对照，针对原审认定事实的不实、不准、不清和不当的错误地方进行反驳，无论是部分还是全部否定一审判决，都要表述准确，根据和理由充分，不可含糊或笼统。

(二)引用法律要正确

上诉状还要针对原审运用法律上的疏漏，认真对照法律，正确地引用能证明上诉理由的法律条文，使二审法院作出正确判决。

(三)说明理由要充分

我国法律是两审终审制，因此上诉状事关重大，必须抓住重点，充分说明理由，力争达到上诉的目的。

三、格式写法

上诉状的格式是：首部＋正文＋尾部。

(一)首部

首部由标题＋上诉人的基本情况＋被上诉人的基本情况三部分构成。

1.标题。如《民事上诉状》。

2.上诉的基本情况。写明姓名、性别、出生年月日、民族、籍贯、职业或工作单位和职务、住址、邮编、电话等。若上诉人员是法人或其他组织的，应写明其名称、所在地址和电话等。在“上诉人”栏后面用括号说明其在一审中的身份。

3.被上诉人的基本情况。写法同上。在“被上诉人”栏后面用括号说明其在一审中的身份。

(二)正文

正文由案由＋上诉请求＋上诉理由三部分构成。

1.案由。一般写明对何案何判决不服进行上诉。

2.上诉请求。一般写明通过上诉要达到的诉讼目的。上诉请求的写法应明确具体。但上诉人对原审判决关于诉讼费用的负担不服的，不能单独提出对该项的上诉。

3.上诉理由。主要是针对判决中的错误之处进行分析反驳，证明原审裁判的错误及上诉请求的合法性。上诉理由可从以下三个方面加以考虑：①事实方面。看原审定的事实是否真实，是否有证据证明。②证据方面。一看原审认定事实是否用了证据，所用证据是否真实有效，能否构成锁链；二看原审法院是否不恰当地确定了当事人的举证责任。③法律适用方面。法律适用方面有错误，通常是由于认定事实有错误，但也可能是单纯的法律适用错误。④程序方面。主要看程序上是否妨碍了当事人行使权利，是否影响了案件的处理结果。

（三）尾部

尾部由受诉法院名称＋附项（副本和证据）＋上诉人姓名或单位名称＋上诉日期四部分构成。

四、实例文选

民事上诉状

上诉人（一审被告）：××市利达公司，××市石桥路90号，电话×××××××××，法定代表人何××，公司经理。

被上诉人（一审原告）：××市卷烟厂，××市南街32号，电话×××××××，法定代表人李××，卷烟厂厂长。

上诉人因××市卷烟厂诉××市利达公司经济合同纠纷一案，不服××市海滨区人民法院2000年5月8日（2000）海民初字第32号民事判决，现提出上诉。

上诉请求

1. 撤销××市海滨区人民法院2000年5月8日（2000）海民初字第32号民事判决；

2. 二审诉讼费用全部由被上诉人负担。

上诉理由

一审法院依据××市甲研究所的检测报告，认定我公司销售给被上诉人的三台烟草过滤机质量不合格，判决我公司退还被上诉人货款30000元人民币和支付违约金2400元人民币，一审诉讼费用由我公司负担。

我公司认为，一审法院认定事实有误，我公司销售给被上诉人的过滤机质量合格。

一审法院认定这一事实的依据是××市甲研究所的检测报告，然而，××市甲研究所根本不具有检测烟草过滤机的资格和能力：

1. ××市甲研究所是××市轻工业局工业学校的附属研究所（证据1），与被上诉人属于同一系统的单位，其检测结果很难保证是公正的；

2. ××市甲研究所主要从事新型包装材料的开发工作（证据2），与烟草过滤设备毫无关系，其根本不具备检测烟草过滤机的技术能力。

综上所述，甲研究所根本不具备检测烟草过滤机的资格和能力，一审法院却以这样一个单位的检测报告作为认定案件争执事实的重要依据，得出的结论必然是错误的。我公司恳请贵院指定检测此种设备的权威机构重新检测，还事实以本来面目。依据我公司和被上诉人之间的协议和《中华人民共和国合同法》的规定，我公司对被上诉人不承担任何责任。请贵院查明事实，依法公正裁判。

此致

××市中级人民法院

附：1. 本状副本 1 份

2. ××市甲研究所的材料

上诉人：××市利达公司

（盖章）

××××年×月×日

第五节　判决书

一、基本知识

（一）判决书的定义

判决书是人民法院代表国家行使审判权，依法对民事、刑事和行政案件就实体问题作出有法律效力的书面决定。

（二）判决书的特点

1. 依法性。对案件作出的判决必须是依法进行，所以，坚持“以事实为依据，以法律为准绳”的原则，公正办案，依法办案。

2. 强制性。判决书一旦生效，不容许当事人有任何形式的抗拒行为，也不容许任何人随意撤销和变更。它具有法定的强制力和约束力。

3. 准确性。准确性是指判决书用语，要准确恰当。判决书的内容涉及当事人切身利害关系，有的甚至和当事人性命攸关，所以不论叙事析理作出决定，还是遣词用字都必须准确恰当，慎之又慎。

（三）判决书的分类

根据诉讼程序可分为第一审判决书、第二审判决书和再审判决书。

根据案件所适用的不同性质可分为民事判决书、刑事判决书和行政判决书。

（四）判决书的作用

1. 解决纠纷的有效载体。通过对民事、行政案件的判决，对于确认双方权利义务关系，制裁违法行为，保护国家、集体、个人的合法权益有重要作用。

2. 打击犯罪的有效平台。通过对刑事案件的判决，对于维护稳定，保护人民生命财产安全，建立和谐社会具有深远意义。

3. 实施法律的重要工具。各类依法办理的判决书，是代表着国家的意志，是对法律的神圣实施。

二、写作要求

（一）注重事实的真实性

在判决书中，不论对原告、被告双方争议的事实，还是对法院所确认的事实，都必须保持真实性，才能经得起历史的检验。

（二）注重法律的适用性

对案件的处理是依法判决，所以适用法律要特别注意三个问题：一是正确理解和运用法律条文，防止错引和漏引；二是正确使用条文顺序，应按照条、款、项、目的顺序来写；三是引用条文要明确具体。

（三）注重逻辑的严密性

判决书中要注意违法事实、判决理由、判决结论之间在逻辑上的连续性和一致性，做到观点和材料的相一致，不漏不杂，不自相矛盾。

三、格式写法

判决书的格式是：首部＋正文＋尾部。

（一）首部

首部由标题、案号＋诉讼参与人的基本情况＋案由、审判组织和审判方式三部分构成。

1. 标题、案号。标题写成两行，第一行写法院全称，第二行写“民事判决书”，不标明审级。第一审判决书案号写为：(年度)法院代字民初字第×号，如(1999)海法民初字第25号；第二审判决书案号用“民终字”。

2. 诉讼参与人的基本情况。这部分要按顺序写明原告及原告的法定代表人或代表人、代理人，被告及被告的法定代表人或代表人、代理人，第三人及第三人的法定代表人或代表人、代理人的基本情况。

第二审民事判决书当事人的称谓要变。提起上诉的当事人称“上诉人”，对方当事人称“被上诉人”，括号内注明其在原审中的诉讼地位，如“一审原告”、“一审被告”。

3. 案由、审判组织和审判方式。表明法院审理的合法性，具有引文的性质。

第一审判决书，可表述为：“‘原告×××诉被告×××’经济纠纷一案，本院受理后，依法组成合议庭（或依法由审判员××独任审判），公开（或不公开）开庭进行了审理。×××、×××等到庭参加了诉讼。本案现已审理终结。”

第二审判决书，可表述为：“上诉人×××因××一案，不服××法院××××年×月×日民初字第×号民事判决，向本院提起上诉。本院依法组成合议庭，公开（或不公开）开庭审理了本案。上诉人×××、被上诉人×××、诉讼代理人×××、证人×××到庭参加了诉讼。本案现已审理终结。”

（二）正文

正文由事实＋理由＋判决结果三部分构成。

1.事实。第一审判决书应写明原告和被告争议的事实及理由、法院认定的事实及证据三方面内容。以“原告诉称”、“被告辩称”引出，分别写作两段，叙述双方进行诉讼的具体要求、争议的问题、各自的理由和证据。这些内容不一定都真实、合理、合法，但判决书中应如实反映，以保障当事人平等的行使诉讼权利。另起一段写法院认定的事实及证据，以“以审理查明”引出，是事实部分最有分量的内容，是经法庭调查属实的事实，不能认定的事实不要写进判决书，否则会影响法律的正确适用。

第二审判决书在事实陈述上，应针对上诉人提出的问题重点叙述，分四种情况：①原判决认定的事实清楚，上诉人又无异议的，可以简述或不述；②原判决认定的事实有错误，对改变的事实要详述，并写明证据；③原判决认定的事实有遗漏的应补述；④原判决认定的事实没有错误，但上诉人提出异议的，应把有异议的总汇详述，并论证异议不能成立。

2.理由。理由是判决书的依据，包括判决的理由和适用的法律两方面内容，采用“本院认为……，判决如下：”的行文格式。

第二审判决书的理由一定要有针对性和说服力，不要照抄原判理由。分三种情况：①原判正确，上诉无理的，要指出原判的法律依据和上诉理由的不能成立；②原判不当，上诉有理的，要指出原判错误所在和上诉理由成立的法律依据；③原判部分正确，上诉部分有理的，则写明支持或不予支持的理由和法律依据。

3.判决结果。判决结果是判决书的主文，是人民法院对案件的处理决定。可以说一字千钧，对当事人至关重要。必须体现“以事实为依据，以法律为准绳”的原则，做到准确、具体、完整。

第二审判决书在判决结果方面，应对当事人争议的实体问题作出终审结论，既要对原判决作出明确表示，又要作出具体的处理决定。分四种情况：①维持原判的，写作：“驳回上诉，维持原判。”②全部改判的，写作：“一、撤销××人民法院（年度）×民初字第×号民事判决；二、改判的内容……”③部分改判的，写作：“一、维持××法院（年度）×民初字第×号民事判决第×项，即……；二、撤销××法院（年度）×民初字第×号民事判决第×项，即……；三、部分改判的内容……”④维持原判，又有加判内容的，写作："一、维持××法院（年度）×民初字第×号民事判决；二、加判的内容。"

（三）尾部

1. 第一审判决书要写清以下内容：对当事人权利义务的交代、审判人员署名、判决日期和印章、加盖"本件与原件核对无异"的条戳，书记员签名。

2. 第二审判决书要写清以下内容：写上"本判决为终审判决"、审判人员署名、判决日期和印章、加盖"本件与原件核对无异"的条戳，书记员签名。

四、实例文选

1. 第一审判决书

××市海滨区人民法院
民事判决书

（2000）海民初字第32号

原告：××市卷烟厂，××市南街32号，电话：×××××××。

法定代表人：李××，××市卷烟厂厂长。

被告：××市利达公司，××市石桥路90号，电话：×××××××。

法定代表人：何××，××市利达公司经理。

××市卷烟厂诉××市利达公司经济纠纷一案，本院受理后，依法组成合议庭，公开开庭进行了审理。原告法定代表人李××和被告法定代表人何××到庭参加诉讼。本案现已审理终结。

原告诉称，1999年10月19日，其与被告签订了一份《烟草过滤机买卖协议》（以下简称《协议》），但被告交付的过滤机频出故障。被告派员来检修过，过滤机仍无好转。经××市甲研究所检测，这三台过滤机为质量不合格产品。原告为此要求被告接受退货，同时退还原告货款30000元及支付违约金2400元。

被告辩称，其向原告交付的三台烟草过滤机是合格产品。这三台过滤机有经美国权威机构检测的质量合格证书；××市甲研究所的检测报告不能保证检测的公正性，被告要求我院重新检测。

经审理查明，原、被告之间的买卖协议合法有效。被告交付给原告的三台过滤机自1999年11月中旬至今多次出现停机故障，过滤效果达不到一般使用要求。根据××市甲研究所的检测报告分析，过滤机有c、f两项指标达不到国家标准，因此这三台过滤机为质量不合格产品。

本院认为，被告没有按《协议》约定向原告提供质量合格的烟草过滤机，已构成违约。根据《中华人民共和国合同法》第153条、第111条，判决如下：

一、被告××市利达公司应在本判决生效之日起15日内接受原告××市卷烟厂三台过滤机的退货，并退还××市卷烟厂货款30000元人民币，支付违约金2400元。

二、诉讼费1500元，由被告负担。

如不服本判决，可在判决书送达之日起15日内，向本院递交上诉状，并按对方当事人的人数提出副本，上诉于××市中级人民法院。

审判长：×××
审判员：×××
审判员：×××
2000年5月8日（印章）

本件与原本核对无异

书记员：×××

2.第二审判决书

××市中级人民法院
民事判决书

（2000）吴民终字第6号

上诉人（一审被告）：××市利达公司，××市石桥路90号，电话××××××，法定代表人何××，××市利达公司经理。

被上诉人（一审原告）：××市卷烟厂，××市南街32号，电话：×××××××，法定代表人李××，××市卷烟厂厂长。

上诉人因××市卷烟厂诉××市利达公司经济合同纠纷一案，不服××市海滨区人民法院2000年5月8日（2000）海民初字第32号民事判决，向本院提出上诉。本院依法组成合议庭开庭审理，上诉人法定代表人何××和被上诉人法定代表人李××到庭参加了诉讼。本案现已审理终结。

原审认定：上诉人销售给被上诉人的三台烟草过滤机质量不合格，据此，判决：一、被告××市利达公司应在本判决生效之日起15日内接受原告××卷烟厂三台过滤机的退货，并退还××市卷烟厂货款30000元人民币，支付违约金2400

元；二、诉讼费1500元，由被告负担。宣判后，利达公司不服判决，向本院提起上诉，诉称：原审法院认定过滤机质量不合格这一事实有误，请求撤销原审判决。被上诉人未作书面答辩。

经审理查明：××市甲研究所是××市轻工业局工业学校的附属研究所，其主要从事新型包装材料的开发工作，不具备检测烟草过滤机的技术能力。本院依法指定了检测烟草过滤机的国家权威检测机构——北京市××研究所进行检测。根据检测结果，上诉人销售给被上诉人的三台烟草过滤机质量完全符合国家标准。

本院认为：上诉人销售给被上诉人的三台烟草过滤机质量合格，无违约行为。根据《中华人民共和国合同法》和《中华人民共和国民事诉讼法》之规定，判决如下：

一、撤销××市海滨区人民法院2000年5月8日(2000)海民初字第32号民事判决；

二、一审诉讼费1500元和二审诉讼费1900元全部由××市卷烟厂负担。

本判决为终审判决。

审判长：×××
审判员：×××
审判员：×××
2000年11月1日(印章)

本件与原本核对无异

书记员：×××

一、名词解释

起诉状、答辩状、上诉状、判决书

二、填空题

1. 起诉状具有________、________、________特点。
2. 答辩状具有________、________、________特点。
3. 上诉状具有________、________、________特点。
4. 判决书具有________、________、________特点。
5. 起诉状的正文由________、________、________构成。

6.答辩状的正文由________、________、________构成。

7.上诉状的正文由________、________、________构成。

8.判决书的正文由________、________、________构成。

三、简答题

1.什么是财经诉讼类文书？它有哪些特点和分类？

2.起诉状有哪些写作要求？

3.答辩状有哪些写作要求？

4.上诉状有哪些写作要求？

5.判决书有哪些写作要求？

四、语言分析题

选择句后括号中恰当的词填在句中横线上。

1.我们要特别重视教育工作，________争取尽快提高全民族的科学文化水平。(以其、以期、以利)

2.这次严重灾害发生后，各级部门立即运来大批救济物资，________关怀。(以此、以示、以资)

3.本合同________批准，方能见效。(必须、须经、尚需)

五、习作题

根据下面的案情，以原告人的身份写一份起诉状，以两被告人的身份分别写一份答辩状。

原告人：××市606户村民。

被告人：××市供种站。

被告人：××省水稻研究所原种场。

×年×月×日，供种站将从原种场购买的黄花一号早稻种子10080公斤，分别销售给606户村民播种。用种户按照原种场随种子提供的技术资料，对种植在1344亩责任田中的早稻实施田间管理，结果出现了抽穗不齐和早熟现象。经××市农业局高级农艺师核实：用种户的早稻亩产量只能达到240公斤，比原种场的技术资料中提供的最低亩产量数据少209公斤，减产损失达18万余元。经调查，原种场提供给供种站的10080公斤黄花一号稻种，是区域小面积试种品系，未经省农作物品种审定委员会审定。供种站称，稻谷出现抽穗、成熟不齐的现象后，供种站曾7次电告原种场派人来处理，但原种场均以种种借口未到现场处理。原种场称，606户村民使用的黄花一号稻种，是原种场培育的新品种，因为今年气候反常，606户村民未能采取相应的栽培措施，致使水稻减产。《种子管理条例农作物种子实施细则》第30条规定：“未经审定或未审定通过的品种不得经营、生产推广、报奖和广告”；第40条规定：“生产商品种子实行《种子生产许可证》制度。”

第七章 新闻文书写作

学习目标

- 基本了解新闻及各文种的定义、特点、分类、作用和写作要求。
- 重点掌握消息、通讯、评论的格式和写法。
- 体味例文,培养撰写新闻的能力。

第一节 新闻文书概述

一、新闻的定义

什么是新闻? 陆定一同志在《我们对于新闻学的基本观点》中指出:新闻就是对新近发生的事实的报道。这个定义讲明新闻具有三个要素:第一个要素是“新近发生”,这就将新闻与历史划清了界线,新闻是新近发生的事实,历史是过去发生的事实;第二个要素是“事实”,这就将新闻与文学划清了界线,新闻以真实性为生命,而文学作品是可以虚构的;第三个要素是“报道”,即必须有一个传媒将新闻传播出去,如果没有“报道”,再重要的新闻也会“老死闺中”、自生自灭。

新闻有广义和狭义之分。广义的新闻,包括消息、通讯、评论、特写、专访、记者来信、新闻图片、电视新闻、录音新闻等。狭义的新闻,专指消息。我们这里所讲的新闻,是指广义的新闻。

二、新闻的特点

(一)真实性

真实是新闻的生命,尊重事实、用准确无误的事实说话,是新闻工作者所应具备的最起码的职业道德。新闻中的人物、事件、数字、引语等都必须完全真实,不能有任何夸大或缩小的成分,更不能凭空想象或歪曲。虚假的新闻不但不能起到新闻应有的作用,而且会造成极坏的社会影响。

(二)新鲜性

新闻要反映新鲜的事实,而不能写入陈旧的东西。新闻作者要善于发现新人、新事、新成就、新气象，提出新问题、新见解，总结出新经验、新教训，指明新趋势、新方向，或从新的角度反映报道对象。

（三）倾向性

从根本上说，新闻报道应为社会主义现代化建设服务，应坚持党性原则，应具有人民性，要能够引人向上，催人奋进。说得具体一些，新闻报道要同党和国家在特定历史时期的方针政策相切合，要同整个国家经济发展的需要相一致，要能反映社会生活中的主流性东西。

三、新闻的分类

新闻种类较多，但主要是以下三种。

（一）消息

消息是新闻的主要形式，篇幅简短，报道迅速，适合于传播新鲜的、重要的事实。如《我国选手获得奥运会第一块金牌》。

（二）通讯

通讯是新闻的深度报道，以叙述、描写为主，兼用议论、抒情的表达方式，及时具体地报道新近发生的典型人物、事件、工作经验、地方风貌等的一种新闻文体。如《史光芬：铁肩担道义》。

（三）评论

评论是就新近发生的重要事件或问题发议论、作分析、判别是非、评价得失的一种新闻文体。如《游客不玩了景点没辙了》。

第二节　消　息

一、基本知识

（一）消息的定义

消息就是以简短的篇幅、精炼的语言，迅速及时地报道新近发生的有价值的事实。

（二）消息的特点

消息除具有新闻的真实性、新鲜性、倾向性特点外，还具有以下明显特点。

1. 简短性。消息的篇幅大多简短，行文讲究简洁、精炼，这样可以传播快捷，在较短的时间内掌握更多的信息。有的短消息只有几十个字，有的只有一句话，甚至还有没有正文的标题新闻。

2. 快速性。消息的传播常常争分夺秒，谁快谁就掌握了新闻报道的主动，赢得了读者，谁慢就会影响其报刊的发行量、市场的占有率。现在的电台、电视台常常用直播的形式，同步播出消息实况，就是为了以更快的速度将消息传播给观众，以满足观众的需要，并以此取得更高的收视、收听率。

3.活泼性。消息要吸引读者、观众，还需写得生动活泼、引人入胜。在内容上，要抓住最新鲜、最精彩的事实；在形式上也要用最精彩的语言将其表达出来。

(三)消息的分类

1.动态消息。它是及时地报道国内外的新动态、新情况、新问题的消息文体。大到国家重大政策的颁布、国内外重大事件的发生，小到某个活动的开展，都在其报道范围之内。

2.典型消息。它是对各领域中一定时期内比较突出的单位、人物或事物进行重点报道，并从中引出具有普遍意义的经验和教训的消息文体，它具有较强的针对性和指导性。典型新闻报道的对象，既可以是正面典型，也可以是反面典型。

3.综合消息。它是从各个侧面反应较大范围内或较长时间内的综合情况的消息文体。由于这种新闻涉及的面比较广、所用的材料比较多，因而，选择材料和安排结构的问题，就是写作中一个重要的问题。另外，撰写综合消息，还要注意点面结合，做到既有广度又有深度。

4.评述消息。它是介于消息与评论之间，把两者加以结合的一种消息文体。其特点是夹叙夹议，边述边评。它大多用于对形势的分析和展望，对动向的研究，对经验的总结，也用于对某一重大事件的评判。既有事实，又有评论，做到就事论理，以事为据，以理服人，从而帮助读者或听众加深对报道对象的理解。

(四)消息的作用

1.传播信息的作用。消息最主要的用途就在于传播大量的信息。在当今社会，信息就是资源，就是财富，谁掌握的信息多，谁就能在日益激烈的市场竞争中“克敌制胜”，使自己立于不败之地。谁掌握的信息少，对市场情况不了解，对先进的技术浑然不知，谁就会随时被市场淘汰。

2.传播知识的作用。消息不仅传播大量的信息，同时还传播广泛的知识，如新技术的开发，投资策略、技巧和分析，购物的注意事项，生活基本常识等，使人在吸收信息时又得到了学习，扩大了知识面，提高了文化素质。

二、写作要求

(一)善于发现具有新闻价值的事实

初学消息写作的人，往往无从下手或写出来的东西没有新闻价值不被编辑采用。为此，要善于发现具有新闻价值的事实。所谓新闻价值，是指在新的事实中或在事实的新变动中所包含的新的信息的分量，以及能够引起读者普遍兴趣的程度。

(二)以叙为主，用事实说话

消息多用叙述型的语言，叙述应该真实、简练、清楚。通过叙述，把事实讲出来，把事实中有关的时间、地点、人物、事件和原因（即五W）告诉读者，而且五要素要完整。消息一般不表露作者的主观情感，如“努力吧”、“祝愿财经大会开得圆满成功”等语言。

（三）标题中一定要有动词

消息是新近发生的有价值的事实的报道，所以消息的标题中一定要告诉读者发生了什么事，一定包含了一个动作，一定要有动词，句式以主谓结构或动宾结构为主。这一点看似简单但初学者常会出差错。例如报道“泰坦尼克号”游轮沉没的消息标题，就一定要有“沉没”这个动词，最简单的新闻标题是《“泰坦尼克号”沉没》，或者复杂一些，写成《豪华游轮“泰坦尼克号”在大西洋撞上冰山沉没》也可，但是若写成《一艘豪华游轮“泰坦尼克号”》那就不是新闻标题，而是广告标题了。

三、格式写法

比较完整的消息格式是：标题＋导语＋主体＋结尾。但并不是每一篇消息都必须有这四部分，除标题和主体外，其他部分视需要取舍。另外，消息撰写中也讲究背景材料，它的位置是自由灵活的。

（一）拟定标题

标题的制作要准确、鲜明、生动、简练，能突出主旨，抓人眼球。

标题有三种写法。

1. 三行标题。一般用于重要新闻的报道。第一行是引题，用来交代背景，烘托气氛，引出主题；第二行是主题，用来说明新闻中最重要或是引人入胜的事实和思想，主题在整个标题中字号最大，位置最为显著；第三行是副题，用来补充交代较重要的新闻事实。例如：

培育本地特色　坚持科学发展　（引题）

山东莒南农产品走出深山步入国际市场　（主题）

今年10个月自营出口创汇实现1.32亿美元　（副题）

2. 两行标题。引题加主题或主题加副题。例如：

投入“硬件”　提升“软件”　（引题）

山海关打造靓丽旅游环境　（主题）

我国自然保护区面积逐年扩大　（主题）

占陆地国土面积7.64％，超过世界平均水平　（副题）

3. 一行标题。一般是概括或评价新闻的主要内容，简洁明了。例如：

2005年欧盟经济缓慢增长　（主题）

（二）写好导语

导语是主体的浓缩。导语是用简练而生动的文字，表达新闻中最重要或者最精彩的内容,具有启发性或诱惑力的消息开头部分。导语的运用,在于使读者通过三言两语,迅速地了解消息的主要内容,吸引他们进一步阅读全篇消息。导语有两种写法。

1. 直接性导语。又称概括性导语,是目前用得最多,也较易掌握的一类导语,它以概括的、直接陈述的方式开门见山、简明扼要地叙述最新鲜、最重要的事实,或最有个性特色、最具有新闻价值的内容。写作模式可按"何时,何人(或何地)何事"来进行。

2. 间接性导语。又称延缓性导语,是相对于直接性导语的一种导语形式,即导语曲径通幽,引人入胜,间接体现新闻主题,迂回舒展地引出新闻的核心事实或新闻要旨,可分为描写式、引用式、对比式、设问式等。

(三)展开主体

主体是导语的扩展。消息主体是紧接在导语后面构成消息主要内容的部分,也叫新闻躯干。它对导语扩展的主要表现在两个方面。其一,解释和深化导语。就是说,对于导语中所涉及的内容,进一步提供细节和有关材料。其二,补充新的事实。新闻躯干部分往往要补充导语中未涉及的新闻内容,使新闻"五要素"(何人、何时、何地、何事、何因)得以完备。

消息主体的内容要讲清整个新闻事实。层次安排上可以按事物发生发展的先后顺序,也可以是根据事物之间内在联系或逻辑关系。如消息写作中采用最多的"倒金字塔"结构,便是按内容重要到次重要来组织材料,即重要的居前,次要的居后。

(四)收好结尾

结尾是消息的收尾,是最后一句或一段话。好的新闻结尾能起到深化主题、发人深思、耐人寻味的作用,常见的有小结式、启发式、展望式、引语式等。

无论用哪种形式的结尾,要根据消息的具体需要决定,简明扼要,新颖深刻,而不可强加上去,使文章不自然。当主体部分已经叙述清楚,也可不加结尾。

(五)注重背景

有目的、有选择地运用与新闻事件发生、变化有联系的背景材料,把它们组织到消息中去,能增加新闻的"厚度",更有说服力、穿透力,有助于读者更深刻地理解消息的主题。比如消息《春节财经投诉为零》中"往年春节一过,正是财经投诉高峰",就是背景。

消息写作中交代背景,要恰到好处,不要为交代背景而交代背景。消息背景的表述形式,可以是独立成段或单独成句,也可以是复合句中的从句,甚至是句子中的定语、同位语等附加成分。背景穿插的位置,可以在主体中间,也可以安排在末尾,有时候还可以安排在导语里。

四、实例文选

宁波职业技术学院推行校企深度合作

入学就是准员工　读书还能拿工资

本报宁波9月22日电（记者　施晓义　吴晓鹏　通讯员　周晨）今天，宁波职业技术学院下属的华丰对外经济技术合作学院成立，208名新生从入学第一天起，就成为宁波华丰投资有限公司的准员工，三年的学习时光将有两年在企业度过，企业将为学生提供相应的助学金、奖学金。当能独立顶岗操作时，学生还可以享受企业正式员工的工资及福利等待遇。

“校企深度合作使这样的好事成为可能。”宁波职业技术学院党委书记苏志刚说，这种新的人才培养方式紧密结合企业生产实际，甚至连学校的教学计划都以企业为主制定，使学生的学习更“贴近实战”。学生毕业后，根据双向选择的原则自主就业。

在校园里，我们遇到该校机电学院三年级学生董威，他刚刚结束一年半的企业锻炼。在敏实集团宁波信泰机械有限公司生产部的冲切流水线上，他已能顶岗作业，成为企业的一名准员工。尽管没签订正式劳动合同，但工资待遇与正式员工一样。“通过工作，我不仅学到了实际操作技能，还赚到了2万多元工资，差不多是三年的学费。”董威高兴地说。

宁波职业技术学院所在地宁波经济技术开发区有5000多家企业，近几年来学校与企业的互动合作越来越紧密。目前，该校8000多名在校生中工科类学生下车间的时间超过整个学时的50%。而企业对校企深度合作也表现出很高的积极性。昨天，宁波海天集团又无偿赠送给学院一套价值100多万元的数控车床，供学生练习技能使用。海天集团已累计向该学院赠送了价值400多万元的设备。企业负责人认为，校企深度合作培养出来的学生非常符合企业的实际需求，解决了企业技能人才紧缺的燃眉之急。

资料来源：本文选自2006年9月23日《浙江日报》。

例评要求：1.本文的标题有什么特色？

2.本文的语言有什么特点？

第三节　通　讯

一、基础知识

（一）通讯的定义

通讯是综合运用多种表达方式，详细而生动地报道新近发生的事实的一种新闻文件。如果说消息是为满足读者想“早知道”的心理，那么通讯便是为了满足读者想“多知道”的心理。

（二）通讯的特点

除具有新闻的真实性、新鲜性、倾向性特点外，还具有以下明显特点。

1.典型性。通讯要求所选人物或事例是典型的、新颖的，具有时代精神和气息。

2.形象性。通讯可借用某些文学手法来刻画人物、渲染环境、描写细节、巧妙布局，增强作品的形象性。

3.综合性。在表达方式上，不仅常用叙述和议论，而且运用描写和抒情，以成功刻画人物或事件。

（三）通讯的分类

1.人物通讯。它是用来展示新闻人物的一种通讯。它可以写“全人全貌”，也可以“截取一段”来写；可以写一个人，也可以同时写多个人。一般以宣传先进人物的事迹为主。

2.事件通讯。它是以事件为中心的一种通讯。它通过对新闻事件发生、发展、结果的叙述和交代，反映社会现实。事件通讯所选的事件，应当具有较强的情节性，这是事件通讯有别于其他通讯，尤其是人物通讯的主要特征。事件通讯虽然不以人物为中心，但事件本身并不能脱离人。事由人生，人因事显，二者不是孤立存在的，所以写事件通讯也不可能避开写人，但与人物通讯相比，事件通讯主要是通过事件来反映其新闻意义的。

3.工作通讯。它是报道某项工作的进展情况、做法、取得的经验或存在的问题的一种通讯。它以介绍工作经验为主，具有指导工作、推广典型经验的作用。

4.风貌通讯。它是着重反映社会变化及风土人情的一种通讯。许多风貌通讯是作者旅途所见所闻及感受的记录，因而风貌通讯也常称作旅行通讯。报上常见的“巡礼”、“纪行”等体裁，都属风貌通讯范畴。

（四）通讯的作用

1.催人奋进的作用。许多撰写财经领域先进人物、先进事迹的通讯，在社会上会赢得阵阵赞美，必将起到催人奋进的作用。

2.揭露时弊的作用。许多撰写财经领域不正之风、欺诈诱骗的通讯，在社会上产生强烈的反响，一定起到揭露时弊的作用。

二、写作要求

(一)选好典型

以通讯的形式来写的人或事，应该具有典型性，应该贴近时代、贴近社会生活，且忠实于真人真事。

(二)写出感情

通讯，文字内容长，若写得干巴巴，读者没有耐心看。因此，通讯要写出感情来。这除了首先要选取富有感情的素材外，还要作者在写作中倾注自己的思想感情，要巧妙运用描写、议论、抒情等表现手法。

(三)抓住细节

用细节描绘事件，可以使事件活灵活现，真切感人；用细节刻画人物，有助于人物形象血肉丰满，栩栩如生；用细节渲染气氛，要比单纯的概述给人留下的印象更为深刻。

三、格式写法

通讯的格式是：标题＋开头＋主体＋结尾。由于通讯内容多、篇幅长，所以其结构更完备，写法更灵活，更富有文学性，更讲韵味和美感。

(一)标题

有两种写法。

1.单标题。如《史光芬：铁肩担道义》。

2.双标题。如《井冈山精神代代相传——革命摇篮井冈山巡视》。

(二)开头

一般要点出报道的主要对象。

(三)主体

有三种写法。

1.纵式。即按时间顺序、事物发展顺序或作者对报道对象的认识顺序安排材料。

2.横式。即以空间转换或按事物性质归类安排材料。

3.综合式。即上述两种结构同时使用，既注意时间顺序，又注意空间顺序或事物性质归类。

(四)结尾

有两种写法。

1.自然收束。即按叙述过程自然结束。有的通讯也就没有结尾。

2.卒章显志。即在结尾点明主题或写作目的，或表明作者的看法。

四、实例文选

史光芬:铁肩担道义

前不久,记者在河南省伊川县采访时,听到一些干部群众谈到这样一个话题:过去,伊川县餐饮业的税收流失问题比较严重,一些宾馆、饭店不给消费者开发票或开假发票的现象比较普遍,由此造成了国家税款的流失。而现在,全县范围内所有的宾馆、饭店都必须照章纳税,再也不能用假发票糊弄消费者了。让大家想不到的是,促使伊川县餐饮业照章纳税并为国家挽回税款流失的人,竟是伊川县会计核算中心的一位女干部,她的名字叫史光芬。

甘为财政卫士

10 年前,伊川县有关单位乱收滥支、坐支挪用财政资金的现象还比较严重。那时,刚步入而立之年的县财政局综合股干部史光芬提出了"一个盘子端计划、一个标准定支出、一个窗口管票据、一个渠道批资金、一套班子抓稽查"的综合预算管理办法,从而在源头上控制了单位乱收费、乱罚款现象。在此后 5 年多的时间里,她所在的综合股为政府集中财力达 1100 多万元。2000 年,伊川县财政局被河南省财政厅确定为全省预算外资金管理改革工作试点县。2001 年,伊川县又被河南省人民政府命名为全省收支两条线管理工作先进单位。

1996 年,伊川县制定出台了《伊川县预算外资金管理办法》,身为财政局综合股负责人的史光芬就该《办法》的实施向全县人民公开承诺:今后凡对全县各执收执罚单位的收费或罚款有异议的,请到县财政局举报,如经查证确属未按规定收费和罚款的,局综合股当场予以全额退还,而后再由县财政局对违纪单位予以追缴和处罚。《办法》出台后,该县山村十几户农民拿着某单位开具的不正规票据前来举报,也有村委会主任拿出不合理收费票据举报,商户和企业拿着不合理罚款票据举报,三轮车司机拿着乱罚款票据举报,学生家长拿着学校不合理收费票据举报等,不到 3 个月,全县各种举报多达 110 余人次。史光芬对举报属实的一一当场全额退还,此举感动了群众和单位,教育和严惩了乱执收执罚部门,伊川县乱收费和乱罚款现象,从根本上得到了扭转。

让违规者自己买单

2002 年 8 月,史光芬被委派筹划伊川县直单位会计改革,组建伊川县会计核算中心。史光芬克服重重阻力,带领核算中心人员对进一步遏制县直单位财务乱支滥用现象,确保财政资金的安全有效性以及维护全县财经秩序发挥了主渠道作用。

前不久，伊川县会计核算中心一窗口在审核单据时发现：某单位一位领导在外出办事时，一个晚上竟违规消费5000元。史光芬知道后通知窗口人员不予办理。之后，该领导又是托亲朋私下说情，又是找主管领导施压，无果后又用电话进行威胁和恐吓。但史光芬始终坚守一个原则：违反财政政策和原则的事情，坚决不予办理。最终，这位领导硬是自己掏钱弥补了这笔5000元的支出。据统计，从2002年9月至今，伊川县会计核算中心共退回不合理单据1090笔，金额达1982万元。

让假发票无处藏身

2005年2月，史光芬在工作中发现部分单位报账时出具假发票，虽然有些被鉴别出来退了回去，但她并没有因此而感到欣慰，而是主动到县税务部门走访，经过了解发现了一个奇怪现象：县城各宾馆、饭店生意十分红火，但到税务部门领取发票的却少之又少，与县城十分红火的宾馆、酒店生意形成极大的反差。于是，在她的建议和呼吁下，伊川县从3月份开始在全县上下开展了声势浩大的打击假发票专项活动。为此，史光芬请税务部门票据专管员到会计核算中心进行识别假发票专题学习培训，使中心每个工作人员熟练掌握了识别假发票的方法。通过中心全体人员的从严把关，从2005年3月到年底，中心累计废止假发票536张，金额336万元，其中最大的一笔高达13万元。

打击假发票活动的开展，维护了税法严肃性，遏制了各种偷逃税现象。这以后，伊川县各宾馆、酒店都主动到税务部门如实地领取发票。

资料来源：本文选自2006年2月10日《中国财经报》。

例评要求：1. 本文是怎样安排结构的？

2. 本文运用了哪些表达方式？

五、文种辨析

同属于新闻范畴的消息和通讯是有联系的，两者在写作上都要求内容生动、真实、具体，反映及时迅速，用事实说话，但它们之间又有明显的区别：①题材内容不同。消息侧重于记事，通常作概括、简要的说明，通讯既可记事，又可写人，特别要求典型，写作一般作具体、详细、生动的报道。②表现方法不同。消息常常采取前详后略的“倒金字塔”结构，并以叙述为主，也有描写，但很少议论和抒情；通讯却因写作内容不同而采取的表现形式灵活多样，在写作时只要内容需要，叙述、描写、议论、抒情等表达方式都可运用。③写作时效不同。消息要争分夺秒，争取抢先发表，成为独家新闻；通讯也要求快，但不要求那么严格。

第四节 评 论

一、基础知识

(一)评论的定义

评论是就新近发生的重要事件或问题发议论、作分析、判别是非、评价得失的一种新闻文体。它有鲜明的观点,明确的导向,能指导和推动工作。

(二)评论的特点

1. 评论性。评论性是新闻评论区别于其他新闻文体的最明显的特征。“评”是评判和评价,“论”是论述和论证,在“评”和“论”的过程中,作者不仅表明了自己对某一新闻事件的观点和态度,而且要对自己的观点进行充分的、有说服力的论证。

2. 新闻性。新闻性是新闻评论区别于其他社会论文的重要特征,主要表现为:一是提供新闻事实。新闻事实是整个言论的“由头”,没有新闻事实,议论就失去实的依托,也就没有什么针对性可言了。二是迅速及时。新闻评论必须是对新近发生的事实所作出的迅速反应,拖延了时间就不再有价值了。三是真实准确。作为“由头”的新闻事实必须是真实可靠的。建立在虚假论据的言论经不起推敲和质疑,也不会有深刻的见解和现实的意义。

3. 群众性。群众性是新闻评论区别于专业性、学术性论文的一个基本特征。专业化的学术论文,内容是科学性的,读者限于一个特定的范围。而新闻评论的内容是社会性的,读者是全社会的广大人民群众。

(三)评论的分类

1. 社论

社论是代表报社编辑部对重大问题所发表的权威性评论,是评论中最庄重、最具权威性的一种形式。

2. 评论员文章

评论员文章的署名有个特点,一般写成“本报评论员”或“特约评论员”,给人以模糊之感:既非个人,但又不代表报社编辑部;既有一定的“官方”色彩,而又不完全代表“官方”。显然,评论员文章的重要性次于社论。可是,正由于这种模糊性,这类评论的选题和写作具有较大的灵活性。

3. 短评

短评的特点是短,篇幅较小,常一事一议,抓住一个点或一个侧面来写,分析扼要,评论精辟,很受读者欢迎。

4. 编者按和编后

编者按和编后也比较简短,与短评的不同之处在于:编者按和编后都不能独立发表，必须依附于某些报道和文章。它们或者在报道和文章的前面，或者在其后面，编者按有时甚至可夹在报道和文章的中间。其作用主要是“画龙点睛”，深化新闻报道的主题，加深读者的理解，使党和国家的方针政策深入人心。

5.杂文

上述四类评论，除部分个人署名的短评外，往往都程度不同地代表着某个团体的集体意见，而杂文完全代表作者个人的意见。与短评相比，杂文的写作更不拘一格、灵活自由，它常以“漫笔”、“札记”等形式出现，有时还带有比较明显的知识性或文艺性。

(四)评论的作用

1.提高人们的思想认识。各种评论往往着眼于社会新近发生的重要事件或问题，就此进行专门的分析、评价，发表看法，提出建议，帮助人们正确地看待问题和变化，起到提高人们思想认识的作用。

2.促进社会经济健康发展。各种评论有表扬先进的，也有揭露问题的，尤其是对披露的问题进行评论后，更能引起社会各界的重视和警觉，加强防范，以促进社会经济健康发展。

二、写作要求

(一)注重针对性

写评论，不仅提出的问题要有针对性，而且论述也要有针对性。评论的针对性，就是指针对人们普遍关心的、迫切需要回答的思想问题，通过具体的科学的分析，实事求是地给予说明、回答和指导。

(二)论点要新鲜

就一篇评论而言，论点是观点，是灵魂，论点不新鲜，或者和报纸上已发表过的雷同，读者看了开头就会觉得兴味索然，不想看下去了。

(三)论据要典型

论据要有典型性，具有说服力。评论的论据，就是用来阐明论点的新闻事实和有关材料。什么样的新闻事实才适合作为评论的论据？这就要选择准确、新颖、典型且具有说服力的事实和理论材料。

(四)说理要深刻

写评论，要在说理上下工夫。一篇评论，说理是否深刻，往往关系到它的成败。写评论，作者还要在说理上展得开，收得拢。

三、格式写法

评论的格式是：标题＋导语＋主体＋结尾。

（一）标题

评论的标题应该准确、鲜明、生动，在表达上接近于一般议论文，往往直书评论的对象、范围或内容，也常直接揭示观点。多采用单行标题式，很少用双行标题。

（二）导语

导语是文章的开头。导语部分主要是引出所要评论的事件或问题，让人明白因何事而评论。

（三）主体

主体有三种写法：

1. 以论为主。以论为主的写法，多见于社论、评论员文章和杂文等。这种类型评论的正文又有立论和驳论之分，其写作与一般的议论文基本相同。

2. 以评为主。以评为主是旅游评论中最常见的一种写法，其特点是针对性强，即事生议，扣住新闻事实进行分析评议，并常常在此基础上加以适当的引申发挥，以启发读者思考。

3. 以释为主。“释”即阐释。以释为主的评论文章主要是阐释党和国家的旅游政策，以帮助读者理解和掌握。

（四）结尾

评论结尾的写法也有多种，有的是对全文作归结，再次强调所论的观点，给人深刻印象；有的则就如何解决存在的问题提出建议，希望有关方面给予重视和采纳；有的就如何改进工作、服务态度等，提出希望和要求；也有的不作结尾，直接在主体末结束。

四、实例文选

游客不玩了景点没辙了

人潮汹涌的黄金周向来是旅游景点的狂欢节。不过，即将到来的这个黄金周也许是个例外。当包括张家界、少林寺等名胜在内的景点准备以涨价形式迎接“五一”时，市场上却传来让它们失望的消息：各大旅行社收客惨淡——在遭遇消费者们“用脚投票”的无声抵制后，一些景点被迫暂停涨价。

这真是戏剧化的一幕。仅仅十多天前，那些信誓旦旦的涨价声还在耳边回响，原因概括起来无非有二：一是游客增加，管理成本增加；二是想通过“经济杠杆”的形式，分流游客和保护景区。而不断增加涨价者心中底气的，是涨价现象的不断扩张，从周庄到张家界，再到故宫、黄山……颇有一呼百应之势。

但事实上，无论涨价者们多么喜欢拿“市场经济”说事，却也总挡不住竞争现实的残酷。面对景点涨价带来参团费用的暴涨，消费者们也抛出他们最厉害的“撒手锏”：我们不玩了！个中原因，当然有经历了十多个黄金周后，旅游者的消费日趋理性；但这也进一步证明，哪怕是黄金周这样的旅游消费高度集中期，在供求关系中，真正起决定意义的仍在旅客一方。

去年9月，周庄将门票价格从60元涨到100元，当时旅行社就避开了周庄，开拓西塘、乌镇等江南小镇游。同样，在黄金周火了七年后的今天，出门换个去处，也像“买菜换个摊贩一样容易”：黄山价涨就去庐山，张家界不行就去九寨沟，中国地大物博哪儿不能去？何况现在还有自驾车游、东南亚游等作为后补，可选的方式多着呢。所以，借口多种理由想捞一把的想法，结果只能是赶客。而最终，也只得在消费者“远去的脚步”声中，乖乖地回到市场的怀抱中来。

景点门票被迫降价给景点经营和管理方一个教训是：动辄叫嚷涨价不可取，加强内功修炼，控制成本让利于消费者才是正道。

资料来源：本文选自2005年4月26日《羊城晚报》，作者汪令来。

例评要求：1. 本文是属哪类评论？

2. 本文是怎样安排结构的？

一、名词解释

消息、通讯、评论

二、填空题

1. 消息具有________、________、________特点。
2. 通讯具有________、________、________特点。
3. 评论具有________、________、________特点。
4. 消息可分为________、________、________、________四类。
5. 通讯可分为________、________、________、________四类。
6. 评论可分为________、________、________、________、________五类。
7. 消息的标题有________、________、________三种写法。
8. 通讯的主体有________、________、________三种写法。
9. 评论的主体有________、________、________三种写法。

三、简答题

1. 什么是新闻？它有哪些特点和主要种类？

2. 消息有哪些写作要求?

3. 通讯有哪些写作要求?

4. 评论有哪些写作要求?

5. 消息与通讯有哪些区别?

四、语言分析题

指出下面这则消息标题的不当之处。

天网恢恢 疏而不漏

威海11家"吹牛企业"被罚

五、要素操作题

为下列消息补写标题。

1. 南方的大米要调往北方,北方的玉米要运到南方,自然造成粮食销售成本的增加甚至浪费。近年来,这一格局正在悄然发生变化。据不完全统计,东北地区近年水稻种植面积已达1800万亩,水稻产量占粮食产量的比重上升了10多个百分点;与此同时,南方种植玉米也日益普遍,稻谷产量大省的湖南省今年玉米将发展到600万亩,可基本解决所需。

昔日长江流域及其以南地区为我国水稻主产区,以北地区为玉米主产区,伴随近年来农业生产结构调整步伐的加快,北方对南方稻谷的调入量急剧下降,加之水稻产区广泛推广杂交水稻,大幅度提高了单产,稻谷产量大增,形成供过于求局面。

长江流域的气候、土壤都适宜玉米生长,且由于气温比北方高,加上地膜玉米栽培等新技术的运用,使南方玉米产量不断提高,平均单产已达400公斤左右,略高于早稻。据悉,有关专家已着手研究发展南方玉米生产和诸多配套工作。

标题____________________________________

2. 广西柳城县国税局坚持一手抓税源分析,落实征管措施;一手抓税收政策辅导,强化依法治税。有计划、有组织地抓好财政收入工作,取得了明显效果。2005年,该局共组织各项税收收入12073万元,比上年同期增收2270万元,增长23.16%,占全县财政收入58.32%,超额完成全年税收任务,税收收入首次突破亿元大关。

标题____________________________________

六、习作题

教师节这天上午8:30,某市在市政府礼堂举行了庆祝大会。参加会议的有市委、市政府的有关领导、优秀教师代表、学生代表及其他人士共300多人。会议对优秀教师进行了表彰。在会上,主管教育的副市长发表讲话,教师代表和学生代表先后发了言。会议11:00结束。

1. 请你以某市晚报记者的身份,写一篇动态消息,对此事进行报道。

2. 请你以某市日报通讯员的身份,采访一位优秀教师代表,写一篇人物通讯。

3. 请你对教师节撰写一篇评论。

第八章　毕业论文(设计)写作

学习目标

- 基本了解毕业论文、毕业设计的定义、特点、分类和基本要求。
- 重点掌握毕业论文、毕业设计的格式和写法。
- 体味例文，培养撰写毕业论文（设计）的能力。

第一节　毕业论文(设计)概述

一、论文的定义和分类

论文是指对某一学科领域或工作领域中的课题进行分析研究，表述新的科学研究成果或见解的一类文章。

论文的分类大致如下：

1. 按论证方式来分，可分为立论文和驳论文。

立论文是在论文中直接树立自己的观点，并以大量论据证明自己论点正确的论文。驳论文是运用大量证据反驳对方论点，以证明对方论点是错误的，从而驳倒对方，树立自己论点的论文。

2. 按研究对象来分，可分为理论性论文和应用性论文。

理论性论文是指以研究理论问题为主的论文。应用性论文是指根据基础理论，以分析各种具体现象、解决实际问题为主的论文。

3. 按写作目的来分，可分为学术论文、学位论文和毕业论文。

学术论文是指科研工作者向科技部门提交或供各专业杂志发表用以交流的论文。学位论文是学位申请者为申请学位而提交给考核部门的论文，根据学位的高低，学位论文可分为学士论文、硕士论文和博士论文。毕业论文是本、专科毕业生作为一门课程设立的，是对学业情况的综合检验，是实现人才培养目标的重要一课。

4. 按学科性质来分，可分为文科论文、理科论文和工科设计。

文科论文是社会科学工作者所撰写的论文，它包含了社会意识形态的各个方面，如哲学、社会学、经济学、管理学、政治学、法学、文学、语言学、伦理学、宗教学、历史学、教育学等。理科论文是自然科学工作者所撰写的论文，它包含研究自然界各种物质和现象的科学，如物理学、数学、化学、地学、天文学、生物学、动物学、植物学、生理学、农学、医学、力学、电学等。工科设计，是工程、技术工作者所撰写的设计，可分为工程（工艺）、设计、设备（产品）设计和活动文案设计，设计一般由设计说明书和设计图组成。

二、毕业论文（设计）的定义和特点

高职高专毕业论文（设计），是指大专毕业生在教师的指导下，综合运用所学专业的知识和技能，针对职业岗位中现实的课题（或问题）进行分析研究后写成的具有应用价值的文章（文本）。

高职高专撰写毕业论文（设计）是作为一门课程设定的，要求学生在毕业前的最后一学期通过毕业实习撰写毕业论文（设计），并通过答辩方可毕业。毕业论文（设计）的选题限在所学专业范围，要理论联系实际，特别强调所撰写的论文（设计）的应用性。要求论文篇幅一般在5000字左右，设计篇幅一般在3000字左右。

毕业论文（设计）具有如下一些特点。

1. 应用性。这是根据高职高专人才培养目标而要求的。2000年国家教育部在《关于加强高职高专教育人才培养工作的意见》中指出：高职高专教育是我国高等教育的重要组成部分，培养拥护党的基本路线，适应生产、建设、管理、服务第一线需要的，德、智、体、美等方面全面发展的高等技术应用性专门人才。讲得时髦一些叫培养“银领”，即应用型白领、高级蓝领。高职高专的毕业论文（设计），是在毕业实习中发现问题、解决问题而形成并完成的，所以应该写成应用性的，而不是理论性的。

2. 指导性。毕业论文（设计）应在教师的指导下完成，教师具体的指导工作有六个方面：在学生调查研究的基础上，指导学生选题，审定学生确定的论题；指导学生制定撰写毕业论文（设计）的计划，并定期检查；指导学生搜集和阅读有关参考资料，介绍必要的参考书目；指导学生开展社会调查或科学实验，搜集第一手资料，做好材料的研究和分类；指导学生拟定论文（设计）提纲，并解答疑问；审阅论文（设计），评定成绩，并指导答辩。在指导过程中，教师要突出启发引导，注意发挥学生的主动性和创造性。

3. 创新性。创新是科学研究的生命，一篇毕业论文（设计）总要有点创新的东西，才有存在的价值。所谓创新性，包括探索前人未曾涉足的领域，补充前人的见解，改进前人的不足，解决出现的新问题等等，只要达到其中的任何一点，都可算作具有创新性。

三、毕业论文(设计)的基本要求

(一)选题的要求

1. 选题的方向

(1)从毕业实习所发现的问题中进行选题。现实工作或生产中总会遇到应当解决但尚未解决的问题,无论是工艺改进还是管理改革,都需要我们去探索去研究,毕业论文(设计)非常强调从毕业实习所发现的问题中进行选题。

(2)从专业强项或兴趣出发进行选题。术业有专攻,兴趣有偏好。历史上有许多成功的事例都说明对某一问题感兴趣,就易于钻研下去并取得成绩。因此,选择自己在专业学习中的强项和自己最感兴趣的问题作为课题方向,这样有利于写好毕业论文(设计)。

(3)从有必要进行补充或纠正的课题中进行选题。社会在进步,时代在发展,各项事业总是在不断修正错误、扩大应用领域,或与其他知识相结合中发展的。因此,选择课题时,不能忽视这方面的内容。

2. 选题的注意事项

(1)论题要早做准备。从大二开始,就应该根据自己特长初步确定研究方向,注意搜集有关材料,早做准备。

(2)论题大小要适宜。对论题的外延要限制,直到缩小到合适的程度为止。论题太大易空,论题太小易轻。

(3)论题要有条件完成。无论选择什么论题,不但要考虑毕业论文(设计)的时间和容量要求,还要考虑自身的科研水平和研究条件,切不可脱离实际而选择无法完成的论题。

(二)选材的要求

1. 材料的类型

第一类是直接材料(也称实证材料),即作者通过调查、观察、实验等所获得的第一手资料;第二类是间接材料(也称文献材料),即作者通过报纸、杂志、书籍和网站等获得的第二手资料;第三类是发展材料,这是作者在收集第一类和第二类资料过程中,自己的所思所想,包括对某一观点反驳(或认同)的理由,对某一问题的补充意见,看了某文(书)之后产生的联想,等等。这些东西往往是作者思想的闪光点。一篇论文(设计)是否有新意,就看它的发展材料的多寡。

有的人把阅读资料与思想、研究问题人为地割裂开来,在收集和阅读资料阶段,不注意把当时的所思所想随时记下来(此即为发展材料),临到写文章时,这里抄一点,那里凑一点,这样写出的论文(设计)当然难有新意。其实,论文(设计)中所谓的深邃的思想、新颖的观点,大都是平时点滴思想火花的一种序化和深化。

2.选材的方法

(1)购买一些本学科的经典著作和常用工具书。每个学科都有本领域的一些经典著作和常用工具书,例如姓名译名手册、地点译名手册、世界各国概况等。如果力所能及,应当尽量购买收藏之,以方便使用。还有一些书,上面有较多的资料和数据,它们虽然不叫工具书,但能够起到工具书的作用。如果经济条件允许,也应当尽量购买。

(2)利用检索工具、计算机和网络查找资料。利用书本式检索工具和计算机,进行回溯性检索,常常能够获得很多历史性资料。网络上有取之不尽的信息资源,但要注意核对资料的可靠性。

(3)查找新近出版的书和近期的报纸、杂志。这是获得新资料的有效途径,查找时,视野要开阔一点,除了本专业的报纸杂志以外,还要到相邻学科的报纸杂志上找一找,因为学科的交叉渗透必然导致文献的相对分散。

(4)调查研究。调查(考察)能使作者对研究对象有深入的了解、细致的把握,能获取真实可靠、丰富生动的第一手材料。

(5)科学实验。根据研究的需要,人为地创造条件,控制研究对象,观察分析研究对象的状态和变化,从中找出规律,得出结论。

(三)结构的要求

毕业论文(设计)的基本结构程序是按绪论—本论—结论的思路而写,因为这种程序结构符合人们的思维过程。

1.绪论。又称引言、前言,它是论文(设计)的起始部分,目的在于引出论题。

2.本论。它是论文(设计)的主体部分,是作者学术水平和科研成果的具体反映和体现。

这一部分的组织形式要分明。或正面立论,或批驳不同看法或解决别人提出的疑难问题。

这一部分的论证层次要有严密的逻辑性。论点和论据的联系,论述的先后次序,文章的层层推理,这些都要根据事理的内在规律,并考虑论证效果来组织安排,要做到纲举目张,环环相扣,使观点和材料有机地、富有逻辑效果地统一起来。

本论的结构一般有并列式、递进式、综合式等形式。

3.结论。又称结语、结束语,是论文(设计)的最后部分。围绕本论所作的结语,在经过分析研究、论述论证之后,在这里要有一个概括的总结,把自己的判断和见解鲜明地表达出来。如果结论部分要说的内容已在绪论或本论部分作了提示,那么这部分可以只作为文章的收尾,不再揭示文章的主旨,但必须注意与开头相照应。同时,有些需要补充或说明的相关问题也可以放在这一部分里。

(四)语言的要求

1.准确。就是指能够用准确的字、词、句,如实地反映客观事物的本来面目。概念和词语不是一一对应的关系，一个概念往往有数个或数十个词语可以用来表达，要注意选择表意明确化、单一化的词语，细微分辨词意的轻重、外延的大小、感情色彩的褒贬；要注意行文的对象(即论题)，语气得体；还要注意语言文字使用的规范化和标准化，包括标点符号的使用、数字的使用、图表的设置以及引文的注释，等等。

2.简洁。就是指重点突出，文脉清晰，用语简约，含义丰厚。要注意删繁就简，剪除枝蔓，摒弃浮词，砍掉套话、空话、大话、假话。凡是与论文(设计)无关的段落、句子、词语都要统统删除，毫不吝惜。

3.质朴。就是指所用的语言朴实无华，平实自然，多用直叙其事、直陈其意的笔法，深入浅出，通俗易懂，让读者明白文章的观点与主张。论文(设计)一般阐述的都是一些比较复杂、比较深奥的问题，多用逻辑推理论证观点，因而比较抽象、难懂。如果语言不质朴自然，艰涩难懂，又使用一些文学类作品的表述方法(如描写、抒情等)和修辞手段(如夸张、拟人等)，不仅会严重影响论文的真实性和科学性，而且也会使读者感到无法理解，这就会大大影响论文(设计)的社会效果。

4.得体。就是指语言的运用要根据文章的不同文体，根据文章不同的写作对象、写作内容、写作要求、写作环境等来遣词造句，使其与之相符、相宜、相适。论文(设计)从文体上看，属于议论文。议论文都有观点，有鲜明的个性特色，又有着非常明确的目的性，十分注意时效性，讲究行文的规范化。这就是说，论文(设计)写作要体现这些个性，而要体现个性，主要是体现在专业语言的使用上。在行文中多用专业名词，多讲“行话”可以显得语言得体。

(五)文印要求

各个学院要求有所不同，但一般要求如下：

论文题目为 3 号黑体加粗，可以分成 1 或 2 行居中打印。“摘要”、“关键词”为 4 号黑体加粗，内容为 5 号仿宋字体。正文采用小 4 号宋体，第一层标题用“一、二、三……”标出，以小 3 号黑体加粗居中打印；第二层标题用“(一)(二)(三)……”标出，以 4 号黑体加粗左起空两格打印；第三层标题用“1、2、3、……”标出，以小 4 号黑体左空两格打印。参考文献采用 5 号仿宋字体。

论文内容采用计算机编辑，用 A4 规格纸输出；页边距左右各 3.17cm，上下各 2.54cm，页眉 1.5cm，页脚 1.75cm，装订线 0cm；页码位置为页脚居中，封面不打印页码。

论文(设计)的装订要求：按照封面→论文(标题、摘要、关键词、正文、参考文献)→封底顺序装订。

四、毕业论文(设计)的答辩

(一)答辩的目的

毕业论文(设计)答辩的目的，一是检查毕业生是否认真独立完成论文(设计)，二是考察毕业生综合分析能力、理论联系实际能力和专业方面的潜在能力。

(二)答辩前的准备

毕业论文(设计)答辩是一种有组织、有准备、有计划、有鉴定、比较正规的审查论文(设计)的重要形式。为了搞好答辩,答辩者要做好充分的准备。

1.写好论文(设计)的简介。简介的主要内容包括论文的题目,指导教师姓名,选择题目的动机,论文的主要论点、论据及论文的理论意义和实践意义。

2.熟悉论文(设计)的内容。答辩者要熟悉主体部分和结论部分的内容,明确论文的基本观点及其基本依据;弄懂弄通论文中所使用的主要概念的确切涵义,所运用的基本原理的主要内容;同时还要仔细审查、反复推敲文章中有无自相矛盾、谬误、片面或模糊不清的地方,有无与党的方针政策相冲突之处等。如发现在上述问题,就要作好补充、修正、解说等准备工作。

3.了解与自己所写论文(设计)相关的材料。如自己所研究的这个论题,学术界的研究已经达到什么程度,目前存在着哪些争议,有几种代表性观点,各有哪些代表性著作和文章,自己倾向哪种观点及理由,熟悉重要引文的出处和版本、论证材料的来源渠道等。

(三)答辩的程序

1.第一步,答辩老师要求答辩者简要叙述毕业论文(设计)的内容。答辩者把毕业论文作简单介绍,一般要用五分钟。答辩老师通过答辩者的叙述,了解答辩者对所写论文的思考过程,考察答辩者的分析和综合能力。

2.第二步,答辩老师向答辩者一般提出三个问题后,答辩者即兴答辩。第一个问题一般针对论文中所涉及的基本概念、基本原理提出的,考察答辩者对论文的基本概念、基本原理的理解是否正确。第二个问题一般针对论文中所涉及的某一方面的论点,要求答辩者结合工作实际和专业实际进行论述,考察答辩者理论联系实际的能力。第三个问题一般对有一定工作经验的答辩者提出,要求答辩者以实际工作中遇到的案例和实务来解答,考察答辩者的专业方面的潜在能力。

第三步,答辩老师结合毕业生现场答辩情况评定答辩成绩。

(四)成绩评定

毕业论文(设计)成绩由文字部分成绩和现场答辩成绩组成。书面成绩占70%,答辩成绩占30%。文字部分成绩是在答辩前集体研究确定的,要求合理恰当,不会以答辩的优劣去决定文字成绩的优劣,但若答辩不及格者,则整个毕业论文成绩不及格。下面附一个毕业论文(设计)及答辩成绩评定标准,供参考。

高职高专毕业论文(设计)及答辩成绩评定标准

(一)优秀

1. 论题与毕业生职业岗位的相关性很高,与毕业生所学专业的相关性很强。

2. 成果符合科学的原理,创造性应用了高新技术;文本格式完全符合规范化要求,文本主体部分(包括引言、正文与结论)字数足够,参考文献充足,佐证材料齐全;成果有很强的实用性,能解决现实岗位的实际问题或满足职业岗位的实际需求。

3. 成果体现了毕业生较大的工作量,任务能独立完成。

4. 成果中心突出,层次明晰,结构严谨,文字流畅。

5. 答辩中简介内容熟悉,对所提问题能准确地回答,思维敏捷,思路清晰。

(二)良好

1. 论题与毕业生职业岗位的相关性较高,与毕业所学专业的相关性较强。

2. 成果较好地符合科学要求,其中有创造性技术应用的体现;文本格式达到规范化要求,文本主体部分字数足够,参考文献充足,佐证材料齐全;成果有较强实用性,能解决一定的实际问题。

3. 成果体现了毕业生规定的工作量,任务能较好地独立完成。

4. 成果中心突出,条理清楚,文字通顺。

5. 答辩中简介内容较熟悉,对所提问题能较准确地回答,思维比较敏捷,思路比较清晰。

(三)及格

1. 论题与毕业生职业岗位有一定相关性,与毕业生所学专业有一定联系。

2. 成果有一定的科学性,有一定的创新思想;文本格式基本达到规范化要求,文本主体部分字数基本足够,参考文献基本足够,佐证材料基本齐全;成果有一定的实用性,对职业岗位有一定指导意义。

3. 成果体现了毕业生一定的工作量,任务基本上能独立完成。

4. 成果条理较清楚,文字较通顺。

5. 答辩中简介内容还可以,对所提问题回答一般,思路还清楚。

(四)不及格

1. 论题与毕业生职业岗位无关系,与毕业生所学专业没有联系。

2. 成果无科学性,没有创新性;文本格式达不到规范化要求,文本主体部分字数过少,其他材料不齐全;成果没有实用性,对职业岗位无指导意义。

3. 成果条理不清,文字不通。

4. 成果体现了毕业生很少的工作量,任务独立完成差。

5. 答辩中简介内容不熟悉,对所提问题回答较差,思维较混乱。

第二节　毕业论文

一、基本知识

(一)毕业论文的定义

高职高专毕业论文是指大专毕业生在老师的指导下,结合运用所学专业的知识和技能,针对职业岗位中现实的课题(或问题)进行分析研究后写成的具有应用价值的文章。

(二)毕业论文的分类

1.观点论证型论文。这类论文运用的主要研究方法是以理论和事实材料对论点的证明。它以阐明作者对某一问题的新认识、新见解为目的,主要运用说明、叙述、议论等表达方式,通过理论和事实材料来分析问题和解决问题。这类毕业论文形式一般为服务类和管理类专业所采用,例文中的《低吟与高歌——陶渊明诗文风格浅议》属这种类型。

2.工作研究型论文,也称工作总结型论文。这类论文运用的主要研究方法是通过科学地概括揭示出工作中的规律性。它主要是针对当前实际工作中存在的问题展开研究,分析原因,提出解决问题的对策。这种论文近年来经常在报刊上出现,各行各业都有自己的工作研究,它对面上的工作具有指导性,适宜借鉴和推广。这类毕业论文形式各个专业都可采用,例文中的《论仙居县旅游业的现状及发展对策》属这种类型。

3.调查分析型论文。这类论文运用的主要研究方法是对调查研究中所获得的材料进行全面、详细而深刻的分析。它需要在某一学科理论的指导下,通过问卷、列表、访谈等科学调查的方式,有目的、有计划、有系统地搜集第一手材料,然后在对材料进行科学分析的基础上,提出相应的建议或结论。这类论文形式又可分为调查研究、实证研究、案例研究等。很强的现实针对性、高度的事与理的统一、叙议结合、定量分析等是这类论文的鲜明特征。这类毕业论文形式一般为服务类和管理类专业上所采用,例文中的《对城镇居民大病致贫问题的探讨》属这种类型。

4.试验探索型论文。这类论文运用的主要研究方法是设计实验、进行实验研究和对实验结果的分析。这类毕业论文形式一般为工程技术类、种养殖类和医学类专业所采用。因为这些专业一般都以自然特质为研究对象,比较容易实现试验条件与过程的设计。例如:计算机类专业进行不同软件应用的对比试验,机械制造类专业进行不同切削加工工艺的对比试验,种植类专业进行不同品种栽培条件的对比试验,医学类专业进行药物、病例的对比试验,化工类专业进行产品合成试验等。例文中的《0.028%农丰灵防治草莓白粉病药效试验》属这种类型。

二、写作要求

(一)论题富有新意

所选论题应是职业岗位上的热点问题,只有不断地发现新情况,解决新问题,才能不断地前进。

(二)材料真实充分

材料一要真实,不论是理论材料还是事实材料,都要真实可靠,不得弄虚作假;二要充分,不仅要有正面材料,有时还要有反面材料,这样才能论证透彻。

(三)格式完整正确

格式上该写的地方,都要完整无缺地撰写,而且要撰写正确。

(四)文面清晰得体

论文结构要清晰,论述要得体,文字要简洁,图表运用要规范。

三、格式写法

毕业论文一般格式是:标题+署名+摘要+关键词+正文+参考文献。

(一)标题

标题是论文的眉目,又称"题名"、"文题"、"题目"。古人语"题括文义",也就是指标题要概括文章的内容,体现文章的主旨或尽可能体现作者的写作意图。论文的标题一般包括总标题和小标题。

1.总标题。总标题是文章总体内容的观点,位于首页居中位置,主要有以下四种写法。

(1)观点式标题,主要揭示文章的内容,表明作者对问题的看法,如《带薪休假取代不了黄金周》。

(2)内容式标题,主要揭示文章的内容,表明作者论述的重点所在,如《现代鸡尾酒的推销艺术》。

(3)议论式标题,一般在标题语句的前面或后面标有"谈"、"论"、"试论"、"试析"、"探索"、"探析"、"探讨"、"初探"、"研究"、"思考"、"刍议"等词语,以表明文章的体裁,如《中国品牌国际化问题探讨》。

(4)主副式标题,正题揭示文章的主题或表明观点,副题交代文章研究的内容,如《会议目的地的选择与评估——以上海市为例》。

2.小标题。论文是讲究层次性的,设置小标题主要是为了清晰地显示论文层次,最常用的方式是:数码+对本层次内容高度概括的文字。值得指出的是,这个数码的标法,社会科学类论文一般采用"一、二、三,(一)、(二)、(三)……"的形式;自然科学类一般采用"1、2、3,1.1、1.2、1.3……"的形式。

总之,设置标题努力做到四点:一要明确,所设标题能够揭示内容或论点,使人一看便知道文章的大意；二要简练，总标题一般不超过20个字；三要新颖，做到不落窠臼，使人赏心悦目；四要有美感，文字长短大致相同，形式均匀对称。

(二)署名

在论文总标题的下面署上作者的姓名。发表的论文在作者下方的括号内依序注明作者的单位、地名和邮编，单位名称与地名之间以逗号分隔，地名和邮编之间以空格分隔。毕业论文有统一封面的，作者的姓名按照规定写在封面的指定位置上。

(三)摘要

摘要是对论文的内容不加注释和评论的简短陈述，论文一般应有摘要。为了国际交流，有的论文还应有与中文对应的外文(多用英文)摘要。

中文摘要前加“摘要：”或“[摘要]”作为标识，英文摘要前加“ABSTRACT：”作为标识。

摘要分为报道性摘要和提要性摘要。报道性摘要主要介绍研究的目的、对象、内容、方法、结果、主要数据和结论，主要适用于科技论文；提要性摘要只是简要地叙述研究的成果(数据、看法、意见、结论等)，对研究手段、方法、过程等均不涉及，主要适用于毕业论文、学术论文等。

中文摘要一般不宜超过300字，外文摘要不宜超过250个实词。摘要一般使用第三人称，不用“我们”、“笔者”等词作主语，一般置于总标题和署名之后、正文之前，一般在版面上左右各缩进两字，上下各空出一行，字体字号要区别于正文。

(四)关键词

关键词是反映论文主要内容的单词或术语，每篇3～8个词，按词语的外延层次从大到小排列，尽可能从《汉语主题词表》中选用规范词。每个关键词之间应以分号分隔，以便于计算机自动切分。为了国际交流，有的论文应标注与中文对应的外文(多用英文)关键词。

中文关键词前应冠以“关键词：”或“[关键词]”，英文关键词前冠以“KEYWORDS：”作为标识。

(五)正文

正文一般由绪论＋本论＋结论三部分构成。

1.绪论。绪论又称引言、前言，是论文的开头部分，它简要说明论文的主要观点及成果、撰写本论文的目的及意义、研究范围、研究方法等方面的内容。绪论只是文章的开头，一般不写序号。

2.本论。本论即论文的主体，是论文的核心内容，它是对研究课题作全面分析、论证，详细说明作者观点的部分。根据需要，这部分的结构有不同的形式，常见的有以下几种。

(1)并列式。即将总论点分为若干分论点，分论点之间为并列关系，内容紧密相连，但又分说不同的小问题。这种结构的优点是纲目清楚。

(2)递进式。即将总论点分为若干分论点,分论点之间的关系为层层深入,逐步上升。这种结构的优点是比较深刻。

(3)过程式。即将研究过程作为整体结构,按照发现问题、研究分析问题、最后推出结论的过程进行论文的写作。这种结构的优点是符合人们认识事物的规律。

(4)综合式。即兼用并列式、递进式、过程式的结构方式,根据文章的内容表述需要灵活运用。

需要注意的是,本论部分没有什么固定的结构方式,应根据具体情况采用适当方法科学地安排层次。

3.结论。结论又称结语、结束语,是本论部分阐述的必然结果,是本论要点的归纳,是课题研究的答案。结论既要照应绪论,又要写得简明概括。绪论作为文章的结尾,一般不写序号。

(六)参考文献

参考文献,也就是参考书目。在论文的写作过程中,撰写者大都要翻阅查看大量的书籍、报刊,甚至要引用或借鉴其中某些观点、数据。为了反映论文的科学依据,尊重他人的研究成果,向读者提供有关信息,作者在论文正文结束后,一般应列出参阅的主要书刊和网页上文章的目录作为参考文献,置于文尾。

参考文献排序一般有如下几种方法:按照在论文撰写中参考价值的大小;按照论文参考引用的先后顺序;按照文献时代的先后顺序;按照作者姓氏笔画或外文字母的顺序。

参考文献按次序列于文后,以"参考文献:"(左顶格)或"[参考文献]"(居中)作为标识,以[1]、[2]、……按序排列,如遇多个主要责任者,以","分隔;一般在主要责任者后面加"著、编、主编、合编"等词语。

参考文献的主要类型标识为:专著—M,期刊—J,报纸—N,论文集—C,学位论文—D,报告—R。

参考文献的具体写作,可参照CB7714—87《文后参考文献著录规则》和《中国学术期刊(光盘版)检索与评价数据规范》要求撰写。常见的参考文献书写格式如下。

1.专著:[序号]主要责任者.文献题名[M].出版地:出版者,出版年.起止页码.

[1]申葆嘉.财经学原理[M].上海:学林出版社,1999.25—26.

2.期刊:[序号]主要责任者.文献题名[J].刊名,年,卷(期):起止页码.

[2]熊凯.乡村意象与乡村财经开发刍议[J].地域研究与开发,1999,(3):70—73.

3.报纸:[序号]主要责任者.文献题名[N].报纸名,出版日期(版次).

[3]李明.论人道与人道主义[N].人民日报,1992-03-15(8).

4.引用特种文献,如论文集、学位论文、报告、内部资料等,其格式与专著相似。

5.电子文献:[序号]主要责任者.文献题名.电子文献的出处或可获得的地址。

[4]丁俊发.中国城乡居民消费需求变化的新趋势.http//www.sina.com.cn

四、实例文选

1. 观点论证型论文

低吟与高歌

——陶渊明诗文风格浅议

周梦媛

摘要:陶渊明是田园派诗歌的始祖,东晋时期杰出的诗人。独特的艺术个性,特定的社会背景,使他的诗文呈现两种基本的艺术风格:(一)平淡自然,寓理于景,寄寓了诗人一定的生活理想;(二)清俊刚健,慷慨激昂,牢骚与愤懑中同样体现一种坚贞不屈的守志情怀。

关键词:风格;平淡自然;寓景于理;清俊刚健;慷慨激昂

在千百年来的古代文坛上,数不清有多少璀璨的星星照耀着文学的天空,陶渊明即是此中一位卓越的诗人。这位有着"不为五斗米折腰"而挂印归田之壮举的文人,义无反顾地冲破了玄言诗的枯燥与晦涩,为古代诗文开创了一片新的天地。

他独创的审美眼光以及无限的艺术境界,深深地影响了后人,使其本身也成为一个永不令人生厌的话题。本文拟把陶渊明的思想意识与文学创作相结合,以探寻其诗文的基本风格和影响价值。

陶渊明(365—427),一名潜,字元亮,世称靖节先生。浔阳柴桑(今江西九江西南)人,我国杰出的文学家。就是这样一位不入世的伟大人物,却生活在政治纷扰、危机四伏的黑暗时代。黑暗的现实,也直接阻碍了这位贤臣之后的入世之路,而真正使其抛弃功名、立志从文的,却是他的社会理想。他希望用手中的笔来构建理想的美景,寄予那无以言表的情思。研究陶渊明的诗文的整体风格,就应将此作为一个切入点。

自古以来,对风格的形态分类很多,所谓的风格形态是作家创作个性表现在作品中的客观存在形式。现在多采用的是著名学者陈望道在《修辞学发凡》一书中所提到的观点:(1)简约、繁丰;(2)刚健、柔婉;(3)平淡、绚烂;(4)严谨、奔放。虽是现代学者的总结所得,但也不妨用作此文研究。

陶渊明之文为数不多,诗作可分为五类:田园诗、咏怀诗、咏史诗、行役诗、赠答诗。其中最大的成就是开创了新的题材——田园诗,从此开始了用心去演绎生活的乐章。

平淡自然、寓景于理——士大夫的田园低吟

田园诗不同于山水诗，它所要展示的往往是恬美的田园风光、最简朴的田园生活以及悠然自得的心境。其中的田园风光，多数不是纯粹的欣赏，作者不厌其烦地对其进行描写，为的是与黑暗虚伪的仕途作对比。这曾经使作者愁苦而不得自由的"迷途"与"樊笼"，在宁静而和平的"暧暧远人村，依依墟里烟"中得到识返与挣脱。而最简朴的田园生活，在陶渊明看来却是"带月荷锄归"(《归园田居》其三)、"斗酒聚比邻"(《杂诗》其一)和"登高赋新诗"(《移居》其二)的自由自在。有了这样的"精神气候"，培养出的定会是别于他人的独有风格。

初读陶诗的人，恐怕都会体会到其中的平淡与洗练，如"种豆南山下"、"山气日夕佳"、"中夏贮清阴"、"日暮天无云"，而找不到华丽的辞藻、深奥的语汇和夸张的语调。此种冲淡的风格本身就出自于诗人冲淡的人格。陶渊明性格平和，喜静少言，耿介洒脱，在厌倦了官场生活之后，心目中的理想社会变成了一种"自然"的社会。平凡无奇的乡村，头一次被当作重要的审美对象，为后人开辟了一片情味独特的田地。且看《归园田居》其一：

少无适俗韵，性本爱丘山。误落尘网中，一去三十年。羁鸟恋旧林，池鱼思故渊。开荒南野际，守拙归园田。方宅十余亩，草屋八九间。榆柳荫后檐，桃李罗堂前。暧暧远人村，依依墟里烟。狗吠深巷中，鸡鸣桑树颠。户庭无尘杂，虚室有余闲。久在樊笼里，复得返自然。

一切似乎都以园田为中心定点，前后左右，远近内外的景观井然有序地平铺开来，好似一组缓缓推移、富有层次感的电影镜头，感染着观众。诗人传神地写出了景物之间内在和谐的相应关系，也在其中融注了一定的生机和韵味。南野、草屋、榆柳、桃李、远村、近烟、狗吠、鸡鸣，均呈现出空间上的简洁、对应和有序性，构成了一个个鲜明的意象。诗中的这些意象以及意境的描绘，恰好是一种冲淡美的体现。

冲淡具有两个最基本的特征，一是审美对象内在情韵的冲和淡泊，恬静悠远；二是外在表现形式的质朴单纯，浅显平易。内在情韵首先表现为顺乎自然、乐天知命的处世态度，从而在创作中寻求一种物我同一、心与道的契合，自然冲淡的作品也就应运而生。倘若只有安和与任真，无以体现冲淡的风格。历来风格冲淡的大家，如陶渊明、韦应物、柳宗元等，总带着洒脱与自在来作诗，所以这些作品透着高逸旷达的情愫，不容任何的邯郸学步。在审美对象的外在形态上，冲淡美具有自然、简淡的特点。自然在诗中体现得较明显，平易中透出浑厚的功力，远比艳辞堆砌耐人寻味，如上诗中"狗吠深巷中，鸡鸣桑树颠"一句，全袭汉乐府，但表现得极其自然，宛若己出；简淡要求含蓄蕴藉，以有限的语言，表现丰富而生动的形象。苏轼曾以书法为喻，指出了冲淡的真谛，即"萧散简远，妙在笔画之外"的钟、王之

迹为最高境界。诗亦如此,李杜虽伟大,却缺少陶的"自得"、"超然"与"高风绝俗"的"冲淡"之风。

冲淡中的朴素、自然、真淳构成了陶渊明的"自然"美学。但这并不来源于古朴民歌的影响(尽管此前民歌博大精深),而是诗人有意识的美学追求。他认为:矫揉造作的行为会破坏人性的自然性,繁冗拖沓的理解会破坏社会的自然性,那么过于追求诗歌的外在形式会破坏感情的自然性,所以他作诗"盖无心于非誉、巧拙之间也"。

陶诗语言极为朴素,却并不是随口而言,毫无加工,而是经过高度提炼所得,从中洗去了芜杂的成分,显得又醇又美。试问有几人能用"倾耳无希声,在目皓已洁"这平淡的十个字来写雪的轻盈?如果仅是平淡朴素,无以见得陶渊明诗歌的高超,他更为人称道的是"朴素中见豪华,平淡中有瑰奇",也就好似说他的平淡自然是韵味绵长的,一些本为普通的事物经他点化也能各呈风采,非同一般。除了语言的平淡自然以外,陶诗的另一显著特征是寓理于景,将自己的感受,人生的哲理与自然景物相结合,发人深思。如《饮酒》其五:

结庐在人境,而无车马喧。问君何能尔,心远地自偏。采菊东篱下,悠然见南山。山气日夕佳,飞鸟相与还。此中有真意,欲辨已忘言。

在人境却不闻车马之声,完全在于"心远",它过滤了尘俗中的喧嚣。车马在古时指权贵,也反映了诗人不与权贵交往的决心。心与山悠然相会,于是自身与南山融为一体,连山气与飞鸟也成为心中的一幅佳景。一个"还"蕴藉着人生的真谛,不光是景色"还",飞鸟的"还",人也应该返回纯真而不受污染的自我。情景结合,寓理于景显现了语言作为工具的双重意义。一面能宣泄诗文的内在意象,一面又适当地模糊、淡化了内在意象。如此诗中回归的意象,并未从诗中直接表露出来,但也毫无隐藏,读毕即有所感悟。

另外,也可看出陶渊明特别注意对意境的创设。唐皎然曾评曰:"诗不加雕饰,任其丑朴,但风韵正,天真全,即名上等。"(《诗式·取境》)这是对陶诗意境最好的概括。意境的审美特征是什么?明谢榛《诗话》中所说,可归为两点:一是真率自然,二是含蓄蕴藉。"真率自然"包含以下几方面:(1)真景:指主观景物真实而准确的反映,但又不是对生活现象依样画葫芦,而是经过诗人情感的外射,注入了生气所得。"南山"、"山气"、"飞鸟"就是如此。(2)真情:"情"指性情,包括人的秉性和情感,发于诗人的心胸,不虚伪造作,不加雕饰。(3)真趣:指诗中所表现的审美客体所蕴含的情趣,情景适合,恰好取得了一种天然的妙趣,如"见南山"就较"望南山"富有意味。"见"属无心,不期遇则见,悠然自得之趣油然而出。诗人陶渊明那虚静恬淡的心境,与南山自然存在的静穆之态契合得如此完美,展现出一种自然而淡远的诗歌世界。

陶渊明的散文和辞赋尽管只有十几篇，但在主要风格上，与田园诗有谋合之处。如他的《归去来兮辞》就很朴素，完全不同于司马相如、班固、扬雄等人华美的辞赋之作。该篇所写的情景均为想像之辞，但语言清新流畅，平淡而富有新意，兼有一定的哲理内涵，体现了自然界自生自灭以及作者自身追求回归自由的人生情趣。这种淳美风格最让我们称道的是《桃花源记》，如果说《归去来兮辞》想到的只是个人的"出"与"入"，那么《桃花源记》不再限于个人，而涉及到了整个社会及广大人民的出路。全文虚构了一个"世外桃源"，这不同于神话中的仙界，这里生活的是一批普普通通的人们。他们和平、宁静、幸福："其中往来种作，男女衣着，悉如外人，黄发垂髫，并怡然自乐。"这样描写，使情、景、理达到了高度的统一，永恒的美好，虽是个不太可能实现的假象的世界，但已十分可贵，毕竟它是诗人归田后对农村生活实践的结晶。另一篇《五柳先生传》，是一篇仅为一百六十多字的自传，有别于别的传文。多数人的自传重在叙述生平，而此文则在叙述中穿插点滴的生活情趣，带有自叙的色彩。更让人惊叹的是他大量使用了"不"这个否定词，意在用它们表明自己对世间一切无所挂念，是率真自然地去生活的态度。虽然语言浅淡但含义深刻，仿佛这简洁的笔墨早已在作者与世俗间划清了一条鲜明的界限，从而更为我们展现了一个孤高洒脱，安贫乐道的隐士形象。

"自古作景语者，百不一二，景语难，起情语犹难也。"陶渊明不仅作出了"景语"与"情语"，而且恰如其分地处理了景与情的关系，使得一千六百年之后，读他的此类诗文时，仍能嗅闻到其中散发出的自然清新气息。是否他只愿心中吟唱这"光明美丽的乌托邦理想"呢？其实并非这样，他也写过一些涉及政治现实，表现内心强烈感情的诗篇，使我们看到，他不仅是"一位缠绵悱恻最多情的人"，而且也是"一位极热烈极有豪气的人"。

清俊刚健、慷慨激昂——忧国者的守志高歌

世人也许都看惯了"采菊东篱下，悠然见南山"的隐逸的陶渊明，但当我们透过这闲适旷达的轻纱，看到的或许就是另一个陶渊明。且让我们读这首《杂诗》其二：

> 白日沦西阿，素月出东岭。遥遥万里辉，荡荡空中景。风来入房户，夜中枕席冷。气变悟时易，不眠知夕永。欲言无余和，挥杯劝孤影。日月掷人去，有志不获骋。念此怀悲凄，终晓不能静。

多么让人感到痛心的秋夜，有志未骋的诗人依凭对时光流逝的哀叹，道出了他胸中无限的忧愤，深挚而广远。诗中情绪由平淡沉静转为深沉，余韵悠悠。它吐露出一股悲愤之情，由诗人壮志未酬的遗憾和人类永恒的生命短促的悲哀交织形成。

陶渊明的豪放诗文多作于晚年,那时政局有了急剧的变化,晋宋易代,封建统治者的丑相毕露无遗。作为一个忧国忧民之士,陶渊明决不会缄默,“他将自己的桃源思想上升到了一个新的高度”,果敢有力地鞭挞了当时的封建统治者,具有慷慨悲壮的风格。《咏荆轲》一诗很能体现“金刚怒目”的一面。特别是诗中对易水送别场景的描绘,悲壮不已,让这个感天地、泣鬼神的英雄形象更加鲜明。“其人虽已没,千载有余情。”语言凝练挺拔,激昂之情如火山爆发一般喷薄而出。作者借对豪士荆轲的赞颂,表明自己在隐居中仍渴望有所作为的人生,渴望永远坚守自己的志向。古人评论说:陶渊明诗喜说荆轲,想借《停云》发浩歌。论到恩仇心事涌,江湖侠骨恐无多。在《读山海经》其二中,同样有与荆轲一样虽失败而始终不屈的英雄。精卫鸟虽小,却有填海之志,刑天断首,犹反抗不息,这难道不是未曾偿愿而依然为壮志高歌的象征?后面四句,诗人对精卫鸟和刑天化为异物仍然战斗不息的执著精神给予热情的歌颂。最后一句反问实现壮志的日子怎么能等到,表现出对精卫鸟和刑天的无限同情,同时也包含自己功业未就的感慨。陶渊明的这种豪放风格,是一种“金戈铁马般的战士的豪放”,清俊刚健,慷慨激昂。

研究陶渊明的诗文风格,应将这种壮怀激烈与平淡冲和看为平等的两方面,它们不是截然对立的,而是互为补充,互相照应的。他的思想比较复杂,既是一个典型的儒家大诗人,又是一个知名的道家隐士。所以在他心中充满了对立的观念冲突,如要保持率性任真,必须摆脱世俗观念的纷扰,由此决定了他常处于“一心处两端”的状态中。咏史与田园联系得非常紧密,那腐朽的政治,污浊不堪的社会风气,进取无路的压抑与痛楚,都被他用理想的自然形态所包容,昭示于人间一个美好静穆的思想境界。但在“隐逸”的外表之内,恰恰有着“猛志逸四海”的豪情。他沉浸在思古愤世的悠想中,抒发着伤逝的情怀,坚定着固穷的志节。如《饮酒》其十与《咏贫士》其五,使他的豪放之作带着田园气息,进而也带着诗人独特的气息,构成了陶诗在总体上所特有的艺术思维方式以及深厚历史感的重要内涵。他的平淡不是纯粹的、绝对的平淡,这实际上是他深层的悲愤苦闷的曲折表露,是他内心世界由显而隐的表达方式,完全可使人感受到诗人有着藏得很深的压抑不平之气。而豪放诗则将此以批判的形式直接地宣泄出来。

作为一名文人,陶渊明对于整个文坛的贡献是巨大的,成就也是卓越的。钟嵘在《诗品》中这样称赞他:“古今隐逸诗人之宗。”今人台湾学者邓中龙在《六朝诗的演变》中说:“陶渊明,是四世纪末年到五世纪初年的一个大诗人,他大胆地走上了中国诗坛,用他的智慧加上勇气毅然地抛弃了那些旧酒,另外把新酒注进了这个五言古诗的旧瓶里。”陶渊明用自己特有的低吟与高歌,开创了“一种学说,一种胸襟,一种具体的人格”,给了后代诗人丰富多彩的艺术探索,并且召唤了唐代诗文创作黄金时代的到来。

参考文献:
[1] 丹纳. 艺术哲学[M]. 北京:人民日报出版社,1963.
[2] 孙钧锡. 陶渊明集校注[M]. 郑州:中州古籍出版社,1985.
[3] 袁行霈. 陶渊明研究[M]. 北京:北京大学出版社,1997.
[4] 魏正申. 陶渊明论稿[M]. 天津:天津出版社,1990.
[5] 孙复. 陶渊明诗歌风格异议[J]. 云南大学学报,1989,(2):34.

资料来源:本文选自包锦阳主编的《大学生毕业论文(设计)写作指导》。

例评要求:1.本文是怎样安排结构的?

2.本文在语言上有什么特色?

2.工作研究型论文

论仙居县旅游业的现状及发展对策

方旭平

摘要:仙居县旅游资源十分丰富,已成为华东地区闻名的旅游县。本文分析了仙居县旅游业的现状,重点指出其在管理体制、旅游产品、企业规模、配套设施、旅游环境等方面存在的问题,并提出加快发展旅游的对策。

关键词:仙居;旅游;问题;对策

仙居县位于浙江东南部,是台州市的西大门。区域面积1992平方公里,人口46.4万。仙居历史悠久,东晋永和三年(公元347年)立县,原名乐安、永安。北宋景德四年(1007年),宋真宗以其“洞天名山,屏蔽周卫,而多神仙之宅”,下诏改名为仙居,意为“仙人居住的地方”。现在的仙居已成为华东地区闻名的旅游县,并享有“国家重点风景名胜区”、“中国工艺品之都”、“中国杨梅之乡”、“中国民间艺术之乡”等荣誉称号。正确看待仙居旅游业的现实状况和积极探求发展对策,对于促进该县的经济社会健康、稳定和持续发展具有重要意义。

一、仙居县旅游业的现状

(一)取得的成果

1.旅游产业框架初步形成

全县共形成了神仙居、景星岩、淡竹、永安溪、响石山、南方山、下岸水库等7个景区(点)对游客开放。旅行社已发展到10家,旅游星级标准饭店15家,旅游汽车公司1家,规模较大的旅游商品企业4家,直接从事旅游服务人员近3000人,初步形成了“吃、住、行、游、购、娱”基本配套的旅游服务体系。目前旅游产业呈现出良好的发展势头,一些具有潜力和特色的旅游产品,也正在积极地筹划、建设和逐步开放之中,旅游整体实力不断壮大。

2. 基础设施建设得到改善

在交通方面，近年来不断加大投入，较好改变面貌。到年底，台金高速公路有望建成，仙居将告别不通高速公路的历史。目前，仙居有台金、诸永两条高速公路，一条35省道干线和乡村康庄工程、乡道硬化等多项主要工程在建，是仙居有史以来交通建设投资最多的时期。高速公路修通后，仙居的地理位置条件将得到极大的改善。城市建设和基础设施建设方面，仙居县坚持“拓东—改中—扩西”的总要求，继续拉开城市框架，加快县域中心城市建设。目前，作为城市主干道的西二路、西三路已完成了路基工程，计划于年底完工。西门片区拆迁改造工程进展顺利。此外，还扎实推进官路镇220千伏安洲输变电工程和县污水处理厂等一批重点项目，为区域经济社会事业加快崛起夯实基础、提供保障。

3. 宣传促销力度不断加大

近年来，旅游管理部门开展了多种方式的旅游宣传促销活动，通过在主要城市散发宣传资料，投放广告，举办大型旅游活动，参加旅游交易会等定期项目和邀请影视剧组前来拍摄等不定期项目的开展，有力拓宽了客源市场。目前仙居的知名度已经得快速提高，旅游客源市场稳定，新兴客源市场发展潜力巨大。

4. 生态旅游建设已见成效

在景区开发保护方面，在景区的开发过程中，始终把景区的资源保护工作放首位，坚持“严格保护，统一管理，合理开发，永续利用”的方针，正确处理好景区资源保护与开发之间的关系。在景区建设材料的选用方面，尽量选用石料、木料等原生态材料。目前，围绕“生态旅游”建设，神仙居、景星岩、淡竹等景区都进行了标识标牌更换，建造了生态停车场、景区污水生态化处理工程等项目。在品牌建设方面，神仙居景区获得“省级环境教育基地”称号，淡竹原始森林景区获得“市级科普教育基地”称号，神仙居山庄和竺梅度假村被授予“绿色饭店”称号。

(二)存在的问题

1. 管理体制不畅

从内部来讲，当前的风景与旅游合二为一，有利于通盘考虑旅游功能的总体(下月)布局，有利于宏观调控旅游事业的发展进度。从外部来讲，缺少一个高级别、高规格、高效力的管理机构，旅游事业发展缺少一种合力氛围。因为旅游是关联度很高、综合性很强的产业，其本身就涵盖了吃、住、行、游、购、娱六方面要素。景区(点)的开发涉及林业、水利、建设、土管、环保、气象等部门的利益；旅游秩序的维持需要公安、交警、交通、工商、质监、卫生、消防等相关部门的鼎力配合；任何一个环节都非常重要，稍出差错，都将影响旅游的整个事业。这些职能部门由于职责利益驱使，考虑问题的出发点与落脚点是本部门的利益，让步于旅游必将牺牲部门利益，在补偿平衡机构未建立前，很难自觉主动配合县风景旅游管理局积极开展工作。单靠旅游局去协调，不仅行政成本高、花费大而且效果也不明显。

2. 旅游产品不强

尽管仙居有“仙人居住的地方”的美誉，但其内在的文化内涵及价值表现形式并没有提炼显现出来，具体表现在两个方面：一是旅游形式单一。“山、水、林、古、月”的景区框架并没有丰富仙居旅游的内容和方式，从自然景观到文物古迹景观，表现出的都是观光游览型产品，匆匆地走马观花并没有给游客留下太深的印象。加上夜间没处消遣，许多游客反映在仙居旅游是白天看景，晚上睡觉，比较单调。二是旅游特产亟待开发完善。尽管仙居历史悠久，古迹众多，文化底蕴深厚，但挖掘整理的比较少，下汤文化遗址还封存着；大兴寺粗俗不堪地重建着；皤滩古街、高迁古民居简单地修复着；古运河图、石柱灯、古岩画等零乱地散落着；针刺无骨花灯技术被抢救了却毫无生气；质朴祥和的民风民俗被现代生活节奏冲淡着。没有文化的旅游是没有灵魂的旅游，仙居旅游缺少震撼力的产品。

3. 企业规模偏小

如同麻雀虽小，五脏六腑俱全一样，仙居旅游的结构要素已逐渐备全，但规模偏小。除宾馆业有几家上档次、有规模的外，不论是旅行社、购物点、娱乐场所，还是景区景点，其接待容量都还非常有限。像拳头企业的神仙居，瞬间容量不过3000人，一到节假日，行车难、停车难、游览难，加上原路往返，只见人山人海，却没有规模经济效益。其他小景点更是如此，永安溪瞬间接待量1000人，景星岩1500人，响石山还不足1000人。旅行社除一屋一桌一电脑一电话外，别无其他固定资产。这种小而全的经营格局容易混淆市场秩序，损坏地区旅游形象，破坏地区旅游经济效益。

4. 配套设施不完善

随着我国信息化技术的加快发展，旅游业的各项配套设施建设显得很重要。由于仙居县财政困难，对旅游设施的投入不大，花钱多的项目上不去，只能因陋就简，这就严重制约着仙居县旅游业的发展。有人说，仙居县拥有丰富的自然山水旅游资源，江山如此多娇，不愁无人问津。但事实是，如果没有良好的旅游环境及相关服务设施和完善配套设施，是难以大量吸引游客的。

5. 旅游环境较差

“汽车跳，仙居到”“美丽的风景，破败的城市”是游历仙居后游客的普遍反映，狭窄的35省道不仅车辆多交通拥挤，而且经常修修补补造成时常堵车；通往景区道路上的马路市场、马路晒场、马路停车场随处可见，道路两旁的黄皮屋、露天粪坑、生活垃圾令游人大跌眼镜；县城“脏、乱、差”的环境卫生秩序，没有文化品味的建筑风格以及偷盗猖狂的不稳定因素，一定程度上严重损坏了仙居旅游形象，削弱了仙居旅游在市场上的竞争力。

二、仙居县加快发展旅游业的对策

仙居旅游的区位条件在逐步改善，到2007年，台金、诸永两条高速的相继贯通，35省道拓宽改造竣工，仙居将变成浙东南的交通枢纽，与温州、宁波、杭州、上海、南京的时空距离骤然缩短，仙居将面临良好的发展际遇。2008年北京奥运会，2010年上海的世博会，仙居旅游有可能乘势而上，实现跨越式的发展，但也有可能止步不前，徘徊游离甚至衰退。其中最关键的环节在于旅游目的地能否建成，能否实现从观光游览型向休闲度假型，从过境地向目的地转变。要不然，交通便了，游客进来的便捷，出去的也便捷。旅游经济还是门票经济，所以当前当务之急便是紧紧围绕旅游目的地建设这一核心开展工作，积极创造一切有利条件，加快旅游休闲设施和配套设施建设，为迎接大旅游时代的到来做好充分的准备。

1. 加大基础设施建设

一是加大旅游交通网络建设力度。旅游区的可进入性，是以旅游交通为先决条件的，而旅游交通可分为对外交通和对内交通以及与之相配套的服务设施，是旅游者进入旅游区的第一形象，也是旅游消费者的一种基本需求，是评价旅游区和进行旅游开发的基本要素之一。仙居县公路交通要按照旅游发展规划，将重点景区道路纳入全县公路交通网络建设，重点要把仙居风景名胜区交通环线和城镇与主要景区的连接线尽快列入建设规划，并按规划要求抓紧落实资金进行建设，以此来吸引民间资本投资景区开发。二是加大公共基础设施建设力度。应在文化体育、环境整治和保护等方面加大投资力度，实现公共基础设施对旅游经济发展的保障。三是加大服务业基础设施建设力度。在保证社会有序发展的前提下加快服务业基础设施建设，重点是在县城和白塔等旅游重地建设大型综合物流区，加大高档宾馆饭店的引资力度，加快神仙居旅游度假区和仙居风景名胜区游客中心项目建设，推进农家乐休闲项目的开发，这些项目的建成将大力促进仙居的旅游业和其他产业的发展。

2. 理顺管理体制

旅游建设不是风景旅游管理局单个部门任务，而是关系全县今后发展的全局大事，它涉及环保、林业、商贸、公安、交通等多个部门，只有各部门通力合作，才能促进仙居旅游事业快速发展。要建立旅游联合协调工作机制，加强旅游法规和标准建设，各行其职，又相互支持。

3. 促进品牌建设

一是要建设精品景区。要进一步加大重点景区景点建设力度，加快老景区的改造和挖掘，不断提高景区景点档次。农家乐发展的基础在于项目开发、建设和经营的规范化，亮点在于打造有特色、有发展潜力的重点项目。二是加速品牌建设。重点是仙居县申报“全国生态示范县”、“国家级生态示范区”；淡竹原始森林景区创建"全国科普教育基地";仙居杨梅果园创建"全国工农业示范点"。通过品牌建设提高仙居旅游发展的吸引力。三要积极配合台州市创建全国优秀旅游城市。以此为契机,加快相关基础设施的改造,完善城市旅游服务体系和服务功能,为做大做强仙居生态旅游产业打下坚实的基础。

4. 打造多样化生态型旅游新项目

以已经开发的神仙居、淡竹原始森林等生态旅游区为基础加快其他项目开发。一是建设以下岸水库为主要旅游地的"亲水生态旅游区",充分利用水库4.6平方公里的水资源和水库附近的安岭乡特色高山蔬菜和小吃以及今后建成的抽水蓄能电站,建立"品高山蔬菜、观中山树林、摘低山水果、玩水上项目、钓水下游鱼"这样一个生态格局;二是开发淡竹原始森林周边的森林生态旅游,开展森林探险游和动植物科普游;三是开展休闲养身游,利用现在的农家乐发展较好的形式,选择一些比较有特色的区域和农民积极性比较高的地方作为重点培育,做好休闲文章;四是培育几个有影响力的农场生态体念基地,并配套建设生态饭店和生态旅馆,目的是供应农场自己生产、加工的植物类食品,旅馆的建筑材料可部分地利用再生原料,房间内设施基本以原生态的材料为主,产生废水、粪便可直接用于浇灌农作物,形成良性循环。

5. 制定有利于发展生态旅游的鼓励政策

生态旅游的真正意义是把生态保护作为既定的前提,把环境教育和自然知识普及作为核心内容,是一种求知的高层次的旅游。因此,在开发经营上,要求旅游开发者和经营者对所在地区的生态环境保护方面非常熟悉,因此,政府在引资的基础上,也应该出台关于开发生态旅游方面的相关政策,如给予投资者相关的保障措施,制定土地等优惠政策,给予相应的经济奖励,组织相关人员的生态旅游培训等。在市场上,有针对性地进行促销,因为生态旅游的参加者相对来说文化程度较高,环境保护意识较强,所以应有选择性的宣传和推广。生态旅游的真正内涵在于保护性,因此,全县财政每年要保证对旅游区环境保护的投入,并要逐年有所增加。在确保资金的基础上,加大促进旅游区环境保护的基础设施建设投资,利用多种技术手段加强管理。如不断监测游客行为对自然生态的影响,利用专业技术对废物做最小化处理等等之手段达到加强生态旅游区建设的目的。

参考文献:

[1] 孙文昌. 现代旅游开发学[M]. 青岛:青岛出版社,1999.
[2] 陈仙波. 浙江旅游发展20年[M]. 西安:西安地图出版社,1999.
[3] 国家旅游局. 生态旅游管理技术规范[M]. 北京:中国旅游业出版社,2002.

[4] 张建萍.生态旅游理论与实践[M].北京:中国旅游出版社,2003.
[5] 周武忠.旅游学研究[M].南京:东南大学出版社,2004.
[6] 张伟强.旅游资源开发与管理[M].广州:华南理工大学出版社,2005.
[7] 罗明义.旅游管理研究[M].北京:科学出版社,2006.
[8] 徐学书.旅游资源保护与开发[M].北京:北京大学出版社,2007.

资料来源:本文选自包锦阳主编的《优秀毕业设计(论文)选集》。

例评要求:1.本文是怎样安排结构的?

2.本文在选材上有什么特点?

3.调查分析型论文

对城镇居民大病致贫问题的探讨

王　静　于启武

摘要:关注城镇居民大病致贫问题,切实解决人民群众的切身利益,是促进社会和谐与进步的重要举措。笔者通过对朝阳区大病致贫家庭调查数据的分析,发现在医疗保障方面存在的问题,并对问题的解决提出了应尽快建立新型医疗救助体系等相关政策与建议。

关键词:城镇居民;大病致贫;医疗保障

近年来,随着经济持续、快速、健康地发展和最低生活保障等各项社会保障制度的建立和逐步完善,人民的生活水平有了明显提高,困难群众的基本生活得到了切实的改善,但是,社会中还存在着大量应当引起政府和社会广泛关注的特殊群体,即大病致贫的城镇居民。大病致贫问题是随着社会改革而产生的,由于企业劳动用工制度、医疗制度以及社会保障制度的改变,一些城镇下岗职工、低收入居民患大病后,一下子使整个家庭陷入严重的经济困境,成为城镇中最贫困的人员,比享受最低生活保障的人员还贫困。这一问题是目前社会保障机制中的空白,但又是关系人民群众切身利益和日常生活的一件大事,也是当前构建社会主义和谐社会中的一个重要问题,因此需要认真调查研究,并拿出切实可行的解决方法。

针对城镇居民大病致贫的情况,2005年朝阳区妇联在全区范围内对42个街乡进行了大病致贫家庭的调查,截至2005年5月底,收集到523户大病致贫家庭的数据。在这些因病致贫户中,农业户口的有195人,占调查总数的37.28%,非农业户口的有311人,占调查总数的59.46%(其余户口未填或为混合项)。对于朝阳区农村人口生病问题已经有专门办法解决,下面我们仅就城镇居民,特别是下岗职工、退休职工、低收入家庭、无业人员的大病致贫问题进行专题讨论。

一、调查数据分析

(一)个人和家庭情况

1. 以性别分类,大病致贫者中女性多于男性。在被调查的311名大病致贫者中,男性为120人,占调查总数的38.59%,女性为191人,占调查总数的61.41%。女性人口数量是男性人口数量的1.6倍,可见女性群体大病致贫的数量更多,如表1所示。

表1 大病患者的性别分类(人)

患病类别 \ 性别	男	女	合计
癌症类	19	51	70
肝硬化	5	2	7
白血病	5	4	9
糖尿病	27	28	55
瘫痪	13	20	33
尿毒症	20	42	62
肾病	7	6	13
骨、肌病	3	7	10
肺病	1	1	2
植物人、帕金森、中风	1	1	2
瘤	0	2	2
贫血	2	3	5
心血管病	11	7	18
其他	6	17	23
总计	120	191	311

2. 以年龄分类,40岁以上的中老年人是大病致贫的主体。调查显示,30岁以下的患病人数占调查总数的5.79%,30~39岁患病人数占调查总数的9.97%,40岁以上的中老年人是大病的患病高发期,患病总人数有262人,占患病者总数的84.24%。从这些数据可以看出,患病年龄主要集中在40岁以上,如表2所示。

表 2 大病患者的年龄分布

患病类别 \ 年龄	16～19岁	20～29岁	30～39岁	40～49岁	50～59岁	60岁以上	合计
癌症类	0	2	15	21	16	16	70
肝硬化	1	0	1	4	0	1	7
白血病	1	2	0	4	1	1	9
糖尿病	0	1	2	12	9	31	55
瘫痪	2	1	2	4	2	22	33
尿毒症	0	0	4	17	14	27	62
肾病	0	1	3	3	4	2	13
骨、肌病	1	1	0	3	1	4	10
肺病	0	0	0	1	1	0	2
植物人、帕金森、中风	0	0	0	0	1	1	2
瘤	0	0	0	0	0	2	2
贫血	0	1	1	1	0	2	5
心血管病	0	1	0	2	5	10	18
其他	0	3	3	11	1	5	23
合计(人)	5	13	31	82	55	125	311

3. 以工作状况分类，在职人员不到(足)1/3，退休和无业人员占据绝对多数。在被调查的 311 名城镇居民患病者中，有工作单位的为 173 人，占总数的 55.63%，但在这 173 人中，在职人员仅 102 人，只占总数的 32.80%，退休、病退人员 71 人，占总数的 22.83%。无工作单位的 134 人，占到总数的 43.09%，此外下岗失业人员 2 人，占总数的 0.64%。城镇无工作单位的人群，由于缺少医疗保障，他们在受到大病打击的时候，将成为更加脆弱的群体，生活极易陷入绝境，如表 3 所示。

4. 以家庭人均收入状况分类，家庭人均收入 600 元以下的占据 2/3。在被调查者中，家庭人均收入低于 200 元的有 30 人，占调查总数的 9.65%；人均收入在 200～400 元的有 85 人，占调查总数的 27.33%；人均收入在 400～600 元的有 90 人，占调查总数的 28.94%；人均收入在 600 元以上的有 104 人，占调查总数的 33.44%。可见，大病致贫家庭中，家庭月人均收入在 600 元以下的低收入家庭比例最高，这些贫困的家庭遇到大病就更雪上加霜，面临着是吃药还是吃饭的痛苦选择。

表3 大病患者的工作状况(人)

患病类别＼年龄	有工作单位	退休,病退、病养	无单位	下岗	未填写
癌症类	9	30	29	0	2
肝硬化	3	0	3	1	0
白血病	3	3	3	0	0
糖尿病	10	13	32	0	0
瘫痪	10	2	21	0	0
尿毒症	41	12	9	0	0
肾病	6	1	6	0	0
骨、肌病	1	4	5	0	0
肺病	0	2	0	0	0
植物人、帕金森、中风	0	1	1	0	0
瘤	0	1	0	1	0
贫血	0	2	3	0	0
心血管病	11	0	7	0	0
其他	8	0	15	0	0
合计(人)	102	71	134	2	2

根据北京市统计局公布的资料显示,北京2004年平均工资为28348元,月均2362元,低收入户人均工薪收入为460元。也就是说,在朝阳区所调查的311名城镇居民患病者中,低于低收入的家庭几乎占了一半,人均收入低于600元的有205人,占到调查总数的65.92%。

(二)患病情况

1.按患病种类分类,五种疾病是大病致贫的主要病种:癌症(22.95%)、糖尿病(18.55%)、尿毒症(14.15%)、瘫痪(11.47%)和心血管病(8.41%),这五种病占患病总人数的75.53%。其中,女性大病前五位的是癌症、糖尿病、尿毒症、瘫痪和其他,与总人数患病情况基本一致。男性大病前五位的是糖尿病、癌症、心血管病、尿毒症和瘫痪,与总人数患病情况有所差异,如表4所示。

表 4 大病患者的性别比重

患病类别＼项目	男(人)	排名	女(人)	排名	合计(人)	比重(%)	排名
癌症类	31	2	89	1	120	22.95	1
肝硬化	7		4		11	2.10	
白血病	9		9		18	3.44	
糖尿病	39	1	58	2	97	18.55	2
瘫痪	22	5	38	4	60	11.47	4
尿毒症	25	4	49	3	74	14.15	3
肾病	8		9		17	3.25	
骨、肌病	7		9		16	3.06	
肺病	5		1		6	1.15	
植物人、帕金森、中风	1		2		3	0.57	
瘤	2		5		7	1.34	
贫血	2		5		7	1.34	
心血管病	26	3	18		44	8.41	5
其他	17		26	5	43	8.22	
合计(人)	201		322		523	100	

2. 按不同病种的患病时间分类，3 年以下和 10 年以上人数居多。患病 3 年以下的为 229 人(含农业人口)，占调查总人数的 44.81%；患病 10 年以上的为 100 人(含农业人口)，占调查总人数的 19.57%。同时，从表 5 中我们可以看出，癌症和白血病等突发疾病的患病时间短，大都集中在 6 年以内，而糖尿病、瘫痪和尿毒症等慢性疾病的患病时间较长，甚至持续 10 年以上，如表 5 所示。因此，对以上两种不同类型的疾病的救助时间和方法都应有所不同。

3. 以不同年龄段的患病类型分类，40～60 岁是大病高发年龄段。调查资料显示，40～60 岁之间是大病的患病高发期，患病总人数 253 人(含农业人口)，占患病总人数的 48.37%，特别是在 40～50 岁这一阶段达到了患病人数的峰值，患病人数达到 137 人(含农业人口)，占被调查患者总人数的 26.2%。而这一年龄段恰恰正处于职业生涯的成熟期，应当是收入来源的主要时间段。同时又背负着沉重的家庭负担，因此该年龄段的大病患者给家庭带来的经济打击最为沉重。

表 5　大病患者的病程

项目 患病时间	1 年	2 年	3 年	4 年	5 年	6 年	7 年	8 年	9 年	10 年	10 年以上	合计(人)
	2005	2004	2003	2002	2001	2000	1999	1998	1997	1996		
癌症类	32	36	22	6	12	4	1	2	1	3	1	120
肝硬化	2	1	5	1			2					11
白血病	3	5	2		1	4					3	18
糖尿病	7	5	8	6	6	6	5	7	6	7	32	95
瘫痪	6	6	6	2	4	8	2	3	2	2	15	56
尿毒症	5	9	9	7	10	8		2	2	3	16	71
肾病	1	2	1	7		2					3	16
骨、肌病	1	3	2	1		2	1	1		1	5	17
肺病	1		1	1	1	1					1	6
帕金森											1	1
中风后遗症		1										1
红斑狼疮			1									1
瘤	1	2		1	1		1	1			1	8
贫血	2	3									2	7
心血管病	4	8	3	3		3	2	2			14	39
其他	7	12	4	3	5	3	1	3			6	44
合计(人)	72	93	64	38	40	41	15	21	11	16	100	511

从朝阳区大病致贫家庭调查的不同病种来看，癌症和尿毒症的年龄分布基本趋于正态分布，以 40～50 岁为中心轴，是一种趋于中年群体的疾病；肝硬化、肾病等在每一年龄段的分布相对均匀，不带有明显的年龄特征；糖尿病、瘫痪、心血管疾病则是趋于老龄化的大病，60 岁以上的人数占该病种的比例分别为 50.52%、53.33%和 25.58%，如表 6 所示。这一部分患病群体集中于老年人，因此对于依靠养老金生活的患者，沉重的医疗负担自然苦不堪言；同时，不容忽视的是，糖尿病、心血管病等老年性疾病近年来有年轻化的趋势。贫血、白血病在 40 岁以下的人数占患病人数的 42.86%和 55.56%，是一种儿童、青年人发病率较高的病种，尤其是儿童成为这部分人群中需要特别关注的群体，因此针对儿童的医疗互助制度有待于积极推广。

表 6　大病患者的年龄段分布

项目 患病时间	30 岁以下	30～40 岁	40～50 岁	50～60 岁	60～70 岁	70 岁以上	合计
癌症类	2	17	39	35	15	12	120
肝硬化	1	2	5	2	0	1	11
白血病	9	1	6	1	1	0	18
糖尿病	2	4	17	25	24	25	97
瘫痪	5	3	10	10	8	24	60
尿毒症	0	5	20	18	18	13	74
肾病	2	5	4	4	1	1	17
骨、肌病	3	1	5	2	2	3	16
肺病	0	1	0	4	1	0	6
帕金森	0	0	0	0	0	1	1
中风后遗症	0	0	0	1	0	0	1
红斑狼疮	0	0	0	1	0	0	1
瘤	3	0	1	1	2	0	7
贫血	2	1	2	0	0	2	7
心血管病	7	4	18	3	6	5	43
其他	3	2	10	10	9	10	44
合计(人)	39	46	137	117	87	97	523

4. 按药费支出分类，药费月支出在 1000 元以下的患者将近一半，如表 7 所示。在被调查的患者中，药费月支出额在 1000 元以下的人数共计 229 人(含农业人口)，占总人数的 45.44%，月支出额在 1000～3000 元的人数共计 140 人(含农业人口)，占总人数的 27.78%，月支出额在 3000～8000 元的人数共计 72 人(含农业人口)，占总人数的 14.29%，月支出额在 8000～10000 元、10000～20000 元以及 20000 元以上的均为 21 人(含农业人口)，分别占总人数的 4.17%，30000 万元以上的人数占到总人数的 2.97%。应当特别指出的是，这些药费支出在千元以下的患者，并不是其治疗费用仅需如此，而是因为家庭贫困，同时又没有医保，只能被迫把药费减少到最低限度。比如，一肝癌患者，家庭人均收入 750 元，药费月支出只有 220 元；一乳腺癌患者，家庭人均月收入 317 元，药费月支出只有 400 元；一肝癌患者，家庭人均收入只有 200 元，最低药费月支出为 1000 元，药费是家庭人均收入的 5 倍；一喉癌患者，家庭人均收入只有 166 元，最低药费月支出为 1000 元，药费支出占家庭人均收入的 6 倍。

表 7 大病患者的药费支出(元)

每月支付药费	确诊时间	1000以下	1000至3000	3000至5000	5000至8000	8000至10000	10000至20000	20000至30000	30000以上	合计
1年	2005	18	16	8	2	5	10	4	8	71
2年	2004	34	33	5	6	5	3	1	4	91
3年	2003	27	19	5	7		3		2	63
4年	2002	16	11	9	5					41
5年	2001	12	11	2	6	2	2	2	1	36
6年	2000	17	13	1	4	4				39
7年	1999	7	6							13
8年	1998	9	7		2	1	1		1	21
9年	1997	6	2			1	1			10
10年	1996	10	4	1		1				16
10年以上	1996年以前	73	18	5	4	2	1			103
合计		229	140	36	36	21	21	6	15	504

5.按医疗保险的报销比例分类。在被调查的患者中,不享受医疗费报销的人数占据2/5,从城镇居民的角度来看,无报销的人数共计124人,占调查总数的39.87%;报销金额为30%及以下的共计14人,占调查总数的4.50%;报销金额为40%~60%的共计52人,占调查总数的16.72%,报销金额为70%的共计50人,占调查总数的16.08%,报销金额70%以上的共计46人,占调查总数的14.79%。由此我们可以看出,目前城镇的医疗保险普及率还处于相当低的水平,未参保的人数高达124人,占总人数的39.87%。这一部分人群处于社会医疗救助的边缘,随时可能被大病负担压垮。

二、导致大病致贫的原因分析

1.医疗保险的覆盖面较窄。在被调查的311名城镇居民大病患者中,参加医疗保险的只有187人,医疗覆盖面只有60%左右,还留有近40%的医保空白。

2.医疗保险的报销比例较低。在被调查的311名城镇居民中,除没有参加医保的124人之外,在参加医疗保险的187人中,报销比例为70%以下的是绝大多数,有116人,占据投保人数的62%,只有38%的人报销比例达到70%以上。

3.医疗保障制度尚未完善。直至现在,我国还没有建立完善的医疗保障和救助制度,特别是对常见大病的救助几乎是空白。缺乏对大病患者及其家庭的必要救助办法,是导致大病致贫的主要原因。据调查,一个心血管病患者做最普通的心脏搭桥手术也要10万元左右,复杂的心脏手术费用可高达70万元。如此高额的医药费绝非普通工薪家庭所能支付,更何况下岗家庭、退休家庭、低收入家庭和无业家庭,一个大病患者往往把整个家庭带入贫困,甚至带入绝境。

三、完善医疗保障制度的政策建议

1. 建立新型的医疗救助体制。建立新型的医疗救助体制,应当以政府为主导,鼓励全社会广泛参与,通过医疗机构提供服务,以社区互助为载体实现解困。在我国全面建设小康社会、和谐社会的时代背景下,关心、资助弱势群体是政府义不容辞的责任,因此,建立医疗救助体制,政府应当发挥主导作用。具体说,就是财政出资,卫生部门提供医疗服务,劳动保障部门参与,民政部门具体管理,通过政府行为推动医疗机构救助的实施。

医疗救助体系的资金来源应以政府财政拨款为主,社会筹集为辅。政府应按照公共财政的要求,加大对社会救助的财政投入力度,不仅随地方财政收入的增长,不断增加对社会救助资金的财政投入,同时还要按地方财政增长基数适当增加对社会救助财政投入的比例,逐年积累。通过政府的财政拨款保证救助体制有稳定的资金基础。在社会救助资金中,列出城镇居民大病致贫救助专项基金,专门用于对城区大病致贫居民和家庭进行救助。

2. 建立社会救助信息平台,提高救助管理的科学性和有效性。以居委会和街道办事处作为信息平台的基础,建立社会救助信息平台。利用居委会和街道办事处调查的第一手资料和相关数据作为社会救助信息平台的基本信息,依托居委会和街道办事处核查和上报统计资料。为了提高救助的效率,各区、各街乡都应建立城镇居民家庭状况、经济收支、参保情况、医药费报销比例等基本情况的数据信息库,以便使城镇居民在患大病的初期就得到救助。通过建立社会保障协调机构,整合社会保障资源,协调社会保障机构的工作,保证社会救助工作特别是医疗救助工作快速、有序进行,真正实现救助体系的工作目标。同时,简化各类申报和审批手续,建立医疗救助的绿色通道。

3. 建立特困医疗优惠卡。采用一次性发放救助金的方式,对于患有长期疾病需要长年支付高昂医疗费用的人,救助金只能给予非常有限且短期的帮助。建立新型的医疗救助体制,想办法减轻因病致贫人员的医疗费用负担才能从根本上解决问题。因此,建议建立特困医疗优惠卡,特困病人凭卡在指定医院就医,对指定的药品,在规定的时间内对规定的药品数量,个人只负担成本费用。医疗费用和药费的额外部分由政府负责补偿。在资金筹集上可以采用国家拨款和社会捐资筹集为主,区县适当拨款等方式。

申请特困医疗优惠卡,应当由病人提出救助,经核实病人在现有医保、大病统筹等报销比例下,仍然有较大的医疗费用负担,采用每月由个人支付小额资金,政府补助一部分的方式为病人办理特困医疗优惠卡。

4. 落实基本医疗保险制度,扩大基本医疗保险的保障范围。要完善大额医疗费用互助制度,在基本医疗保险制度之外,建立大额医疗互助资金,解决门诊、急诊和封顶线以上的大额医疗费用问题；鼓励企、事业单位内部建立补充医疗保险，用以解决基本医疗保险基金和大额医疗费用互助资金支付之余的医疗费用，重点解决退休人员和患重病人员医药费负担过重的困难。

5. 挖掘商业医疗保险的潜能，引导其向健康的方向发展。社会捐助也是改善现状的一个重要途径。政府应当鼓励全社会共同参与，关心帮助因病致贫人员，广泛组织献爱心活动，在社区开展爱心互助工作和开展有益的捐助活动，广泛吸纳社会资金，这不仅可以为患者提供物质帮助，而且也可以让他们感受到社会的温暖。

参考文献：(略)

资料来源：本文选自《经济与管理》2006 年第 3 期。

例评要求：1. 本文是怎样安排结构的？

2. 本文在选材上有什么特点？

4. 试验探索型论文

0.028%农丰灵防治草莓白粉病药效试验

洪　峰

摘要：草莓白粉病是生产中常发性病害，危害颇大。用浓度在 400 倍液的 0.028%农丰灵防治草莓白粉病较安全，且效果较好。

关键词：农丰灵；草莓；白粉病

0.028%农丰灵系浙江省植保总站提供的一种新型防病剂。为明确该药剂防治草莓白粉病的效果、亩用剂量及对草莓的安全性等，受浙江省农业厅植保站委托，2002 年我们在浙江建德的草莓田间进行了药效试验，结果整理如下：

1　材料及方法

1.1　供试药剂

0.028%农丰灵，由浙江省植保总站提供。

1.2　对照药剂

5%高渗腈菌唑乳油，由台州大鹏药业有限公司提供。

1.3　试验作物及防治对象

试验作物草莓，丰香；防治对象为试验用白粉病 Spharothecacucurbitae (Jacz.)Z. Y. Zhao.

1.4 试验方法

1.4.1 田间设计

试验在建德下涯镇下涯村草莓田内进行，试验设5个处理，重复4次，20个小区，小区面积为 $20m^2$，随机区组排列，小区间有操作行间隔，以防药液喷雾时飘洒。

单位:浓度/倍

	药 剂	处理1	处理2	处理3
0.028%农丰灵	300	400	500	
5%高渗腈菌唑乳油		1500		
清水对照				

1.4.2 试验地概况

前作为水稻田，土壤属红砂壤土，pH6.0，有机质2.0%，供试品种为草莓，丰香。

1.4.3 施药时间及方法

本试验在大棚内进行，于3月13日施药，施药方法采用背负式喷雾机进行喷洒草莓植株叶片正反面，亩用药液量为50公斤。

1.4.4 施药前3天及药后7天的天气情况

月/日	药前3天			施药当天	药后7天						
	3/10	3/11	3/12	3/13	3/14	3/15	3/16	3/17	3/18	3/19	3/20
日平均气温(℃)	16.9	15.5	17.9	15.4	18.8	15.1	15.0	16.5	14.6	14.8	17.2
最高气温(℃)	26.3	23.1	24.7	19.5	25.9	19.9	22.0	22.2	22.8	24.0	28.0
最低气温(℃)	10.9	11.6	13.9	12.8	14.4	12.9	10.2	13.4	9.3	8.0	8.4
雨量(mm)	—	10.3	9.3	1.3	2.0	4.0	4.1	3.5	—	—	0.0
日照时数(小时)	9.2	4.2	9.0	0.0	4.1	0.0	7.5	3.0	9.7	5.7	7.4

1.4.5 试验调查内容与方法

药后3、4、14、21天进行四次目测观察施药后对草莓生长、叶色等的影响情况，考查药剂对草莓的安全性。

并于药前进行病情指数基数调查，药后7天、14天、21天分别调查病情指数，计算防效。

2 试验结果

2.1 防病效果

从药后7天的防效看，0.028%农丰灵水剂各浓度的平均病情指数分别为1.85、1.30、1.48；5%高渗腈菌唑的病情指数为1.30；0.028%农丰灵水剂300、400、500倍的防效分别为87.59%、79.08%、76.18%，比5%高渗腈菌唑的防效达

76.55%稍高与相近。药后14天调查0.028%农丰灵水剂各药剂浓度的病情指数均有所上升，分别为3.89、2.96、4.81；5%高渗腈菌唑的病情指数为3.15；0.028%农丰灵水剂300倍和400倍的防效稍有下降，分别为81.83%和77.92%；0.028%农丰灵水剂500倍的防效下降较快，为64.12%；5%高渗腈菌唑的防效达73.66%。药后21天调查0.028%农丰灵水剂各浓度的平均病情指数分别为9.19、7.48、7.96；5%高渗腈菌唑的病情指数为5.67；0.028%农丰灵水剂300倍的防效仍然达70.36%，400倍和500倍的防效下降为61.47%和59.0%；5%高渗腈菌唑的防效达67.26%。详见下表：

0.028 %农丰灵防治草莓白粉病药后效果考查

处理	重复	调查果数	药前指数	药后7天						病情指数	防效(%)
				0	1	3	5	7	9		
0.028%农丰灵WC300X	1	75	0.74	75						0	100
	2	75	2.96	70						0.74	75.0
	3	75	7.41	65	10					1.48	88.02
	4	75	6.67	50	20	5				5.19	92.23
	均	75	4.44	65	87.5	1.25				1.85	87.59
0.028%农丰灵WC400X	1	75	4.44	70	5					0.74	93.13
	2	75	2.22	65	10					1.48	33.33
	3	75	2.96	70	5					0.74	85.00
	4	75	3.70	60	15					2.22	94.01
	均	75	2.78	66.25	8.75					1.30	79.08
0.028%农丰灵WC500X	1	75	3.7	60	15					2.22	75.27
	2	75	2.22	70	5					65.74	66.67
	3	75	2.96	65	5	5				2.96	40.00
	4	75	2.22	75						0	100
	均	75	2.78	67.5	6.25	1.25				1.48	76.18
5%高渗腈菌唑EC1500X	1	75	2.22	65	65	10				4.48	72.52
	2	75	0.3	75	75					0	100
	3	75	6.67	55	55	20				2.96	73.37
	4	75	0.74	70	70	5				0.74	90.01
	均	75	2.48	66.25	66.25	8.75				1.30	76.55
对照清水	1	75	5.18	40	40	20	5	10		12.59	—
	2	75	4.44	55	55	15	5			4.44	—
	3	75	2.22	60	60	10	5			3.70	—
	4	75	0.74	55	55	10	5	5		7.41	—
	均	75	3.15	52.5	5.25	13.7	5	3.75		7.04	—

处 理	重复	调查果数	药前指数	药后14天						病情指数	防效(%)
				0	1	3	5	7	9		
0.028%农丰灵WC300X	1	75	0.74	60	15					2.22	24.93
	2	75	2.96	65	5	5				29.6	68.44
	3	75	7.41	65	10					1.48	94.02
	4	75	6.67	45	20	5	5			8.89	94.67
	均	75	4.44	45	12.5	2.5	1.25			3.89	81.83
0.028%农丰灵WC400X	1	75	4.44	65	65	5	5			2.96	83.32
	2	75	2.22	55	55	20				2.96	57.92
	3	75	2.96	60	60	10	5			3.70	62.55
	4	75	3.70	60	60	15				2.22	97.60
	均	75	2.78	60	60	12.5	2.5			2.96	77.92
0.028%农丰灵WC500X	1	75	3.7	60	60	5	5	5		6.67	54.89
	2	75	2.22	55	55	10	5	5		7.41	-5.33
	3	75	2.96	65	65		10			4.44	55.06
	4	75	2.22	70	70	5				0.74	98.67
	均	75	2.78	62.5	62.5	5	5	2.5		4.81	64.12
5%高渗腈菌唑EC1500X	1	75	2.22	70				5		5.19	41.5
	2	75	0.3	70	5					0.74	22.16
	3	75	6.67	60	10		5			5.19	76.69
	4	75	0.74	65	10					1.48	92.01
	均	75	2.48	66.25	6.25		1.25	1.25		3.15	73.66
对照清水	1	75	5.18	35	20	5	5	5	5	20.74	—
	2	75	4.44	30	30	5	10			14.07	—
	3	75	2.22	55	5	15				7.41	—
	4	75	0.74	30	25	5	10	5		18.52	—
	均	75	3.15	37.5	20	7.5	6.25	2.5	1.25	15.19	—

处 理	重复	调查果数	药前指数	药后21天						病情指数	防效(%)
				0	1	3	5	7	9		
0.028%农丰灵WC300X	1	75	0.74	58	15	2				3.11	-2.26
	2	75	2.96	50	15	5	2	3		9.04	40.94
	3	75	7.41	55	10	2	5	3		9.19	85.70
	4	75	6.67	39	20	5	5	5	1	15.41	93.00
	均	75	4.44	50.5	15	3.5	3.0	2.75	0.25	9.19	70.36
0.028%农丰灵WC400X	1	75	4.44	65	2	5	3			4.74	74.02
	2	75	2.22	50	5	10	5	5		14.07	-22.56
	3	75	2.96	55	10	5	5			7.41	71.14
	4	75	3.70	60	10	5				3.70	96.97
	均	75	2.78	57.5	6.75	6.25	3.25	1.25		7.48	61.47
0.028%农丰灵WC500X	1	75	3.7	5	5	5				6.67	56.14
	2	75	2.22	10	5	5	5			12.59	-9.67
	3	75	2.96	5		10				8.15	68.26
	4	75	2.22	5		5				4.44	93.94
	均	75	2.78	6.25	2.5	6.25	1.25			7.96	59.00

续表

处　理	重复	调查果数	药前指数	药后21天						病情指数	防效(%)
				0	1	3	5	7	9		
5%高渗腈菌唑EC1500X	1	75	2.22	60	5	5	5			6.67	26.89
	2	75	0.3	65	5	5				2.96	−90.80
	3	75	6.67	55	5	6	4	5		11.56	80.02
	4	75	0.74	65	10					1.48	93.94
	均	75	2.48	61.25	4	2.25	1.25			5.67	67.26
对照清水	1	75	5.18	35	20	4	5	6	5	21.33	
	2	75	4.44	30	5	30	5	5		22.96	
	3	75	2.22	45	5	5	15	5		19.26	
		4	75	0.74	30	5	25	10	5		24.22
		均	75	3.15	35	8.75	16	8.75	5.25	1.25	22.00

2.2　草莓的安全性

从每喷药3天观察，本药剂浓度直观上基本看不出有药害现状，7天以后各浓度使用后对植株生长阻碍与腈菌唑相近。对产量无影响，说明本药剂在草莓生产上可以使用，但必须掌握好使用浓度。

3　讨论

(1)试验结果表明，在本试验条件和用量范围内，由浙江省植保总站提供的0.028%农丰灵水剂，对草莓生产较安全，在草莓生产上严格按照要求推广使用。

(2)草莓生产上使用该药剂防治草莓白粉病，建议该药剂的使用浓度在400倍液，均匀喷雾。田间应注意施药质量，特别是对草莓叶片正反面和幼果等部位喷药时必须仔细、周到，以保证防效。

参考文献：

[1]张中义，冷怀琼，张志铭，等. 植物病原真菌学[M]. 成都：四川科学技术出版社，1988.

[2]黄根元，罗浚清，方博云. 大棚草莓病及其防治 [J] . 植物保护，2001，27(3)：46—47.

资料来源：本文选自包锦阳主编的《大专生毕业论文(设计)写作指导》。

例评要求：1. 本文是怎样进行选题的？

2. 本文在语言上有什么特点？

第三节　毕业设计

一、基本知识

(一)毕业设计的定义

高职高专毕业设计是指大专毕业生在教师的指导下,结合运用所学专业的知识和技能,针对职业岗位中现实的课题(或问题)进行分析研究后写成的具有应用价值的文本。

毕业设计一般由设计说明书和设计图两部分构成。设计图可以在正文中出现,也可以在附录中出现。

(二)毕业设计的分类

1.工程(工艺)设计。工程设计具有整体性,涉及工程的整体布局,包括主要设备的选型和专用设备的设计及其他辅助设施的设计等。这种毕业设计形式一般为工程技术类专业所采用,例文中的《办公自动化管理系统设计说明书》属于此类型。

2.设备(产品)设计。设备设计又分为单体设备设计和零部件设计。主要是对某一具体设备或零部件的规格、形式、传动结构等进行设计。这种毕业设计形式一般为工程技术类专业所采用,例文中的《500W 电动车新型差速减速器设计说明书》属此类型。

3.活动文案设计。主要是主题活动、宣传活动、赞助活动和促销活动等的设计,包括活动环境分析、总目标、内容和措施、方法和步骤、费用预算、日程安排等。这种毕业设计形式一般为服务类和管理类专业所采用,如金融专业关于借款纠纷解决方案设计说明书、市场营销专业关于产品营销方案设计说明书、医学专业关于某疾病诊疗方案设计说明书、基层文化专业为庆祝国庆活动方案设计说明书等。例文中的《2003 年宁海开元新世纪大酒店圣诞晚会方案设计说明书》属此类型。

二、写作要求

(一)选题适度可行

由于受时间、条件的限制,不宜选择过难、过复杂的项目,而且技术上还要较先进,具有可行性。

(二)内容重点突出

要把重点放在自己设计中的独到之处,或者是有所改进,或者是有所创造。

(三)说明详尽准确

要对设计原理、方案选择、参数特征等尽可能地详尽准确,以真实地反映自己的实际学业水平。

(四)文面整洁规范

要按规定的格式写作。图纸应当认真绘制,做到准确、整洁,与说明书有关叙述相一致,符合工程制图的规定要求。

三、格式写法

毕业设计的一般格式是:标题+署名+正文+参考文献+附录。

(一)标题

标题应简短、明确,有概括性。通过标题能使读者大致了解毕业设计的内容、专业的特点和科学的范畴。

(二)署名

署名是在设计标题的下面署上作者的姓名。毕业设计有统一封面的,作者的姓名按照规定写在封面的指定位置上。

(三)正文

正文一般由引言+设计任务分析+方案初选+方案的详细设计+总结评价五部分构成。

1.引言。引言即前言,是设计的开头部分,主要写设计的来源与目的意义。

2.设计任务分析。主要写设计要解决的具体问题,分清主次,认定关键问题或难点问题,并提出评价标准的大致要求。

3.方案初选。在明确问题及评价标准要求的基础上,提出解决问题的思路及初步方案,也称为“框架性方案”,并对“框架性方案”进行技术经济分析评价,选定相对的最佳可行方案。

4.方案的详细设计。这部分内容是设计的重点,应按设计内容与过程顺序规范地撰写。

5.总结评价。根据设计的任务要求,结合本设计成果的科学性、创新性、可靠性、实用性、经济性等相关要求,对本方案的优缺点进行如实的总结评价。

(四)参考文献

有关的参考文献应该尽数罗列。参考文献的书写格式参照毕业论文的撰写要求。

(五)附录

这部分是非必需要素,视情况而定。这部分主要是以收录篇幅较长、格式特殊而又具有相对独立性、确实不方便在设计说明书正文中表述的构成内容,如图纸、试验或观测的详细数据汇总等。

四、实例文选

1. 工程(工艺)设计

办公自动化管理系统设计说明书

方嵩松

一、引言

21世纪是信息高速发展的时代,也是讲求团体合作的时代,信息的及时交流非常重要,这使得现代办公在技术及概念上都发生了革命性的变化,电脑化、数码化技术及多元化功能在现代办公领域得到越来越多的运用。随着入世后国内各行业的迅猛发展,办公自动化、网络化肯定将得到更广泛的普及和应用。面对知识经济时代的更新要求及理念,改善工作流程,减少工作群组间的隔膜,建立一个网络化的办公室,对于一些单位及企业来讲显得日益紧迫。同时浙江工贸职业技术学院校园网的组建和实施,使得学院OA办公自动化管理系统的实施也具备了条件。

二、设计任务分析

随着政府机关与广大企事业单位内部网站的广泛建立,基于浏览器方式上办公自动化系统,已成为众多用户的共同需求。浙江工贸职业技术学院OA办公自动化系统是完全基于Internet或Intranet环境开发而成,以网络为核心,采用全球流行的B/S构架。服务器成功安装OA办公自动化系统后,在同一网络内,可以使任何一位具有系统权限的用户方便简单地通过浏览器实现文件信息的综合管理,实现多用户环境下的无纸化办公。同时,系统还具有网络环境下信息互动、资源共享、零距离、客户要求低等众多优势。并且技术上的一致性、接口的开放性,使OA办公自动管理系统能够很好与其他系统相接合,快速有效的升级和维护,保护已有投资并为政府部门及企业的信息化、网络化建设提供广阔的发展空间。

三、方案的初步选定

本系统客户端采用IE浏览器方式进行工作,只要用户机器装有Windows 98以上系列Windows操作系统就可用其捆绑的IE进行工作。

系统的设计考虑到实际办公的需要,结构如下:

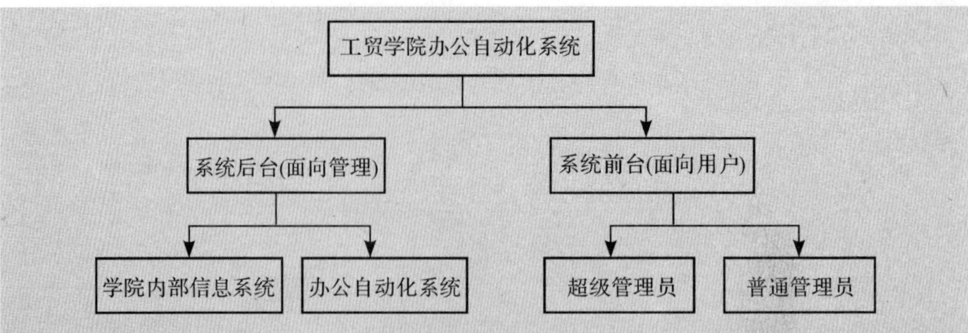

本系统主要分为两大功能模块：即系统前台(面向用户)、系统后台(面向系统管理员)，作为本系统的一名用户，只要掌握前台操作即可，而后台主要任务是对本系统的日常维护、管理，如建立用户、分配用户权限、增加系统信息栏目、删除系统冗余信息、系统安全维护等。

系统后台(面向系统管理员)

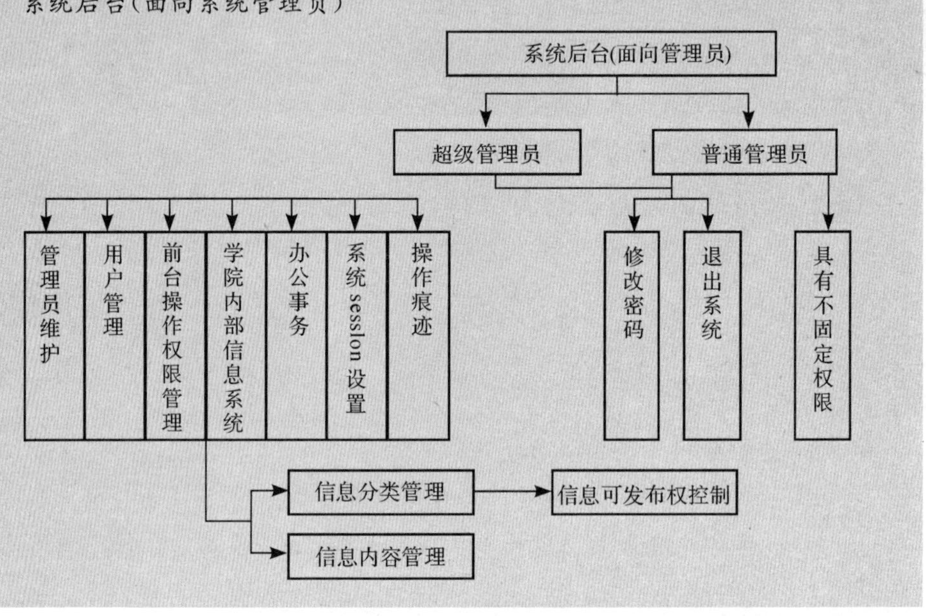

四、方案的详细设计

(一)系统结构图

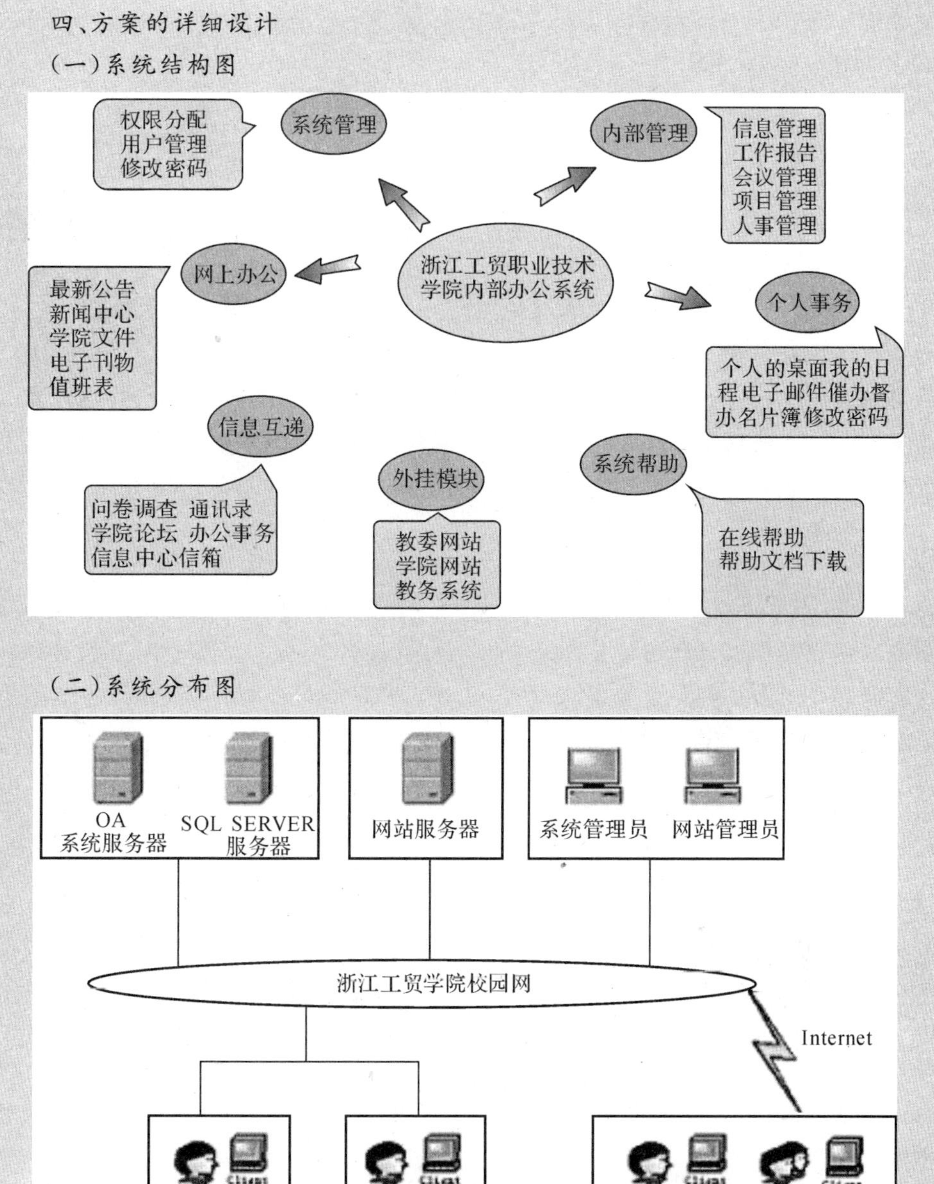

(二)系统分布图

(三)运行环境

一个完整的网络办公系统的运行环境应该包括硬件环境和软件环境两个部分。硬件环境:一台专用服务器,用于安装系统,装有网卡或者 MODEM 的 PC,

需要有一个 IP 地址。软件环境为 Windows NT Server 4.0（IIS4/SP6）/ Windows 2000（IIS5/sp3），SQL Server 7.0/2000. 采用 ASP（Active Server Page）技术和 SQL7.0/2000 数据库。

（四）系统性能及特点

1. 三重管理

在系统建设的全过程中，以满足浙江工贸职业技术学院校园网的各项实际教育工作需要为最终目的，以计算机高新技术的系统集成为手段，以安全保密为原则，以规范化、标准化的有关条例为依据，以文件的运行规律为导向，以文件、档案信息一体化管理为主线，构成了一个与学院传统文件、人事档案管理工作并存，外延基本吻合，内涵有所扩展，相互融合又相对独立、完整的电子文件、校园网信息管理系统。实现了对文件、人事档案纸质载体、特殊载体及其内容信息的三重管理和利用。

2. 人性化管理

本系统采用了虚拟实际工作岗位的设计思想，系统设置了学院各级领导、信息中心、各个系办公室和学院普通用户等角色，角色和用户的对应关系可以灵活调整。以信息中心角色作为整个公文流转的控制中心，采用设置自动审批路径和手控审批路径两种工作流的方式，即时监控最新信息的处理流程，并可以根据需要任意调整两种工作方式的互相转换，完全避免信息中断、流程修改等事件的发生。

3. 完善的保密系统

合理、安全、功能强大的用户管理，通过严密的权限控制，杜绝非法访问；所有操作详细记录，具体安全设置涉及用户的每一步操作；用验证、存取控制、字段级加密和电子签名等多级安全措施，保证学院内部信息在传送、审批和存档时的安全性、保密性、数据的完整性及完全性。对一些必要的文件进行了加密。

4. 稳定的运行状态

通用的数据接口、标准的开发技术，重要功能进行组件封装，普通客户端无须任何安装，大型后台数据及成熟的服务器端软件库保证了系统的安全、高效、稳定的运行。

5. 强大的系统功能

该办公自动化管理系统分为七大类，共三十多个子模块。从网上办公、个人事务、内部管理到网络资源的信息互递等等，利用网络技术的强大优势融合了政府部门或企业日常办公的几乎所有事务。

实现了关系型数据、文本文件、静态图像（黑白、彩色）和录音、录像等多媒体文件、档案信息的一体化管理；提供各类信息的交互查询、模糊查询及全文检索，使各级领导、教职员工等均可以在任何地方、任何时间对浙江工贸职业技术学院的最新动态进行及时掌握、快速获取。

6. 先进的开发技术

系统采用B/S架构，实现对Internet/Intranet及多用户的全面支持；模块化的开发方式、强大的组件功能、标准的开发模式、流行的开发语言为系统的性能提供了可靠的保证。通用性强，可以适用于不同的部门。

7. 高效的工作方式

充分利用网络的优势，最大限度开发网络资源，实现浙江工贸职业技术学院内部信息的快速传递和资源共享。先进的督办系统，时刻监督工作的处理状态，极大地推动浙江工贸职业技术学院工作效率和工作质量的提高。实现了对文件的全部信息在制作期、现行期和暂存期中的运行情况进行一体化统筹监控和管理，全面提高管理水平。

8. 无限的扩展空间、数据库性能优秀

采用ASP、COM+、JavaScript、SQL SERVER等标准开发技术，提供全面详尽的开发接口，能方便、快捷地实现系统扩充。系统采用的SQL2000数据库是一种高性能的关系型数据库管理系统，采用安全账号认证控制用户对服务器的连接，使用数据库用户和角色等限制用户对数据库的访问。同时SQL在处理多用户同时连接方面具有更佳表现，可以应付较大的用户数。

9. 无师自通、使用简单

简洁美观的操作界面，傻瓜式的操作方式，一看就懂、一用就会，详尽的使用手册、完善的在线帮助，使您能在短时间内掌握系统的操作。

10. 维护方便、升级迅速、易于管理

能够方便的实现远程升级及维护，定期提供软件升级包，升级方法简便快捷，只需对服务器进行升级一次，所有用户即可使用最新版本。系统易于管理，除了严密的权限鉴别外，还有多种有效的管理措施：超级管理员可以直接通过WEB方式对系统进行管理，添加删除拥护信息和工作信息等。

(五)系统数据库介绍

本系统数据库采用SQL2000关系型数据库。系统的后台数据库支持当今主流的大型关系数据库，并提供数据的备份与恢复功能，数据安全性好，不会出现网络堵塞现象。

1. 完全支持XML，从浏览器下输入一个URL地址，即可直接访问数据库，而返回结果可以是一个XML文档。通过指定样式模板参数，可在浏览器中输出丰富的页面。另外，还支持基于XML的插入、删除、修改等数据库更新操作。

2. 使用联合服务器来取代通常的集群服务器，各SQL2000数据库能被分散，以使任何一位具有系统权限的用户方便简单地通过浏览器实现文件信息的综合，在一组独立的数据库服务器上以支持大规模的 Web 站点的访问需求和企业级的数据处理系统。集群任务交给了 Windows2000，由 Windows2000 来平衡各服务器之间的负载。

3. 引进了定点恢复功能，在事务处理日志中使用了名字作为标记，从而可以精确地恢复数据。

4. 使用 Windows2000 的 Kerberos 来支持客户机和服务器之间完整的的相互认证，这就像在计算机之间传递安全证书一样。

五、总结评价

该系统是我的毕业设计作品，在做这个系统的过程遇到了非常多的问题，因为整个系统一个人开发，工作量很大，几乎什么都要知道，网页设计没有大的问题，虽然大部分采用了 ASP 技术，其中图片和附件的上传采用了 PHP 的无组件上传技术，对一些必要的代码进行了编码，涉及安全的用 ASP2DLL 进行了代码封装，还有 SQL2000 到 SQL7 的数据库转换工作。前段时间为了求真园网站的新版花费了不少时间，所以整个系统完善阶段开展的比较缓慢，现在正投入到测试使用阶段，不久就可以完成。设计完成后，可在此基础上让母校真正实现办公自动化。

参考文献：

[1] 肖金秀. ASP 网络编程技术[M]. 北京：清华大学出版社，2001.
[2] 余晨，李文炬. SQL 2000[M]. 北京：清华大学出版社，2001.

资料来源：本文选自包锦阳主编的《大专生毕业论文（设计）写作指导》，有修改。

例评要求：1. 本文是怎样进行选题的？

2. 本文在选材上有什么特点？

2. 设备（产品）设计

500W 电动车新型差速减速器设计说明书

张 杰

一、引言

当今社会能源是个严峻的问题。据有关专家计算，到 21 世纪中叶，石油资源将枯竭，假如在此之前还没有新的能源产生的话，那人类就将陷入能源缺乏阶段。

为了防止石油资源消耗过快,人类开始研制使用新能源产品。在这样一个特殊时期,电动车产生了。我国从"九五"期间就开始重视并投入大量资金进行电动车研发工作,"十五"期间,又投入10亿元来支持电动车前瞻性的技术开发。这使得电动车企业如雨后春笋般冒出来。金华汇隆电子设备有限公司就是一家生产各类电子设备以及电动车的专业生产厂家。它创建于2002年,厂区坐落在金华市经济开发区工业园区,占地面积24581m^2,公司现有人员68人,各类大专以上人员32人,研发人员16人。目前公司主要生产各类电动代步车、高尔夫球车、特种电动车等,以及电动车专用的差速减速器、控制器等。2003年10月,HLM42自动检测分选机被评为省级新产品。2004年6月,HLM—C01差速减速器又被评为省级新产品。汇隆电子设备有限公司最近将开发500W的新型电动车,由此对有转向系统差速减速器的性能提出了更高的要求。

二、设计任务分析

本设计任务是"500W电动车差速减速器的设计"。由于电动代步车一般供老年人或残疾人使用,或者是在旅游景点使用,因此它必须具有以下特点:①体积小巧;②重量轻;③使用安全方便;④无污染;⑤噪音低。其中噪音问题尤为突出。目前可参照的产品是从英联邦国家进口的同类产品,试用证明该产品的噪音较低。

三、方案的初步选定

参照同类进口产品的结构,我们初步选定500W电动车差速减速器的齿轮系统为行星齿轮系。该齿轮系由一个斜齿轮与齿轮轴啮合,来传递电机的动力,导致斜齿轮旋转。由于斜齿轮上装有两个锥齿轮(固定在斜齿上),利用这两个齿轮与固定在轴上的齿轮进行啮合,达到传递动力的效果。这种设计可以产生一个差速的效果,也可以把两个转动合成一个转动,或者是把一个转动分成两个转动。由于选用锥齿轮传动,所以传动平稳。

设计中最重要的是控制尺寸和位置的精度,给定适当的公差。如果设计给定的公差不合理,将导致噪音、松动或者给安装维修带来一定的困难。另外,为了保证壳体在装配时和齿轮的配合,我们将控制壳体上两孔的平行度公差值。

对于一些配合公差,我们将在允许范围内尽量采用较高的精度,这样可以提高产品的质量,从而降低噪音产生的几率。

影响噪音的不只是精度一个方面,还有很多因素,其中材料的选择和产品的装配工艺也是很重要的环节。在材料方面除了一些大件用传统的材料外,一些小零件我们尽量采用一些有减振效果的产品(橡胶件、毛毡垫、弹性元件等)。

在本次产品设计中我们将经过多次的对比实验来发现影响噪音的因素,并进行适当的设计改进,从而生产出符合低噪音要求的产品。

四、方案的详细设计

(一)设计参数的确定

本课题“500W电动车新型差速减速器的设计”是在类似差速器基础上进行的设计改进,但是由于没有原始设计稿,只有类似的基础样机,通过对同类产品进行参数及性能测定来初步确定设计参数。结合产品的设计任务要求和国家标准,选定下面的一组数据作为设计的基础资料,如表1所示:

表1 差速减速器设计参数

电机额定功率	798W
电机最大功率	1941W
速比	约20:1
电机噪音	65分贝
输出扭矩	30～90Nm
差速器外形尺寸	605156191.5mm
互换性	大多零件应与HLM—C01实现互换
总体要求	低噪音,高功效、低损耗,速比范围大,适配性好,安装位置多种多样,应用灵活,易于维护,体积小

根据基础资料和通常的设计方法,我们初定差速器的结构图(图略)。

利用齿轮轴带动斜齿轮运转,继而带动装在斜齿轮上的2个锥齿轮转动,接着通过4个锥齿轮的相互啮合带动轴的转动,由于前面2个锥齿轮既可以随斜齿轮转动,又可以自转,所以就能使两边的轴具有不同的速度,这样就产生了差速的效果。之所以选择锥齿轮做差动结构,是因为锥齿轮的传动平稳性好。

(二)齿轮参数的确定(略)

(三)用Solid Edge和Auto CAD进行零件的三维造型和二维工程设计

根据以上设计的参数,运用Solid Edge软件进行零件的三维造型设计图(图略)。运用Solid Edge软件工程图设计环境绘制各零件的二维图,并转化为Auto CAD二维图进行修改,得到二维工程图(图略)。

(四)影响噪音因素的控制

1.精度控制

精度与噪音有着密切的关系,尤其是关键零件的精度直接影响到设备的性能以及噪音。

(1)螺伞齿轮轴

螺伞齿轮轴是作为整个传动的动力输出结构,带动斜齿轮转动,其精度将直接影响到动力输入的均匀性、传动平稳性等,因此我们要严格控制其精度。

根据以往的设计经验,为了配合紧凑,与轴承配合部位的尺寸精度控制在0.01～0.02mm,并严格控制圆度误差,因为圆度误差将会使传动偏心,从而造成传动不平稳,产生噪音,在与斜齿轮啮合的时候甚至会出现咬齿,这将降低齿轮使用寿命。在长度方面,严格控制重要部位的尺寸精度,如挡圈到轴承端盖的尺寸,为了保证其间隙,我们把精度控制在0.05mm,再查机械手册确定卡槽的公差。

(2)斜齿轮

斜齿轮负责传递动力,也是差速减速器中体积最大的零件,要严格控制它的某些尺寸公差、位置和表面粗糙度。如中心孔与轴配合的Ø20mm孔,还有安装锥齿轮部位的配合尺寸都应该严格控制其公差。另外,齿轮两端面的平行度公差,中心孔、减振孔等孔的轴线之间平行度公差,以及这些孔的轴线与齿轮端面的垂直度公差等形位公差要严格控制。配合部位的表面粗糙度也是一个不可忽视的项目,要加以控制,因为配合部位的表面粗糙度不适合会造成配合的不稳定性。对间隙配合来说,表面越粗糙就越容易磨损,使工作过程中实际间隙逐渐增大;对过盈配合来说,由于装配时将微观凸峰挤平产生塑性变形,减小了实际有效过盈量,将降低联结强度。

(3)锥齿轮

锥齿轮与销连接的配合部位,以及锥齿轮与连接块的配合部位,要严格控制它们的配合精度。锥齿轮的厚度偏差也必须严格控制,以保证锥齿轮的正常运转。对于形位公差,主要是控制中心孔轴线相对于端面的垂直度公差,以及齿圈的径向圆跳动公差和齿轮两端面的平行度公差。

(4)壳体

壳体在整个结构中的作用是保证各零部件的相对位置和良好的外观,由于壳体采用铝合金压铸成型,其外观可以由铸型型腔的粗糙度来保证。而内部结构就要通过严格控制加工精度来保证,阶梯孔Ø35和Ø42是装配轴承的,而轴承是标准件,根据轴承的精度来确定孔的公差在0.02mm之内,以提高结构的紧凑度。

壳体上所有阶梯孔都要有很好的同轴性,各平行孔的轴线应控制平行度误差,同时,要严格控制壳体端面的平面度和各孔轴线的垂直度误差,防止因偏心而造成齿轮传动噪音或传动不顺畅。

(5)轴类零件

对于轴类零件主要考虑到和轴承配合部位的公差,控制在0.02mm之内。另外,对轴的径向圆跳动公差以及键槽位置的精度也要加以控制。

2.材料的选择

齿轮材料:考虑到粉末冶金的零件本身具有自润滑作用,可以降低传动的噪音,提高传动平稳性,因此斜齿轮和锥齿轮均采用粉末冶金件,通过加工处理来提高表面精度。

壳体材料:铝合金切削加工性好,重量轻。壳体用铝合金直接压铸成型,然后进行精加工,但对压铸件的砂孔要严格控制。

轴的材料:目前大多采用 40Cr 作为轴类零件的材料。通过适当的热处理,使轴的性能达到设计要求。而对螺旋齿轮轴,因为要求有很高的强度,一般采用 30CrMnSi。

对于密封圈、橡胶垫等标准件要选用具有吸振、减振的材料,以降低噪音。

3.零件的安装

安装对于设备的正常运行有很大的影响,合理的安装工艺和合适的安装设备(工装夹具)能保证安装顺利,产品性能优良。根据产品的结构和设计过程,把整个设备分为几个部分安装:短外壳安装,长外壳安装,齿轮轴安装,最后总装。这样,可以使安装更明确、方便。

(五)调试与改进

考虑到设计加工的零件与基础样机上的零件有些差别,需要经过啮合试用运行,才能确定设计的零件参数是否能满足产品的性能要求。为此,对加工出来的零件将进行对比试验,从中发现问题,然后对其进行改进。

通过基础样机上的斜齿轮与设计加工的齿轮轴啮合试验,发现这批齿轮轴和原装的斜齿轮啮合不是很顺畅,并伴有周期性的摩擦声。经过测试发现齿轮轴销孔的轴线与齿轮轴的轴线垂直度未达到要求,导致齿轮安装上去后产生偏心,从而导致周期性的噪音产生。经过改进加工,消除缺陷,使齿轮轴满足技术要求。

然后,以试验结果符合技术要求的齿轮轴作为新标件,把设计生产的斜齿轮与齿轮轴配合进行测试,主要是测试斜齿轮与齿轮轴的啮合效果,针对试验中出现的问题进行设计或加工。

零部件测试完毕后,再依次对壳体上孔的平行度、轴的圆度及各轴段的同轴度进行检测,根据发现的问题,进行相应的改进,使各零部件都达到技术要求。

设计生产的零部件试验都符合要求后,还要选配与这些零件相配套的标准件和橡胶件。根据各标准件、橡胶件与设计加工的零部件配合后所表现出的性能特点,选择最优匹配的标准件和橡胶件,使减速器的性能达到最优,如表 2、表 3 所示。

表 2 差速减速器零件明细表

HLM—C01A 500W 零件清单 NO.							
序号	零件号	物料清单号	名称	材料	数量	标准	备注
1	C01—001	HLM—C01—0001	500W 电机		1		

序号	零件号	物料清 单号	名称	材料	数量	标准	备注
2	C01—002	HLM— C01—1001	电机止口	45	1		
3	C01—003	HLM— C01—04004	弹性圆柱销 5×24		2	CN— 879—86	
4	C01—004	HLM— C01—1801	电机联轴器	优质 塑料	1		
5	C01—005	HLM— C01—08003	轴承挡圈 Ø15		1	G202Z	
6	C01—006	HLM— C01—02001	壳体密封圈		1	GB/T 894.115	
7	C01—007	HLM— C01—1201	螺伴齿轮轴	优质 石棉	1		
8	C01—008	HLM— C01—0401	轴承 608	40Cr	1		
9	C01—009	HLM— C01—08005	波形弹簧	垫片 14.7		1	608Z
10	C01—010	HLM— C01—02003	短外壳		1	GB/T 955—1987	
11	C01—011	HLM— C01—0101	普通平键 5×35	铝合金	1		
12	C01—012	HLM— C01—05001	短轴		2	GB/T 1096—1997	
13	C01—013	HLM— C01—0402	武器轴 用挡圈 Ø19	40Cr	1		
14	C01—014	HLM— C01—02004	铁壳油封 O 型圈		2		
15	C01—015	HLM— C01—12002	橡胶套		2		
16	C01—016	HLM— C01—12003	滚针轴承 2020		2		
17	C01—017	HLM— C01—1401	骨架油封 FB—20 —35—7	优质 橡胶	2		

序号	零件号	物料清单号	名称	材料	数量	标准	备注
18	C01—018	HLM—C01—08006	轴承 6004		2	HK2020［RNF］	
19	C01—019	HLM—C01—12004	6004 用垫片		2	GB 13871—92	
20	C01—020	HLM—C01—08007			2	6004Z	
21	C01—021	HLM—C01—1402		45	2		
22	C01—022	HLM—C01—1002	连接销 6.6×29	45	2		
23	C01—023	HLM—C01—0301	锥齿轮 N172				
24	C01—024	HLM—C01—0302	斜齿轮				
25	C01—025	HLM—C01—1003	连接块				
26	C01—026	HLM—C01—04005	定位销 5×16				
27	C01—027	HLM—C01—01004	螺钉 M6×20				
28	C01—028	HLM—C01—0102	长外壳				
29	C01—029	HLM—C01—0403	长轴				
30	C01—030	HLM—C01—01005	内六角头螺钉 M6×60				

表3 差速减速器零件图清单(受篇幅限制零件图略)

零件图清单			
序号	名称	图号	备注
1	电机联轴器	HLM—CO1A—002	
2	壳体密封圈	HLM—CO1A—003	
3	短外壳	HLM—CO1A—006	
4	短轴	HLM—CO1A—007	
5	铁壳油封	HLM—CO1A—009	
6	铁壳油封O型圈	HLM—CO1A—010	
7	橡胶套	HLM—CO1A—011	
8	连接销6.6×29	HLM—CO1A—013	
9	锥齿轮	HLM—CO1A—014	
10	斜齿轮	HLM—CO1A—015	
11	连接块	HLM—CO1A—016	
12	带垫螺钉M6×20	HLM—CO1A—017	
13	装配图		

五、总结评价

按照本设计要求设计的500W电动车新型差速减速器具有体积小、重量轻、无污染、噪音低的优点,在国内同类产品中走在前列。

参考文献(略)

资料来源:本文选自陈丽能等编著的《毕业综合实践导引》。

例评要求:1.本文是怎样安排结构的?

2.本文在语言上有什么特点?

3.活动文案设计

2003年宁海开元新世纪大酒店圣诞晚会方案设计说明书

任炳松

一、引言

宁海开元新世纪大酒店是一家隶属于开元旅业集团并按照四星级标准建造的酒店。在甬临线(宁波市至临海市省道线)和桃源北路之间的大转盘旁,交通便捷。酒店主楼层高18层,属目前宁海县建筑之最。拥有豪华标房、贵宾套房等各档客房245间套,中、西餐位1000个,并有音乐绅士酒吧、演艺厅、KTV包厢、西餐厅、大中小型会议室、多功能厅、咖啡厅、游泳池、网球场、桑拿健身中心等配套服务设施，是一家集旅游、会务、商务于一体的现代型商务酒店。

圣诞节在国外是相当于我国春节一样重要的节日，近些年来，随着国际经济一体化进程的加快，圣诞节已越来越被我国公民所接受。在平安夜，亲戚、朋友或家人在一起聚会、畅饮、狂欢已成为越来越多的国人所推崇的潮流。因此，利用圣诞节之机搞一次促销式晚会，既可以展示酒店的经营实力，增加酒店在本地区的知名度，又可以获取一定的赢利。因此，酒店决定策划一个2003年宁海开元新世纪大酒店圣诞晚会。

二、圣诞晚会活动方案设计任务分析

（一）2003年宁海开元新世纪大酒店圣诞晚会方案的主要目的要求：

1.为了迎合市民们追求新鲜、时尚的心理，在节日营造气氛，提高经营能力和经济水平，创造独特的开元文化，进一步打响宁海开元新世纪大酒店的品牌，提高知名度，使酒店更加深入人心，在宁海同行酒店中取得竞争优势。

2.通过晚会的促销功能争取尽可能丰厚的赢利。

（二）活动的主要内容是：圣诞节自助大餐、圣诞节文艺晚会，活动的地点是本酒店的四季厅、开元厅。时间安排在12月24日晚上（平安夜）。

我们认为晚会方案设计的基本思路应该是：①争取晚会参加人数能达到本酒店所能容纳的最大规模；②参加的人能支付得起尽可能高的门票费用；③晚会的主要费用支出应限定在既吸引顾客又不至于支出费用过高。因为过高的门票难以确保人数规模，从而达不到效益；而过低的门票价位虽然能确保客满，但自然难以保证必要的盈利。晚会的主要费用是压台演员的出场费。

由此，晚会的方案设计需解决的关键问题也就是：本次晚会文艺活动聘请的压台演员应该是什么样的人？本次晚会的门票标准设定在什么价位最合适？这两个问题其实也是顾客需求的关键问题。而其他一些问题诸如辅助演员的聘请问题，确保活跃气氛的晚会的活动方式问题，配餐问题，安全保卫问题等都将是活动方案设计需解决的一般性问题。

三、借助于市场调查，提出问题解决的若干方案，并确定最佳方案

针对酒店12月24日圣诞节活动能否顺利开展，特对宁海的圣诞节市场做消费需求调查。

（一）过去同类圣诞自助晚会的状况调查分析

2000年太平洋大酒店首次推出了一个圣诞自助餐活动，应该说非常成功，吸引了很多的宁海市民参加。

1.布置特色：地点放在原太平洋大酒店的大堂（现在大堂一部分已改为"不见不散"快餐厅）。圣诞节用大量的泡沫雕、面雕等装饰分别搭配，突出圣诞节的浓厚

气氛,场地的一个优势在于装饰,布置面对着一大面玻璃,外面来来往往的市民都能看到里面的情况,非常吸引人。

2. 经营情况:当时的圣诞自助餐的价位是 98 元/人,准备了 420 张门票,但是由于参加的人很多,在售完所有的票后又加印了一部分,所以参加的人是非常多的,活动的人气也很旺。

3. 具体活动

(1)安排了一场小型演出,渲染节日的气氛,演出的档次不高,但是非常具有吸引力,也增添了活动的互动性。

(2)安排了抽奖活动,奖品有自行车等。

总的来说,太平洋大酒店 2000 年的圣诞自助活动是非常成功的,既很好地宣传了酒店,也因此提高了酒店的经营水平,使宁海市民对太平洋这个首家举行较大规模圣诞活动的酒店有了进一步的认识和肯定。

(二)本次晚会的需求调查与分析

1. 需求价位调查

为了获取更清晰有效的信息,对 2003 年酒店推出的圣诞节活动采取了个别访问调查法,接受调查的人包括一般的工薪阶层、个体老板、年轻人与一般的管理阶层。每个阶层的调查结果总结归纳如下:

工薪阶层:觉得酒店的这一活动非常有吸引力,如果来的话会带家人一起来度过这个节日,现在对圣诞节的兴趣要比中国传统的节日大,对酒店此次活动中设置的奖品比较有兴趣,希望奖品要丰厚,对圣诞自助餐的菜肴要求较高,觉得应该物有所值;价格问题是工薪阶层最关心的,他们大多数觉得 388 元/人太贵,如果一家人来就要超过 1000 元,不太能接受,如果价格在 300 元以下的话他们很可能会带上家人一起来酒店度过这个节日。

个体老板:他们对圣诞节的活动有兴趣参加,对奖品的设置不是特别关心;对圣诞节活动的演出节目要求比较高,觉得演出的节目要丰富,档次要稍微高一点,他们觉得酒店的这个活动主要不是为了自助餐而来的,吃的东西也就是这些,真正能吸引他们来的是节日的布置气氛和精彩的演出,这样才能让他们觉得 388 元/人是值得的。另外,他们也会带上自己的朋友来,一个人是不会来的,所以建议酒店这次活动的价格能够稍微下调。

年轻人:此次调查的年轻人有已经工作的,也有学生。他们大多数表示自己对这种活动非常有兴趣,也希望带自己的朋友一起参加,但是毕竟刚参加工作(或者还在上学),这样的消费不是他们能承受的,但是他们会建议家人带他们一起参加。另外他们觉得活动的气氛一定要好,这样才能在宁海做出品牌,能在今后每年都吸引市民参加。

管理阶层：大多数管理阶层的市民表示中国传统的春节要过，但是现在圣诞节也非常吸引人，随着浙江其他地区对圣诞节的宣扬，现在宁海也逐渐掀起了圣诞热，388 元的价格不是太贵，但是还是有点偏高，他们可以接受，但是宁海的一般市民不太容易接受。圣诞大餐味道要好，食物要丰富，节目要精彩，要有浓厚的节日气氛，毕竟酒店是四星级的，那就要有四星级的享受。另外他们表示一个人不可能来参加此类活动，会和家人或者生意上的伙伴一起来参加，沟通感情。

所以，酒店的这次圣诞活动促销的对象层次应抓住文化档次较高、收入较高的中高层次消费者，如果要吸引人数较多的工薪阶层，则要在价格上稍作调整，相对来说，工薪阶层也是消费群中比例较大的，也是最喜欢带家人来参加的。

这次活动的吸引力应该还是比较大的，因为宁海除了 2000 年太平洋大酒店搞过一次活动后就没有酒店搞过类似的活动，因为其他酒店没有能力搞此类大的活动，太平洋酒店搞的活动和我们酒店的活动档次上也不能相比，再加上现在圣诞节的流行，此类活动在宁海应该具有一定市场，但是要抓住中高档次的消费者。另外，市民对酒店这次活动的期望都比较大，希望物有所值。

2. 本次晚会邀请压台演员的市民支持度调查

本次被调查市民包括酒店内客人与广大宁海市民。调查的压台演员方案有：巩汉林、金珠、陈少华、江涛、青春美少女（凯璐、凯月）、韩晓。共计票数：110 票。投票统计结果见下表：

演　员	得票数	得票率	名　次
巩汉林	31	22.2%	1
金珠	23	21%	2
陈少华	18	16.4%	3
青春美少女	18	16.4%	3
江涛	17	15.5%	5
韩晓	2	1.5%	6
凯璐、凯月	1	1%	7

在调查过程中也有较多人反映对这些演员不熟悉。

3. 举办能力分析

宁海开元新世纪大酒店是一家隶属于开元旅业集团并按照四星级标准建造的现代化商务型酒店。总占地面积 35000m^2，总建筑面积 32888m^2，总投资 1.5 亿元。位于宁海县城的东门大北，在甬临线（宁波市至临海市省道线）和桃源北路之间的大转盘旁，交通便捷。酒店主楼层高 18 层，属目前宁海县建筑之最，拥有豪华标房、贵宾套房等各档客房 245 间套，中、西餐位 1000 个，并有音乐绅士酒吧、演艺厅、KTV包厢、西餐厅、大中小型会议室、多功能厅、咖啡厅、游泳池、网球场、桑拿健身中心等配套服务设施,是一家集旅游、会务、商务于一体的现代型商务酒店。

活动设在酒店二楼开元厅,是一个具有使用面积4000平方米的多功能大厅。

宴会式接待能力400人左右。

根据过去同类活动方案与收效,结合本次需求调查与举办能力分析,可初步选定活动方案为:面向管理阶层、个体老板及欣赏愿望较强烈的工薪阶层;提高晚会水平与档次,加强媒体广告宣传,选择支持率高的压台演员,抽奖活动奖品为摩托车,门票价格为398元(含促销费18元)。具体框架方案与费用预算为:

(1)晚会整体安排

①晚会地点:二楼开元厅

②演出时间:2003年12月24日19:00进场,20:00演出正式开演,演出时间总计3个小时。

③演出主要阵容:(计划于11月16日之前完成选定主要明星、嘉宾、主持及主要歌手,选择对象为俄罗斯皇家舞蹈团魔术大师一名,北京红色激情演唱组,内蒙古红星阿布格日图,著名笑星巩汉林、金珠等。)

④门票价格:398元,1.2米以下半票(其中包含促销费18元)。

⑤门票设计及相关的宣传资料设计,于11月12日主要明星选定后开始,并办理演出手续,11月16日宣传资料定稿,并于11月25日完成门票印刷,12月10日开始在大堂售票。同时选定刊登报刊的时间,由公关部协助安排,并利用电视台电视字幕连续做广告。

⑥现场布置:

A. T字型舞台搭建,灯光需提前租赁调试,舞台背景及开元厅四周突出圣诞节的氛围。最后一排安排追光灯位。舞台搭建及灯光于12月20日开始,12月22日完成调试。最后排座位,请工程部协助搭建增高台,计划于22日晚上完成。

B. 座位按影院式排列,初步估计可以排400～450个座位(排满可达500个),座位于23日排定,完成场地内的全部布置。

C. 进门处设置出票台和检票台,进门口需请保安部协助检票,由圣诞老人分发礼物。进门处要有明显的严禁吸烟标志。酒店大堂内摆放演出当天演员的剧照。

D. 场内需请保安在每一个出入口安排员工值勤,并需请公安协助维持秩序。

(2)费用预算

①演出费:主要明星:65000元

其他演员:10000元(其中包括灯光音响费用)

合计:75000 元

②广告及印刷品制作费:5000 元(与餐饮同步制作)

③奖品设置:

一等奖一名,奖摩托车一辆(5000 元)

二等奖二名,各奖 1088 元标准的酒店年夜饭一桌(2176 元)

三等奖三名,各奖价值 580 元 KTV 包厢一间(1740 元)

幸运奖十名,各奖酒店周末海鲜自助餐券一张(680 元)

另每位宾客赠送礼品一份,共 500 元

奖品合计:10096 元(其中主办方支付 5500 元,其余奖品由赞助方提供)

④演员演出当天的食宿安排费用:1000 元

⑤主要明星及嘉宾路费支出:3000 元

⑥不可预计支出:5000 元

费用总计:94500 元

(3)收入预算

收入:400 张×380 元/张=152000 元

利润:152000 元-94500 元=57500 元(如赞助费谈成,利润可达 82500 元)

(4)圣诞节其他康乐活动安排

12 月 24 日、25 日,所有 KTV 包厢一律以最低消费标准计费,包厢最低消费不打折。另包厢消费赠送红酒一瓶、小吃一份(预计每一个包厢赠送成本在 40 元左右)。预计当天 KTV 收入将达到 10000 元以上。

聊天吧当天以平时的节目为主,不增加额外演出。

四、圣诞晚会方案详细设计

在框架性方案的基础上,圣诞晚会方案的详细设计进一步考虑如下方面的设计内容:第一是晚会节目流程及组织运作;第二是圣诞节活动酒店氛围渲染效果设计与门票、媒体广告策划与运作议案;第三是自助大餐配置方案与组织运作;第四是政策保障;第五是财务收支预算。

(一)宁海开元新世纪大酒店 2003 年圣诞晚会节目流程及组织运作

1. 节目流程

19:58 准时开场

(俄罗斯皇家舞蹈团异国风情舞)

20:05 主持人致欢迎词

20:05—20:20 欢乐总动员模仿冠军—谢霆锋的模仿者

20:20—20:35 魔术大师与宾客互动奉献精彩魔术

20:35—20:45 北京红色激情演唱组

20:46—20:48 抽奖 三等奖

20:48—20:58 靓丽女歌手奉献

21:00—21:25 内蒙古实力摇滚红星阿布格日图

21:25—21:28 抽奖 二等奖

21:28—21:43 俄罗斯皇家舞蹈团

21:43—22:13 著名笑星巩汉林、金珠

22:13—22:15 抽奖 一等奖

22:15—22:20 俄罗斯皇家舞蹈团

2. 组织运作

责任单位:宁海开元新世纪大酒店康乐部

组织筹备计划方案:主要是演员与主持人的邀请计划表(略)。

(二)圣诞节活动酒店氛围渲染效果设计与门票、媒体广告策划与运作方案

1. 联系3～4家广告公司对圣诞节酒店布置进行效果图设计,并提供预算,11月16日前最终定稿。让"意匠"在12日晚修改好,13日拿给俞总审阅;春天广告公司12月晚修改好,13日拿给俞总审阅。14日最终定稿。

2. 11月20日根据确定的方案开始联系广告公司购买材料。

3. 11月15日完成圣诞节活动宣传单,圣诞节自助大餐消费券与圣诞节晚会门票的设计,11月20日宣传单制作到位。11月25日门票、消费券到位。

4. 12月1日着手对酒店公共区域进行布置。12月10日前完成所有布置工作。

5. 11月15日设计好圣诞节活动《宁海报》广告,版面1/2,彩色。12月1日登一次;12月17日登一次。

6. 12月24日配合餐饮部、康乐部做好圣诞节活动的开展,做好跟踪工作。

7. 12月22日联系各新闻媒体做好圣诞节活动的跟踪报道工作,主要是联系《宁海报》社与电视台做好此次活动的跟踪报道工作,加大酒店此次活动的宣传力度,尤其是通过拍照、签名方式,做好巩汉林、金珠等著名演员下榻本酒店资料的保存工作。

8. 12月26日做好圣诞节布置的拆除工作。

9. 责任部门:广告部

(三)自助大餐配置方案与组织运作

1. 大餐配置方案:(略)

2. 组织运作

责任单位:餐饮部

组织筹备计划方案:主要是掌勺厨师配置与分工、餐饮配置计划、物资采购计划等(略)

（四）政策保障

为了进一步鼓励全员参与的积极性，确保晚会的效果，做如下两方面政策鼓励措施：

1. 制定销售计划，开展全员促销

在 11 月底酒店通过店务会讨论确定各部门的销售指标及促销奖励方案（促销费每张 18 元），在全员中掀起促销热潮，争取 500 张门票到演出前全部销完。

2. 12 月 28 日及时召开总结大会，总结本次晚会中部门在活动策划中所存在的不足之处，并对本次活动操作中表现突出的员工给予表彰与奖励。

（五）财务收支预算

基本参照“框架性方案”的预算，没有大的改变。

五、总结评价

1. 宁海开元新世纪大酒店是宁海县的最高档大酒店，2003 年圣诞节是宁海开元新世纪大酒店的第一个重大节日，在市场有效调研的基础上确立的目标市场定位、价格定位与晚会档次，比较符合酒店层次与当地消费市场的匹配。

2. 康乐部作为此活动的主要负责部门，在计划、组织、实施等各个环节上有效利用相关部门的职能，充分发挥了团队合作精神，在合作基础上进行有效分工，确保了此次活动相关准备的完成落实。

3. 采取全员参与、有偿促销与媒体宣传促销相结合的手段及事后总结表彰的激励政策，可以确保晚会收益。

4. 预期的社会效益与经济效益将较好地实现方案设计的预定目的要求。

参考文献（略）

资料来源：本文选自陈丽能等编著的《毕业综合实践导引》。

例评要求：1. 本文是怎样进行选题的？

2. 本文在选材上有什么特点？

一、名词解释

毕业论文、毕业设计、论文（设计）答辩

二、填空题

1. 毕业论文（设计）有________、________、________特点。

2. 毕业论文在格式上由________、________、________、________、________、

________构成。

3. 毕业设计在格式上由________、________、________、________、________构成。

三、简答题

1. 毕业论文(设计)有哪些基本要求?

2. 毕业论文有哪些写作要求?

3. 毕业设计有哪些写作要求?

四、语言分析题

下列句子有错,请加以改正。

1. 要搞好城市公共绿地的植树绿化。

2. 捐赠物品价值在100元以上至1000元以上的也不少。

3. 作者向杂志投稿,自稿件发出之日至30日内未收到刊用通知的,可以将同一稿件向其他杂志投稿。

五、习作题

1. 选择你所在地区某一热点问题作一番调研,搜集相关资料,进行分析和思考,撰写一篇论文。或对某一课题进行研究,撰写一篇设计。

2. 模拟毕业论文(设计)答辩会场情景,举行一次论文(设计)答辩,然后总结经验教训,为今后的毕业论文(设计)答辩打下基础。

第九章　申论写作

- 基本了解申论和阅读理解、概述内容、提出对策、论证问题的定义、原则。
- 重点掌握阅读理解、概述内容、提出对策、论证问题的方法。
- 体味例文，培养申论写作能力。

第一节　申论概述

一、申论考试的定义

"申论"一说，取自孔子说过的"申而论之"。其本义可解释为申述、申辩、论述、论证的意思，即对给定的事件、材料、问题、现象、事理等进行分析和说明。不过，从历年的申论考试实践来看，申论的含义应是"依事顺理、递进而论"。它反映了人们认识事物、把握事物和回应事物的思维与行为规律。

那么，申论考试是什么？它是指以"依事顺理、递进而论"为原理，依据和体现思维与行为规律而设计和实施的一种写作考试。《申论》与《行政职业能力测验》(在有些地方还有《公共基础知识》)构成公务员入门考试体系。各省考试内容大同小异，均以中央、国家公务员录用考试的科目和题型为范式，但相比较而言，难度要低些。

申论考试的内容、方法及其产生的测评功能涵盖了策论和作文两种考试的基本方面，但又与之有根本区别。策论是中国古代科举考试中的一种八股文考试形式，要求就给定题目论证某项政策或对策，撰写论文。申论与之相比，内容更具针对性，形式也更加灵活。策论要求考生就一些重大问题展开论述，论证国家政策和对策的可行性与合理性，侧重考察考生解决问题的能力。申论要求考生针对特定话题提出自己的观点，并展开论述。从考试大纲规定及历年实际问题情况来看，申论考试为考生提供了一系列反映特定实际问题的文字材料，要求考生从一大堆反映日常信息问题的材料中，发现并解决问题，以考查应试者处理各类日常事务的素质与潜能，充分体现了时代的特征。申论与传统的作文有相似之处，但也有明显区别。作文是要求考生根据给定题目开展论述，侧重考查考生的文字功底，考生可以凭自己的主观好恶去旁征博引，选材立论，只能在一定程度上反映应试者的写作水平，无法全面考查其综合素质，尤其是解决实际问题的能力。申论不仅仅局限于考查考生的阅读理解能力和文字表达能力，更重要的是要考查考生发现问题、解决问题的能力，具有较强的综合性和现实性。传统的作文，考生可以尽情张扬个性，追求语言优美，词锋犀利。申论要求考生摒弃套话、闲话，直指问题实质，透彻、全面、清晰地分析问题和提出解决问题的方案。

二、申论考试的试卷结构

申论考试主要通过应考者对给定材料的分析、概括、提炼、加工，测查考生解决实际问题的能力，以及阅读理解能力、综合分析能力、提出问题能力和文字表达能力。全部为主观性试题，一般情况下，考试时限 150 分钟，满分 100 分。

申论试卷一般由以下三部分组成：

（一）注意事项

“注意事项”是针对考生应试作答提出的指导性建议，考生在拿到试卷后，首先必须仔细阅读该部分内容，以便按要求依次作答。近几年公务员录用考试申论科目中注意事项部分的内容如下：

1. 申论考试是对应考者阅读理解能力、综合分析能力、提出和解决问题能力、文字表达能力的测试。

2. 作答参考时限：阅读材料 40 分钟，作答 110 分钟。

3. 仔细阅读给定的材料，按照后面提出的“申论要求”依次作答。

注意事项是做好申论的前提，不同时期和不同的测试中会有一些变化，考生在正式考试中一定要仔细阅读一下该部分内容，千万不要图省事。

（二）给定材料

申论给定的材料，大多是一组经过半加工的带有新闻性质的现实材料，内容多为集中反映社会日常生活中存在的某一热点问题或大众传媒关注的焦点问题，具有普遍性和非专业性，可能涉及政治、经济、法律、教育等社会现象诸方面，很少涉及重大理论问题或专业性问题。

给定材料的篇幅一般长短不一，短的 3000 字左右，长的 8000 字左右。

（三）申论要求

申论要求，即考生在弄清给定资料的基础上所必须完成的若干题目。通常情况下，申论要求包括以下三个主要方面：

1. 概述内容。对给定材料进行理解、分析、整理、归纳、概括、综合，概述出给定材料所反映的主要问题（一般字数限定在 150 字以内）。

2. 指出对策。针对主要问题提出解决问题的对策或方案，要有针对性和可行性

(一般字数限定在350字以内)。

3.论证问题。对提出的问题、方案进行阐述、论证,要求中心明确,论述深刻,有说明力,一般字数限定在1200字左右。

要注意的是申论考试的题目样式和数量不是固定的,对于测试要考查的内容可能通过两个、三个、四个问题来体现,题目样式可能是概述事件主要内容,也可能是概括主要问题,也可能在不同层面对解决问题、怎样解决问题提出不同的要求,但无论题目样式和题目数量发生怎样的变化,申论考试要考查的都是上述三方面的内容。

三、申论考试的基本环节

基于"依事顺理、递进而论"的原理和提出问题、分析问题和解决问题的正常逻辑过程,申论考试有四个基本环节,即阅读理解、概述内容、提出对策、论证问题等。其中,除阅读理解以外的三个环节就是"写作三部曲"。

(一)阅读理解

阅读理解是申论考试的第一环节,也是基础性环节。这里主要是测评考生的阅读理解能力。而阅读理解能力却是考生阅读给定材料的速度、准确性和透彻性之总和,是承担公务员工作,进行现代脑力活动的一项基本功,因而可以叫做公务员能力基础。

根据申论考试的实践可知,给定材料通常没有严密逻辑,但却有一定主题,近似于"半成品"。要从这样看似杂乱的材料中提取有效信息,甚至是政务信息,显然是有难度的,也是要有较高阅读理解能力的。具体而言就是必须有主见、有逻辑,主次分明,能抓重点,理顺关系,善处主干枝节地浏览和研磨材料,由此逐步地辨析并分离出所有重要的和有价值的信息内容,以备做出反应或回应之用——这就是阅读理解的本领。这样的本领包含了很多具体内容,既要熟悉并善于运用多种多样的阅读理解技能技巧和方式方法,也要讲究阅读理解的应试策略。

(二)概述内容

归纳概述内容就是考生运用严谨的思维逻辑来分析给定材料、分类整理其中信息、归纳合成完整的信息并由此形成完整精要认识的思考和写作过程。它包括概述主要内容、主要问题或主要观点等多种形式,其旨在测评考生的分析归纳能力。

从模拟实践的角度看,这正是形成政务信息的过程。从考试的角度看,这里的实际任务远不仅仅是对给定材料的简单概括,而是把握该材料的主要内容、中心思想,并用极为简短精炼的文字集中概述出来。而这实际就是对给定材料进行分析、梳理、归纳和概括。其中最核心的就是把握主要问题,即发现问题或提出问题。

对于考生来说,这是进行申论应试的第二步,但却是进入实质性考试即写作考试的第一步,也是整个写作考试写作的起始。这里的质量与成效如何,甚至是角度、立场、着眼点的高低或者具体出发点如何，都将直接影响到后面各部分写作的整体思路与内容。要走好这一步，就要熟悉和运用多种相应的技巧、策略，要具备较强的概括能力，特别是发现或提出问题的能力。

（三）指出对策

指出对策就是指通过阅读理解和分析归纳等活动发现问题，把握住问题的全部，找出问题的主线，确认出问题的实质与关键，寻找到解决该问题的有效办法和途径，最终形成一套行之有效的解决方案。这通常简括为提出对策、解决问题，实质就是出主意、想办法、拟对策和定方案。它旨在测评考生解决问题的能力。

这个过程要求考生能够有积极、负责的态度，以娴熟的技巧，切要、得体地提出对策、解决问题。从模拟机关运作过程的角度看，这里就是形成处理问题的具体意见、建议、举措或方案的最重要政务运作环节，也是申论考试向纵深推进的中间要害。

指出对策是申论考试的第三个环节和具体答题应试的第二步。很明显，这个环节就是要测评考生解决问题的能力。这对公务员来说则是最主要的基本职业能力，其最大特点和价值就在于它具有创造性和具体处理问题的实际功效，是直接满足公务员工作需要的最实质性本领和素质工具。所以，它成为申论测评的最主要目标。这就是说，这里在侧重考查考生解决问题能力的同时，也考查考生的应变能力、创新能力和思维广度等其他重要素质。

（四）论证问题

论证问题就是考生用符合机关运转规则、满足公务员工作要求的书面形式写出在阅读理解、分析归纳、提出和解决问题等心理活动过程中产生的认识结论，并进行解说、分析和证明。

它旨在测评考生的综合能力，形式上是完成一篇立论式作文或公务文书。

这里的写作具有自身鲜明的特点和要求。首先，这里要求必须写出一篇完整的文章来，不像前面“两写”那样不展开求全而只写短小精粹的作品。其次，这里的篇幅很大，经常在1000字上下。再次，这里的写作必须结构完整，也就是说必须有一个正常的文章架构，包括标题、头尾、主体、起承转合等都要具备。还有，这里侧重基于“发现或提出问题”来对“解决问题”进行论证、分析和作出说明，实质是自圆其说、使人信服。最后，这里在文字上和内容逻辑上必须保持前后一致、完整一体。

事实上，这一环节正是所模拟的政务信息后处理或后运作阶段，它作为申论考试的最后一步，实质就是根据概括材料所发现或提出的问题，特别是根据第三步所提出的对策，具体考虑对这些问题及其解决方案的解释说明，因此，这一环节就可以简要地概括为“论证问题”，实质就是对可行性解决方案进行详细的论证说明。

这个环节在形式上是测评考生的文字表达能力，实际则是测评考生在运用作文知识与技巧、逻辑知识与技巧来完成限定在机关运作需要层次上进行综合性写作的速度、娴熟性、规范性、清晰性、透彻性和简洁扼要性等品质之和，包括考生的思想水平、综合素质、逻辑能力、分析能力、论证能力、沟通能力和写作能力等。这是做好公务员工作的综合的基本能力，微观上则又集中表现为遣词造句、谋篇布局、正式书写的本领。

应该说，上述这四个环节各有其独到的功能，能够分别完成不同阶段的考试任务，达到不同阶段的考试目标，最后从整体上完全实现申论考试的测评用意与价值。事实上，这些环节科学地模拟了政府运作在政策制定、面对和解决实际问题上的实际过程，也科学地模拟了在面对实际问题时的思维过程和行为过程，实质就是科学而准确地反映了在申论考试上所包含和显示出来的思维与行为规律。这样，这些环节就构成了申论考试的基本步骤。

这里要特别说明的是，“写作三部曲”与提出问题、分析问题和解决问题的正常逻辑过程存在一点不吻合之处。首先，我们知道，概述内容与提出问题相对应，提出对策与“解决问题”相对应，论证问题与“分析问题”相对应。其次，从这样的对应上可以发现，申论考试把解决问题提前了一步，而把分析问题放到最后一个环节了，这就是申论答题的顺序与正常逻辑过程的不吻合之处。然而，这也正是申论考试体现在基本环节上的特点。不过，在实际的考试过程中，这一特点也会有变化，随时都可能把“写作三部曲”调回到与正常逻辑过程完全对应的状态上。

总之，申论考试最主要就是依靠并抓住这四个环节来测评考生的多种能力乃至综合素质的。

四、申论考试的趋势分析

（一）材料情况分析

历年的申论考试材料本身信息复杂、庞大，由数字、文字、图表组合而成，增加了阅读困难；材料涉及社会生活的方方面面，选择的都是社会热点、焦点问题，其目的是为引导考生关注改革，关注国家大事，并善于运用所学知识分析、研究、解决问题，这是一个公务员应该具备的基本素质。从命题的发展趋向上来看，材料主要呈现出以下两个特点：

1. 材料越来越具有实际效应。申论考试是模拟公务员在日常工作中解决实际问题的缩影，所以材料都是反映社会生活的，从历年申论考试提供的材料，我们可以看出材料越来越贴近现实生活：2000 年考试材料是由噪音污染引发官司，反映出经济发展与环境保护的矛盾；2001 年考试材料是关于 PPA 风波；2002 年考试材料反映的是网络给人类生活带来正面和负面影响；2003 年考试材料是关于安全生产和重大事故问题；2004 年考试材料是我国汽车工业的现状和发展趋势，以及城市交通拥堵问题；2005 年考试材料是关于我国农村农民问题；2006 年考试材料是关于突出公共事件问题；2007 年考试材料是关于土地征用问题。这些都是人们日常生活中关注的问题,考生都不陌生。

2.材料的阅读量越来越大。纵观历年申论考试的材料,2000年、2001年、2002年提供的材料字数都在1500字左右,到了2003年、2004年、2005年提供的材料字数达到3500字—5000字左右,2006年提供的材料字数达到8500字,2007年提供的材料字数达到7200字。这说明对考生的阅读理解能力的要求进一步提高。

(二)命题形式分析

1.概述内容

(1)概述主要内容

2001年申论考试要求:有条理地概述这些材料的主要内容,字数不超过200字。

2002年申论考试要求:给定资料反映了网络给社会生活带来的种种影响,用不超过200字对这些影响进行概括。

2004年申论考试要求:概述我国汽车工业的现状和发展趋势。不超过1000字。

2006年申论考试要求:假设你是一位新录用的公务员,请用不超过500字的篇幅,概述D部长谈话的主要内容,供领导审阅。要求:概述全面,观点明确,条理清楚,语言流畅。

2007年申论考试要求:根据给定材料1、2的内容,整理一份供有关负责同志参阅的材料。要求:概述全面,观点鲜明,条理清楚,语言流畅,不超过500字。

(2)概述主要问题

2000年申论考试要求:用不超过150字的篇幅,概括出给定资料所反映的主要问题。

(3)概述主要观点

2005年申论考试要求:根据给定资料,概述我国近年来农村扶贫开发工作的基本方针政策。概述文字要简明扼要,不超过200字。

2.提出对策

(1)提出对策方案

2000年申论考试要求:以省政府调研室工作人员的身份,用不超过350字的篇幅,提出解决给定资料所反映问题的方案。

2001年申论考试要求:假定你是某职能部门的工作人员,请你就PPA风波所引发的问题提出善后处理意见,可全面谈,也可就某一方面谈。

2002年申论考试要求:从政府制定政策的角度,就如何克服资料所反映的种种弊端,提出对策建议。字数400字左右。

2003年申论考试要求:从政府职能部门制定政策的角度,就如何“减少事故,保障安全”,提出对策建议,供领导参考。字数不少于600字。

(2)对策的有效性分析

2005年申论考试要求:给定资料中提到扶贫资金被挤占挪用的问题。下面列出了解决这一问题的 A—E 五项措施，其中不正确的是哪几项？请写出这几项的序号，并分别说明为什么不正确。说明的字数不超过 200 字。

(3)通过文章形式考查解决问题的能力

2004 年申论要求：根据材料，写一份“关于我市交通拥堵情况的报告”。不超过 1500 字。报告这一文体的主体部分是由概述问题、分析原因、提出对策三部分构成的。这种通过应用文形式考查考生解决问题的能力的题型增加了提出对策的难度。

3.论证问题

(1)议论文

2000 年申论考试要求：就给定资料所反映的主要问题，用不超过 1200 字的篇幅，自拟标题进行论述。

2001 年申论考试要求：根据上述材料，自选某一角度，自拟题目，写一篇 1000 字左右的文章。

2002 年申论考试要求：就所提出的对策建议进行论证，既可全面论证，也可就某一方面重点论证。字数 800 字左右。

2005 年申论考试要求：请以“评解决我国农村农民问题的两种思路”为题，写一篇 800－1000 字的文章。要求观点明确，分析具体，条理清楚，语言流畅。

2006 年申论考试要求：在我国，妥善应对突发公共事件是政府面临的重大课题。请你就我国政府如何提高应对突发公共事件的能力，写一篇文章，谈出自己的看法。要求：自拟标题，观点明确，联系实际，分析具体，条理清楚，语言流畅。字数在 1000－1200 字之间。

2007 年申论考试要求：以“命脉”为题，写一篇关于土地问题的文章。要求自选角度，提出问题，解决问题，不少于 800 字。

(2)公务文书

2003 年申论考试要求：①从政府职能部门制定政策的角度，就如何“减少事故，保障安全”，提出对策建议，供领导参考，字数不少于 600 字；②提供了两种讲话情境，任选一种，为设定的发言人拟出一篇现场讲话稿或电视讲话稿，字数不少于 1000 字。

2004 年申论考试要求：根据材料，写一份“关于我市交通拥堵情况的报告”，不超过 1500 字。

由此，我们可以分析出申论考试在命题形式的趋向上具有如下的特点：

第一，题型不断变化，其趋势是更加贴近公务员日常工作。2000 年申论考试要求以省政府调研室工作人员的身份，提出解决问题的方案。2001 年申论考试要求假定你是某职能部门制定政策的角度，提出对策建议，供领导参考；为设定的发言人拟出一篇现场讲话稿或电视讲话稿。2004 年申论考试要求以政府主管部门负责人的身份写一份报告。2005 年申论考试就扶贫资金被挤占挪用的问题列出了 A—E

五项措施，问其中不正确的是哪几项，并分别说明为什么不正确。2006 年申论考试以谈话形式设置题型。我们可以看出无论是方案、意见，还是讲话稿、报告、对策有效性分析，无论题型怎样变化，考查的都是考生解决实际问题的能力，而且对于考生了解我国大政方针、了解我国政府工作职能分类、了解政府工作状态的要求越来越高。

第二，题目灵活多变，几乎每年都有一个新的变化。以概括题目为例：2000 年申论考试要求概括出给定资料所反映的主要问题；2001 年申论考试要求概述这些材料的主要内容；2002 年申论要求概括给定资料反映的问题的影响；2004 年申论考试要求概述我国汽车工业的现状的发展趋势；2005 年申论考试要求简述解决我国农村农民问题的两种思路。2006 年申论考试要求找出与 D 部长观点不一致的帖子并说明为什么。以论证题目为例：2000 年至 2003 年论证都属于材料作文，自拟标题；2004 年和 2005 年论证部分是材料作文，部分是命题作文。并且，2005 年申论考试的论证部分发生了巨大变化，就是通过题目限定了议论文的形式是评论文。可以看出论证部分越来越清晰地显示出分析说理能力的重要性。

第三，提问结构不断变化，但内容没有本质变化。申论考试提问的结构一般包括三个部分：一是对材料的理解、分析、整理、归纳、概括、综合；二是提出解决问题的对策；三是对问题、对策进行论证。一般这三方面的内容是通过三个问题来体现。但近年来的变化情况说明，这种提问往往有变化，可能会变为“二段三问”或者“二段二问”或者干脆“一段三问”，但无论提问形式怎么变，申论考核内容都没有发生本质变化。

第二节 阅读理解

一、阅读理解的定义

在申论考试中，阅读理解就是对试卷中的给定材料进行阅览解读和体会认识。在这个过程中，应该能够透过现象看到本质，准确理解和把握材料的主题思想；应该通过分析联想和判断感知来消化“半成品”式的给定材料，觉察并提取出有价值的信息——给定材料所反映的主要内容、主要问题和主要观点等，为下一步应题作答做好准备。

阅读理解给定材料是申论考试的第一个实质性环节。这里做得如何，诸如是否能在限定时间内读完材料，能否很好地理解材料的主题深意，能否迅速判断和把握住给定材料所含主要内容的概貌与实质，能否抓住紧密相关的重要信息等等，将关系到整个申论应试会有什么样的成绩和结果。所以，这是一个非常重要的基础性、前提性环节，故考生一定要把阅读理解的环节做好。

二、阅读理解中常见的问题

在实际的考试过程中，不少考生常常做不好阅读理解，这是考试中经常发生的问题，其中最突出的有以下四方面：

1. 不能有效消化给定材料。这主要是考生不熟悉、不习惯给定材料的“半成品”特性，不知怎样看待和理解彼此间差异较大甚至非常大的不同材料，不知怎样将不同部分的材料联系起来，提取所要信息。这是在阅读理解上基本功不强的表现。

2. 不能适应给定材料的变化。给定材料从形式到内容、从篇幅到结构几乎每年都在变化。比如，2006 年的阅读材料由往年最多的 4000 字左右突然增加到 8500 字，题材由通常所说的政策问题类突然转向了应急机制建设和危机管理这样的专题，材料的形式则不是较形象具体的案例型而是抽象的对话型。于是，不少平时准备充分的考生都因措手不及而表现不佳。这都是在阅读理解上没有应变能力的表现。

3. 阅读零碎片面，缺漏很大。在阅读给定材料时，考生往往会因为想加快阅读速度，只作大致浏览而忽略关键的词、句和段落，加上时间的限制和紧张的气氛带来的影响，就常常囫囵吞枣地空口阅读、做样浏览，不能深入到材料的肌理中去进行有效的阅读。于是，就出现了丢三落四、似懂非懂的结果。也有的考生虽然能够较好地读完整个给定材料，但是却在理解上出现了偏差，最终导致功亏一篑。理解的偏差主要有先入为主、偏见固执、惑于表面现象、不善深入事理、未能切入实质等等问题。这些是阅读理解存在很大的随意性、片面性和杂乱性的表现。

4. 阅读过细过慢，但质量差。有不少考生很心细，采取的是“宁可句句细读，不可一语错过”的阅读策略，结果速度慢、理解差，读了后面的就忘了前面的，读得很辛苦，却收获很微薄。这是不能在总体上把握阅读材料的表现。

三、阅读理解的原则

对给定材料的阅读是申论考试的基础性环节。申论阅读的核心是“读懂”，为了保证真正“读懂”给定材料，我们在阅读的过程中必须把握以下几个原则：

（一）时间性原则

申论考试一般提供 1500 字左右的材料，但 2003 年至 2007 年，中央、国家机关公务员申论考试的材料较多，字数达到 3500—8500 字。花多少时间去读这么多材料便成了一个首要的问题。很多专家认为应在 40 分钟左右为宜，但根据多次的实战考试经验，我们认为以 30 分钟最佳，因为申论考试看似时间宽裕，实则也很紧张，而且考虑到每次作答前都要草拟提纲，这实际上又是一次阅读，完全可以补充 30 分钟阅读没弄清楚的地方。

（二）整体性的原则

申论阅读往往会涉及很多材料，如何从总体上把握这些材料，并依此进行分析得出这些材料要说明的中心问题，这是申论考试的关键。要完成这个关键的前提是从整体上把握材料，而不是对材料一知半解。只有全面掌握了材料，才可能全面概括材料，挖掘材料的主旨，制定全面、有针对性、可行性的对策，进而对问题进行论证。所以说整体性的原则是阅读理解的基础，也是申论考试的基础。

（三）筛选性原则

申论考试的材料虽然庞大杂乱，但并不是每一个字、每一个词、每一个信息都是有用的，这其中可能包含着许多迷惑信息、多余信息。因此我们要在整体把握的基础上对材料的信息进行筛选，否则很容易陷入误区。如 2000 年的申论考试材料，提供的信息主要包括：噪音污染引发纠纷的信息，法院审判陷入困境的信息。对于这两个信息，有些考生就没有从整体把握进行筛选，有的将这两个信息都列为主要问题，有的则错误地将法院的司法审判列为主要问题，可想而知，这将严重影响考试成绩。

四、阅读理解的方法

申论考试提供的材料字数多，内容复杂，结构混乱，整个阅读理解的过程不是认字识词，为读而读，它需要考生完成由事实上升到观点，由具体问题上升到本质属性，把一堆材料分为几类材料，把分散事物综合为具有一定联系的事物，由材料内的事物联系到材料外的事物的思考。考生要想完全驾驭材料，至少要将材料读两遍，每一遍都有必须要完成的内容。

（一）速读第一遍——了解内容

1. 带着问题阅读。考生应先看申论要求中的问题，对整个材料有一个整体把握，清楚阅读方向，继而针对问题对材料进行阅读、分析，清理重点段落。也就是说，阅读是为了做题，阅读要有选择性，选择与问题有关的材料。即要一边阅读，一边分析概括。一般需要重点注意的内容：哪些材料能用在总结概括题型中；哪些材料与我们解决问题有关，它们或是问题存在的原因，或是专家的分析，或是探索性的经验和做法，或是领导人的思路。选择出这些材料，也就基本达到了第一遍阅读的目的。

2. 了解材料形式。申论考试提供的材料一般都为“半成品”，也就是说这份材料虽说不是原始材料的堆积，但也仅限于进行过一次初步的加工，因此这份材料可能会是几个并列的材料的累积，或者是逻辑顺序不十分明朗、内容分散的一个信息材料，无论材料的形式、结构如何，第一步要做的就是理清脉络。材料的形式可以分作三类：第一，每一个小的自然段落表述一个信息；第二，整篇材料不分段落，所有信息混合在一起；第三，材料中虽然分有段落，但有些段落表述一个以上的信息。

3. 了解材料内容。考生第一次接触申论材料，对材料的内容是完全陌生的，所以第一次阅读的目的是了解材料内容。阅读过程中要掌握技巧：

(1)速读。对于掌握阅读的基本能力的考生来说，这一次的阅读速度应适当加快。

(2)圈点画线、边注眉批。为加深对材料内容的印象，尽快理解材料的内容，对关键的词和句子应该边读边用自己习惯的形式做一个记号，例如：画圈、画线。对于主题内容一目了然的自然段、层次，可直接在后面用简短的词、句边注眉批。这样做可以减轻第二次阅读的负担，也节省了时间。

(3)把握关键句。关键句在材料中的作用一般有三种：第一，提示段意。主要是段的起始句或结论性的句子。第二，提示材料中心、主旨、观点、情感的句子。主要是位于材料开头、结尾的结论性、概括性语句和段落的中心句。第三，提示材料脉络层次的句子。

(4)理解关键词。词是材料的基本元素，对一些特殊的词多加注意、正确认识、深入理解对理解整个材料至关重要。如申论材料中的关键词一般表现为：根本原因、主要原因、直接原因、前提、性质、特点、特征、实质、观点、认为、方式等等。

(二)精读第二遍——理清脉络

经过第一次阅读，考生对材料内容已经有了一个整体的了解，第二次阅读材料的目的就是：由感性认知上升到抽象理解。只有从具体到抽象，从现象到本质，才能达到更高层次的理解。下面就理清脉络的步骤具体作一介绍：

1. 总结自然段。每读完一个自然段用自己读得懂的语句简练地将这个自然段的内容概括出来。概括方法有两种：

(1)关键句概括法。每个自然段所反映的内容有时会以提纲挈领的方式直接出现在段落最前方，即每段的第一个句子；或者以总结段落内容的形式出现在自然段的最后，即每段的最后一句话。

(2)总结概括法。当自然段中没有关键句，整段只是以一种陈述事实的方式将信息罗列、记述下来时，就需要我们通过对这个自然段的内容分析、整合后，归纳出这个自然段的意义。一般来说，每个自然段的内容相对较少，信息相对单一，所以能够比较容易概括出来。

2. 划分段落层次。通过上面对各个自然段的分析，考生已经对材料内容有了比较系统的把握，接下来就需要利用合并同类的方法划分段落层次。例如，有一份材料是这样划分层次的：

1—3 段　医院的售药价格远远高出商场的售价。

4—7 段　依据药品价格管理方法，证实医院的售药价格远远高出了规定标准。

8 段　市场上批发价证明医院的售药价格高出规定标准，而且批发商的价格也高于规定标准。

9—10 段　医院出售高价药的原因是医生收受“提成”。

3.提炼中心思想。考生通过对各段之间、各段与全篇之间内在的逻辑联系，达到思想认识上的系统化，再通过整体系统的抽象和概括，最后归纳出了材料的中心思想。由此，考生完成了由表象向本质的过渡。提炼中心思想通常有以下几种方式：(1)标题提示中心思想；(2)文章开头提示中心思想；(3)文章结尾提示中心思想；(4)关键词句提示中心思想；(5)通过材料结构、内容的分析归纳出中心思想。

以上例为例：

这则材料反映的是一起严重损害消费者利益的问题。主要是通过对医院出售高价药这一事实的调查，论述了中间商通过对医生的折扣让利达到为自己牟取暴利的目的，医生受“提成”的诱惑而强行要求患者服用高价药品。

第三节　概述内容

一、概述内容的定义

在申论考试中，概述内容就是在阅读理解的基础上准确、精练地把握住和表述出给定材料所含的主要信息。它包括概述主要内容、主要问题或主要观点(思路、原因、方法、政策、影响等)。

事实上，概述和提出问题基本上是同步的。提出问题就是从给定材料中提取出主要问题和相关重要信息，在思维与行为规律上就是发现问题，在申论考试中沉淀被称为“概括主要内容”或“概括主要问题”。这里要求考生在阅读理解给定材料的基础上，运用精确精炼的词汇和语句，将给定材料的主要内容书写出来，写出明确的问题，树起具体的“靶子”，但切忌把试卷要求的“概括……主要问题”误认为概括主要事实或主要内容，而对“主要问题”是什么却无所涉及。

二、概述内容中常见的问题

在概述内容的实践中，常常会出现各种各样的问题，这些问题会严重影响归纳概括的质量，现在将主要问题简介如下：

1.没有完整准确地把握住事物的整体，特别是内部联系，便大致而估，粗笔而写，显得很随意草率。

2.没有认识到客观要点，更没有形成一个正确的认识，就急速写完，结果是以偏概全、错漏残缺。

3.迷惑于细枝末节而忘记要点、梗概，在内容上出现偏重事实复述而丧失概括的意义。

4.用形象的词语或者迂回的方式来进行表述，这使概括变得复沓冗长、缺乏质量。

5.受个人倾向和主观臆断的影响，概然写出，结果不够客观、真实，丧失了大量有效信息和概括对象的原貌。

这里要特别指出的是，申论考试中的概括是不应该加入作者自己的主观成分的，而是要对客观材料进行完整、准确的把握和客观的反映。这是因为考试中的概括不是独立表达主张或看法的文章，而是为后面诸论提供一个更集中、完整的简明的客观思考对象，便于随后发挥主观能动性，包括提出对策以解决问题、提出观点并进行分析论述等。总之，就是要保持客观的角度和心态，真实准确地反映材料的主题。

三、概述内容的原则

1.全面。概括的全面性主要是针对申论考试中概括材料的内容、观点等要求。在解答这类要求时，考生切记要将材料中反映的内容、观点区分类别，概括得完整、全面。

2.凝练。表述的凝练包括两方面：概括出的材料内容的凝练和表达词语的精简。申论考试要求考生在限定的字数内概括材料的内容，从历年的考试情况来看，限定的字数是极少的。如 2000 年申论考试就是要求将一篇 1500 字左右的材料用不超过 150 字表述出来。在这样有限的字数范围内，将材料全面、深刻地表述出来是非常有难度的。这就要求考生在全面掌握材料内容，把握材料反映的主题的基础上，进行抽象概括，去掉细枝末节，删繁就简概括出主题。

3.准确。概括的准确性应该说不仅仅是高分的标准，而且是能否得分的标准。考生概括出的主要问题一定要紧紧围绕材料，针对材料反映的主旨提出，千万不可离题千里，任意发挥。要对材料本身做多侧面、多角度、多方位、多层次的思考和权衡，找到最恰当、中肯的方面准确概括。

4.深刻。无论申论考试要求是概括材料的内容还是概括材料反映的主要问题。考生都必须透过材料表述的内容，看到材料反映的主要问题所在，即材料所反映的本质问题。如果仅仅是停留在材料的表面，这样的答案是不可能得到高分的。因此，概括时一定要进行寻根究底、掘井及泉的思考，要善于问“为什么”，因为找不到问题发生的根本原因在哪里，也就不可能看到事件的主要问题是什么。申论材料一般来说都比较复杂，考生很难一下子就将问题看得很深刻，可以说对材料中所反映的主要问题的认识一定是一个“分析—认识—再分析—再认识”的过程。

四、概述内容的方法和步骤

（一）概述主要内容的方法和步骤

1. 方法

(1)删减要素的方法。提炼概括就是在初步概括材料的基础之上，用精简的话语将主要内容抽象概括出来，去掉材料中的细枝末节，概括内容中的精髓。使用删减要素方法的前提是要先对材料进行初步概括，通过初次概括材料得出的要素有：人物、事件、时间、地点、原因、结果等。在此基础上，进行最终的概括加工时，对于人物和事件这两个核心要素不可删除，而像时间、地点、原因、结果等要素，可根据需要保留或者删减。

(2)分类归纳的方法。有些申论考试的材料是由有争议的意见或事物的不同表现形式组成，这类申论材料主要内容的概括主要是针对争议的不同观点或处理问题的不同方法。对于这类材料，我们可以采取分类归纳的方法。即对于相同意见或方法进行整合，对于不同的意见或方法进行分类，然后概括出主题。

(3)抓住关键句的方法。这种方法比较简单。材料总会有一个主旨，为了突出主旨，有时在材料中会出现提领全文的关键句，抓住了关键句就把握住了材料的精髓。

2. 步骤

第一步：概括各段的含义。这一步在阅读中已完成。

第二步：概括各层的含义。这一步在阅读中已完成。

第三步：概括中心，这一步在阅读中也已完成。

第四步：依据要点，按一定的逻辑顺序，考虑字数，具体成文。一般来讲，可以用以下三句话来表述。

第一句话：概述材料反映的主要内容。基本形为：

[该材料中的事实] 反映了 [什么主要内容]。

第二句话：简述问题的表现形式或说明种种情况。基本形为：

[问题 1]、[问题 2]、[问题 3]等，或[情况 1]、[情况 2]、[情况 3]等。

第三句话：提出对策。基本形为：

[我们怎样行动]。

下面以《政府诚信问题》(文章略)为例，进行概述主要内容，字数不超过 150 字。

第一步：概括各段的含义。

(1)政府诚信是整个信用体制建议的基础和保证，是创新信用环境的主体，整个社会信用体系的基石。

(2)我国政府不少部门存在项目审批不严、监管不力的问题。

(3)假冒伪劣食品竟然是证照齐全、获得“质量信得过”称号的企业生产加工的，充分暴露了政府重审批轻监管、乱审批不监管的问题。

(4)福建省邵武市民政办，将救灾救济款 3 万元转至敬老院后，又赞助给其他部门作经费开支。

(5)毒鼠强在我国是严禁在市场销售的，但由于一些地区的公安、工商、卫生等部门的相互推诿，现在还有毒鼠强在销售。

(6)陕西省安康市双龙镇政府及镇属部门在一酒店里4年吃喝20多万元，镇政府只能每年还5000元，计划36年才能偿还这笔吃喝款。

(7)由于政府失信于民，对集资修自己门前的公路，四川省渠县鲜渡镇等乡镇的村民们先后表现出截然不同的态度；起初积极支持，现在是坚决抵制。

(8)张云泉事迹。

(9)牛玉儒事迹。

第二步：概括各层的含义。

第一层(1)政府诚信是整个信用体制建设的基础和保证，是创新信用环境的主体，整个社会信用体系的基石。

第二层(2)我国政府不少部门存在项目审批不严、监管不力的问题。

第三层(3—7)举例说明因为政府部门项目审批不严、监管不力导致政府诚信度降低，影响了干群关系。

第四层(8、9)张云泉和牛玉儒用自己的行动，体现了一切为民的公务员意识和建设诚信政府的重要性。

第三步：概括中心思想。

由于我国政府不少部门存在项目审批不严、监管不力的问题，导致政府诚信度降低，影响了干群关系的事实，反映了政府诚信是整个信用体制建设的基础和保证，是创新信用环境的主体和整个社会信用体系的基石，建设诚信政府成为当前现代化建设的巨大挑战。

第四步　考虑字数，具体成文。

该材料通过正反两方面的事实，反映了打造诚信政府的重要性。当前一些地方政府仍在这样那样的问题上失信于民，使人民利益受到损害，人民对政府的信任度降低。我们必须向张云泉和牛玉儒等同志学习，从自身做起，本着一切为民的意识，建设爱党、爱民的诚信政府。

(二)概述主要问题的方法和步骤

1. 方法

概述主要问题的方法就是因果分析法。俗话说“无因不成果”，意思就是任何事物的发展变化都有其原因，找到了问题产生的原因，也就找到了材料反映的主要问题。因果分析就是依据其结果，顺藤摸瓜、层层推进，追溯到原因。因果关系可能非常单纯，也可能异常复杂，考生在平时就应养成用因果分析的方法来分析问题的习惯，这非常有助于考试临场应对。

2. 步骤

第一步：概括各段的含义。这一步在阅读中已完成。

第二步：概括各层的含义。这一步在阅读中已完成。

第三步：概括中心思想。这一步在阅读中也已完成。

第四步：寻找问题发生的根本原因。引起一个事件、一个问题产生的原因可以有很多，但根本原因只有一个，这个根本原因就是材料要反映的主要问题。

第五步：考虑字数，具体成文。一般来讲，可以用以下三句话来表述。

第一句话：概述材料反映的主要问题。基本形为：

[该材料中的内容]　反映了　[什么主要问题]。

第二句话：简要分析该问题产生的原因，或简述该问题的表现形式等。基本形为：

[原因 1]、[原因 2]、[原因 3]等，或[问题 1]、[问题 2]、[问题 3]等。

第三句话：提出对策性的结论。基本形为：

建立和完善[对策]成为当前亟待解决的问题。

或者，解决[问题]已成为当务之急。

下面以《食品安全问题》(文章略)为例，进行概述主要问题，字数不超过 150 字。

第一步：概括各段含义。

(1)安徽阜阳奶粉事件。

(2)杭州 4 家豆芽加工黑窝点，工人戴着面罩生产豆芽。

(3)消费者对任何一类食品安全性的信任度均低于 50%。

(4)广州毒米酒事件，“三无”家庭式酿酒作坊条件简陋，卫生状况堪忧。

(5)华兴金果食品厂产品含有有毒物质。

(6)山东“龙口粉丝”，产品含有增白剂，被曝光后，仍在大卖。

(7)苏丹红事件暴露出厂家为获利不顾安全生产，也暴露出我国食品安全问题：禁而不查，查而无标准可循，无法据可依。

(8)从苏丹红事件看出我们整个食品行业安全意识的薄弱。我国食品安全管理中存在很多问题。第一，有关部门的监管思路不到位、处理问题简单化以及监管过程中存在若干漏洞。第二，食品监管不主动，缺乏具体的评判标准，缺少更为完善的食品安全法规，食品安全多头监管的局面导致一些领域重复检测，而一些领域得不到检测。

第二步：概括各层含义。

第一层(1、2、4—7)列举我国食品安全问题。

第二层(3)消费者对任何一类食品安全性的信任度均低于 50%。

第三层(8)从苏丹红事件看出我们整个食品行业安全意识的薄弱，以及我国食品安全管理中存在很多问题。

第三步：概括中心。

材料通过对一系列食品安全事件的曝光，反映出我国整个食品行业安全意识薄弱和我国食品安全管理存在很多问题：有关部门的监管思路不到位，处理问题简单化；食品监管不主动；缺乏具体的评判标准；缺少更为完善的食品安全法规；食品安全多头监管的局面导致一些领域重复检测，而一些领域得不到检测。

第四步：寻找问题发生的根本原因。

食品安全问题

↓为什么

企业追求利益，生产劣质食品，并使其流入市场

↓根本原因

食品行业安全意识的薄弱，各主管部门管理不力；监督薄弱；对事件的治理措施不力；食品安全多头管理；行政执法人员的素质低，行政部门的工作效率差

↓根本原因

食品安全管理法规有待完善

第五步：考虑字数，具体成文。

该材料通过对一系列食品安全事件的曝光，反映出我们整个食品行业安全意识薄弱和我国食品安全管理存在很多问题：有关部门的监管思路不到位，处理问题简单化；食品监管不主动；缺乏具体的评判标准；缺少更为完善的食品安全法规；食品安全多头监管的局面导致一些领域重复检测，而一些领域得不到检测。建立和完善食品安全管理法规成为当前亟待解决的问题。

(三)概述主要观点(思路、原因、方法、政策、影响等)的方法和步骤

1.方法

概述主要观点(思路、原因、方法、政策、影响等)的主要方法是总分法，其形式是先总说后分说。

2.步骤

第一步：概括各段的含义。这一步在阅读中已完成。

第二步：概述各层的含义。这一步在阅读中已完成。

第三步：概述中心思想。这一步在阅读中也已完成。

第四步：考虑字数，具体成文。

第一句话：综述观点(思路、方法、政策、影响等)的内容。

例如：互联网是20世纪后科技革命的产物。它的出现和迅速扩展带来了人类信息传播领域的一次革命性飞跃，深深影响着人类生活的各个层面。对我国社会主义建设来说，它是把双刃剑。

第二句话：分述观点(思路、方法、政策、影响等)的内容。

例如：一方面，互联网的发展和普及有助于我国经济、教育、生活等各方面的发展；另一方面，由于网络信息传播的全球性、交往行为的虚假性等特征，网络安全问题成为我国社会主义建设的巨大挑战。

以 2005 年中央、国家机关申论考试为例，概括出材料中关于解决我国农村农民问题的两种不同思路。

第一步：概括各段的含义（略）。

第二步：概括各层的含义（略）。

第三步：概括中心思想（略）。

第四步：考虑字数，具体成文。

农民问题是中国发展的首要问题，针对解决农民问题，缩减城乡差距，目前存在两种不同思路：第一，以国家扶持为主，完善制度，为农民增收创造良好的制度环境，帮助农村农民发展生产，进一步转变政府职能，推进农村市场经济体制的建立和完善。第二，鼓励和扶持农村地区劳务输出，完善农民工社会保障体系，统筹城乡经济发展。

六、概述内容的评分标准

一般而言，申论考试概述内容的分值 20 分左右，评分标准大致如下：

概述内容评分标准的参考标准

要求	量分幅度			
	满分	好	中等	差
概括要点准确全面	13	13—9	9—6	6—0
叙述言简意赅，概括性强，有条理	4	4—3	2	2—0
文面整洁，句子顺畅，标点准确，字迹工整，无错别字	2	根据要求，酌情给分		
字数为 150 字左右	1	超字或少字 10%以上，酌情扣分		

第四节 提出对策

一、提出对策的定义

在申论考试中，提出对策就是在概括内容的基础上，提出解决问题的方案。这是最具应用色彩和实践取向的公务能力测验与考查，是申论考试中最具实质性的一个环节。

事实上，这一环节正是完全针对概括内容部分所发现或提出的问题而展开的。没有对给定材料所反映问题的正确归纳与准确概括，这一步就无从谈起。如果说发现或提出问题是“树靶子”，那么解决问题就是“打靶子”。在“靶子”树立、问题明确的情况下最好采取“一个‘靶子’一颗子弹、一个问题一个对策”的办法，用简练明确的语言，从行动上和纯操作的角度，提出解决问题的一套对策思路即解决方案，有效完成第二写。这就是说，第一写概括了几个层面的问题，这里就应提出几个层面的思路、对策或提议，形成一个相对集中、完整的解决方案。

二、提出对策的原则

1. 紧扣考题要求，针对归纳要点，直指主要问题，突出针对性。
2. 抓住主要矛盾，切中要害关键，分清主次轻重，依序考虑解决。
3. 注意科学合理，确保务实可行，旨在操作施治，可以预期有效。
4. 准确把握角色，摸清应对角度，确定个人定位，掌握反应分寸。
5. 比较预期效果，权衡得失优劣，防范风险后果，确保更为可行。

三、提出对策的方法

提出对策考核的核心能力是考生解决实际问题的能力。考生针对材料反映的问题，依据个人的知识、阅历、对问题各抒己见，提出对策。对策要具有针对性、可行性。

(一)提出对策的思路——因果分析

要想对某一问题提出对策，一定要知道这个问题是什么？这个问题产生的原因是什么？然后才是怎么解决？而对于问题何以产生就要借助于因果关系来解决了，因果关系是解决问题的最重要也是最直接的手段。

要提出切实可行又具有针对性的对策，就必须清楚问题产生的原因，要提出彻底解决问题的对策就要找到产生问题的根本原因，然后，针对各项原因逐一提出对策。可见，产生问题的“原因”才是提出对策的“金钥匙”。为什么这样说呢？让我们以 2000 年申论考试的材料为例来说明。

2000年申论考试材料描述的主要内容是:某印刷厂为提高经济效益引进的新技术设备,产生严重噪音污染,由此引发与邻近小区居民的纠纷,诉诸司法审判。

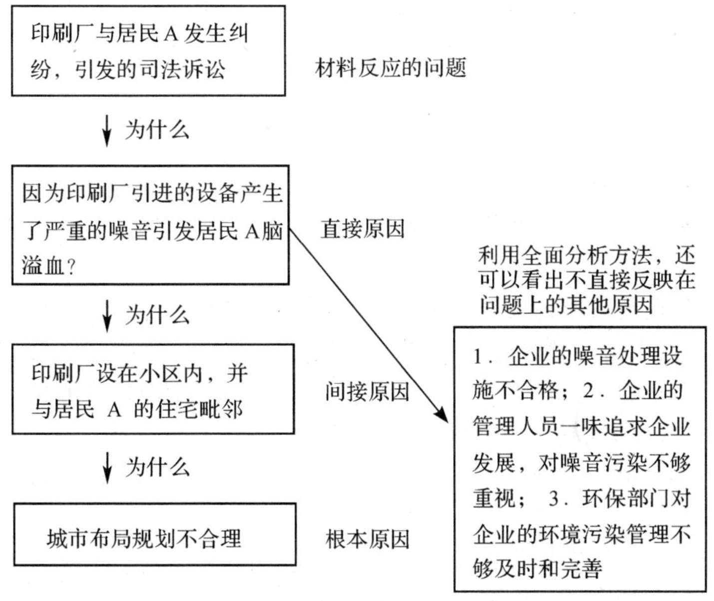

（二）因果分析的方法

我们已经知道产生问题的“原因”,才是提出对策的“金钥匙”。那么,应该如何使用因果分析法分析问题呢?也就是应该怎样对一个问题进行因果分析呢?事实上,分析原因的角度是多种多样的,在这里我们归纳出最普遍应用的几个方法:利益分析法、供需分析法、内外因分析法。

1.利益分析法

马克思主义的物质利益原则,是唯物史观的基本原理。对物质利益的追求是一切社会矛盾运动和发展的最终动因。把历史唯物主义的物质利益原则转化成考察社会现象的方法论,这就是利益分析法。

下面我们用利益分析法对污染反弹现象作一分析:

污染反弹

↓为什么

企业追求高利润、环保意识薄弱

↓为什么治理了还会反弹

处罚力度不够

↓为什么

政府的地方保护行为、规章制度有缺陷

↓政府为什么会保护这些企业

地方官员追求政绩

↓为什么

规章制度不健全、监督薄弱

层层分析之后，针对每一个原因，我们可以提出以下对策：

第一，对造成环境严重污染的企业事业单位，限期治理。引进先进设备，保证排放的污染物达标。

第二，组织监督各类污染源治理和污染物排放情况，对于违反规定不达标的企业及其直接责任人给予警告、罚款、停业直至诉诸法律。

第三，凡环境保护监督管理人员滥用职权、玩忽职守、徇私舞弊的，由其所在单位或者上级主管机关给予行政处分；构成犯罪的，依法追究刑事责任。

第四，组织、指导和协调环境保护宣传教育工作，推动公众和非政府组织参与环境保护。

第五，对保护环境有显著成绩的单位和个人，由人民政府给予奖励。

第六，对于罚款处罚力度不够等问题，可以通过完善规章制度来解决。

第七，完善监督机制，包括政府对各地环境的定期考察监督制度，又包括群众和媒体对违规生产的企业及其领导者的监督。借助公众对环境问题的参与，与官方的监督查处相结合，达到有效制衡。

2.供需分析法

马克思在《资本论》中，把社会经济运行过程，即社会生产或社会经济发展过程归结为生产、流通、分配和消费四个相互联系的基本环节。他科学地阐明了供给与需求平衡，即供需平衡发展，即社会经济正常健康运行和发展的客观要求，也是社会经济正常健康发展的必要条件。

把历史唯物主义的供需平衡理论转化成考察社会现象的方法论，这就是供需分析法。供需分析法适用于分析市场经济中存在供需的问题，如就业问题、交通拥堵问题、储蓄与投资问题、价格问题、能源问题等等多种社会现象。

下面我们用供需分析法结合因果分析来对交通拥堵问题作一分析：

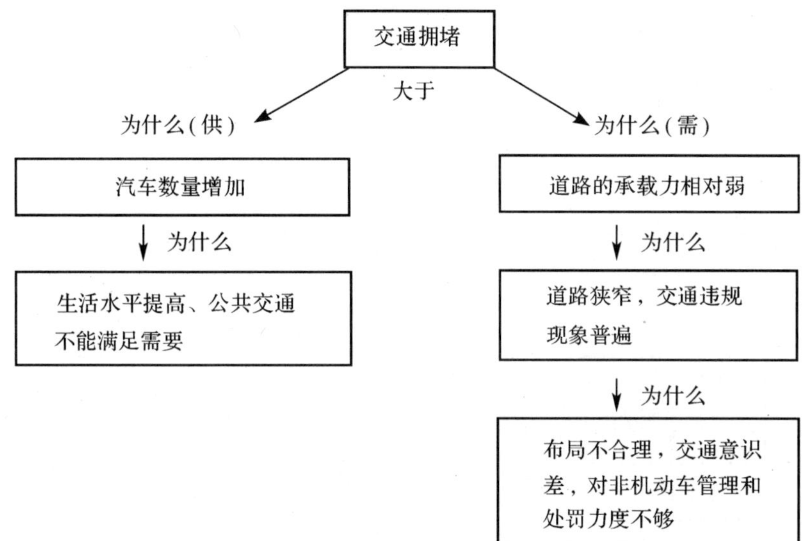

层层分析之后，针对每一个原因，我们可以提出以下对策：

第一，改建、扩建、新建道路，减缓城区交通压力。

第二，完善交通指挥、交通监控系统。

第三，增设机动车停车场，解决乱停车问题。还可以增加停车费，这是制约人们购买汽车的一个手段。

第四，增加对机动车违规的惩罚力度，这不仅是督促机动车遵守交通法规的一个强制手段，也是制约人们购买汽车的一个手段。

第五，充分利用电台、电视台、报纸、宣传板等媒体及交通知识竞赛、讲座等活动对人们进行深入的城市交通管理教育。

第六，完善对非机动车辆及行人的交通管理制度，适当给予处罚。

第七，大力发展公共交通事业，增加地铁、公共汽车的线路和数量。

3. 内外因分析法

唯物辩证法认为矛盾是事物发展的动力。所谓内因，就是内部矛盾，外因就是外部矛盾。在事物的发展中，内因与外因同时存在，缺一不可。内因是事物发展的根本原因，外因是事物发展的第二位原因。事物的发展是内因和外因共同起作用的结果。但内外因在事物发展中的地位和作用是不同的。

下面我们用内外因分析法结合因果分析来对网络游戏成瘾现象作一分析：

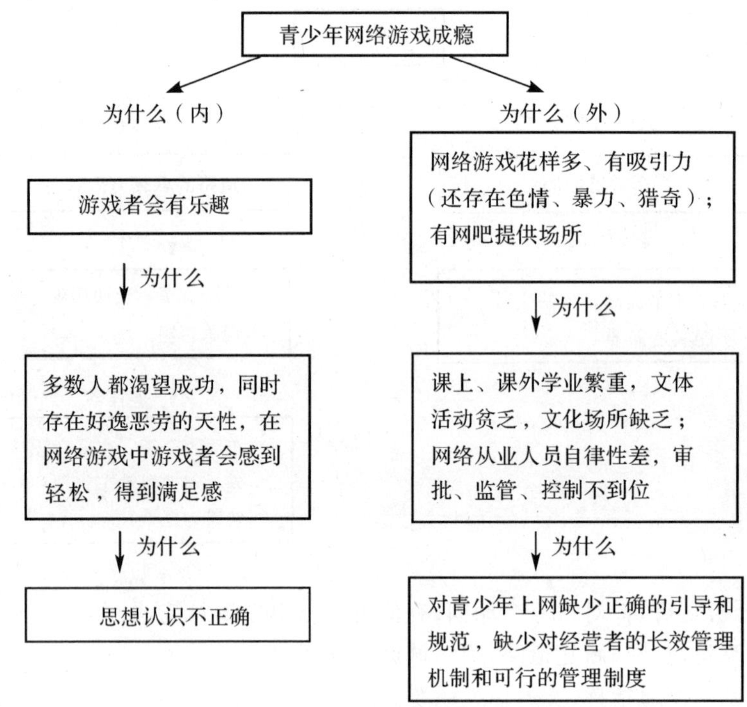

层层分析之后，针对每一个原因，我们可以提出以下对策：

第一，要把网络作为一项公共基础设施来管理，不能简单地禁止和限制，加强网络文明建设关键在于对上网者正确的引导和规范，对网络游戏的制作者、网络经营者建立相应的长效管理机制和可行的管理制度。

第二，加快立法，强化管理。禁止未成年人非法定节假日到营业性网吧活动。

第三，加强对网络作业人员的道德教育，提高网络作业人员道德水平。自觉加强行业管理，维护网络游戏的纯洁性。保证网络游戏内容健康，对青少年有益。网络游戏制造商要增加传统的伦理教育内容，寓教于乐。

第四，通信、文化、公安、工商等部门要进一步理顺关系，通力合作，建立联合执法队伍将“网络”市场纳入法制化、制度化轨道。

第五，通过宣传（主要依靠学校）加强青少年的思想道德教育，引导青少年在现实生活中通过正当、有效的方式取得成功。

第六，学生除完成学校的课业外，还要参加各种各样的学习班。学校在对孩子硬性灌输知识的同时，往往忽视了孩子的天性。因此在教育的过程中，应该变强制为自觉，让他们觉得有兴趣。

第七，学校等教育部门应多组织文体活动，丰富学生的课外生活。国家应增加面向学生开放的文化场所、体育场馆等。采取疏导的方法，将青少年的注意力从网络游戏转向有益的文化体育活动。

第八，加快建立专职机构管理网络游戏的审批、监管和控制，加快对网络游戏方面的立法建设。

当然这些分析方法有时是可以通用的。也就是说同一个问题，考生既可以用利益分析法分析原因，也可以用供需分析法或内外因分析法分析原因。例如青少年网络游戏成瘾的现象我们也可以用供需分析法和利益分析法来分析；污染反弹问题除可以用利益分析法还可以用内外因分析法分析原因，但该问题如果用供需分析法就不适用。因此考生在选择用什么分析方法分析原因时，要具体问题具体分析，因题而异。

四、提出对策的步骤

（一）第一步——分析原因，标本兼治

对于分析原因的三种常用方法我们在前面已经详细介绍了。但值得注意的是原因是多层面的，在原因的背后，还有产生原因的原因。这种多重原因的问题，如果考生只停留于一个层面，就不能把问题论透。因此，遇到这种情况，应该一层一层地追究下去，直到找到根本原因。

（二）第二步——对症下药，具体成文

找到了问题产生的原因，接下来要做的就是针对每一个原因“对症下药”了。也就是说针对不同的原因，我们应该提供什么样的良策呢？针对构成原因的各个要素，我们做了如下总结：

1. 由“人”的原因引发的问题，可以从以下几个方面来考虑提出对策：奖励、惩罚措施，职能部门决策、执行、监管问题，思想认识方面的问题，人才问题，领导人问题，人的能力问题，做事方法问题，宣传、教育问题等等。

2. 由“政策、法律、法规、规章制度”的原因引发的问题，可以从以下几个方面来考虑提出对策：补充制定，内容正确、完备，可执行，进行和加大宣传、教育等等。

3. 由“经济利益”的原因引发的问题，可以从以下几个方面来考虑提出对策：发展生产、提高效益的问题，改进、完善取得经济利益的方式、方法，保证安全，人的问题等等。

4. 由“科学技术”的原因引发的问题，可以从以下几个方面来考虑提出对策：加快、提高科技研发，科学与实际情况结合，提高从业人的素质等等。

5. 由“宣传、教育”的原因引发的问题，可以从以下几个方面来考虑提出对策：通过媒体和各职能部门扩大宣传、落实等等。

下面以 2003 年的申论考试为例，首先，我们分析一下应该用什么分析方法来分析“安全事故频繁发生”的原因。最直接想到的应该是利益分析法，当然用内外分析法也很好，但用供需分析法就不恰当，因为这里不存在供需关系。下面我们分别用

利益分析法和内外因分析法来分析这个问题。

第一步——分析原因，标本兼治。

1. 利益分析法

安全事故频繁发生

↓为什么

存在安全隐患，出于各种动机制造事端，人为造成伤亡事故的社会敌对分子的活动

↓为什么

工矿企业领导机构监管不到位

↓为什么（利益分析）

工矿企业单纯追求利益，忽视安全生产

↓为什么（可以得逞）

政府主管部门监管不到位

↓为什么

安全生产的规章制度、保障措施未完善或执行不力

2. 内外因分析法

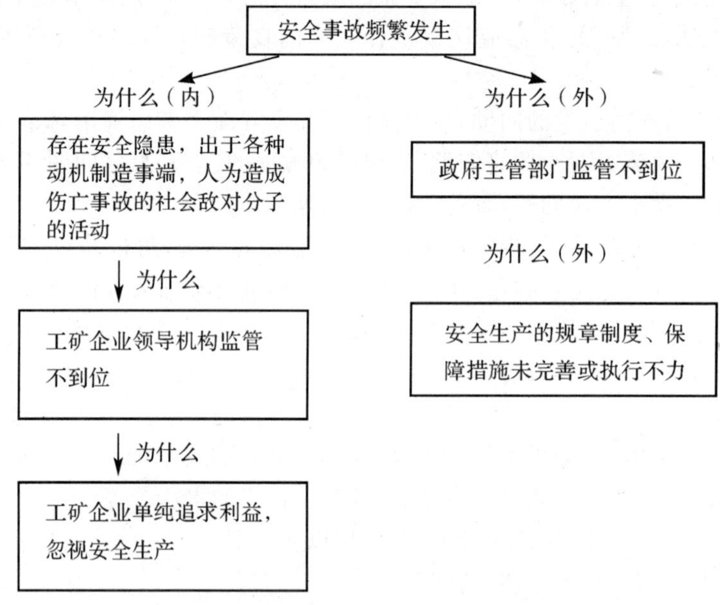

第二步——对症下药，具体成文。

针对我国本年度各类安全事故仍频繁发生，给国家和人民的生命财产造成巨大

损失的状况，为确保年底阶段减少事故，保障安全，我政策研究室经调查研究，现提出建议如下：

1. 国家生产安全部门抽调生产、交通、矿业等领域的技术专家20至30名，组成国务院直接领导下的科研小组，在实际调查本年度各类安全事故具体情况的基础上，制定以下各领域内的安全标准实施细则，并总结出这些事故的发生原因和教训。

2. 依据此细则，各地政府在15—20天之内展开各领域，主要是交通和各生产行业的全国性彻底检查，对生产设备和车辆等的安全性予以严格把关，及时消除安全隐患。检查中实行领导责任制，杜绝走过场，并要求各地按实际情况实行定期彻底检查制度。

3. 建立安全法规和技术细则的实施保障机制，对违反上述法律法规的业主依法采取严厉惩罚措施，如罚款和查封等，重者追究法律责任，对玩忽职守、隐瞒事故的领导采取降职、撤职等惩罚措施，重者追究刑事责任。

4. 建立完备的监督体制，既包括国家负责生产安全的部门对各地安全状况的定期考察监督制度，又包括群众和媒体对违规生产等状况以及领导者漠视、不作为行为的监督。

5. 通过电视、图片展览及各单位安全教育等办法，对安全保障问题进行宣传教育，提高群众和干部珍视生命财产安全的意识，根除漠视态度，树立责任心，鼓励群众和工厂员工举报有可疑行为的人；同时设立举报热线，及时处理各种安全隐情。

6. 要求各地政府安排好已发生事故的善后事宜及死者家属的生活。

五、提出对策的评分标准

一般而言，申论考试提出对策的分值是35分左右，评分标准大致如下：

提出对策评分的参考标准

要　求	量分幅度			
	满分	好	中等	差
观点明确，内容具体，有针对性	12	12—8	8—4	4—0
方法措施适宜，有可行性	12	12—8	8—4	4—0
叙述逻辑性，有条理性	4	4	3	2—0
结构完整，有层次性	4	4	3	2—0
文面整洁，句子顺畅 标点准确，词汇丰富 字迹端正，无错别字	2	根据要求，酌情给分		
字数为350字左右	1	酌情给分		

第五节 论证问题

一、论证问题的定义

在申论考试中，论证问题就是在准确理解给定材料的基础上，针对所提出的问题，阐发自己的观点，并进行充分的分析论证。论证问题是申论考试中最重要的环节，而且分数值较高，需要笔墨最多。考生的思想水平、知识能力、文字表达等在这个环节得以全面的展示。

论证问题的实质是通过写一篇完整的文章来提出观点并对此进行论证。这篇文章的类型有两种：或是议论文，或是公务文书。

二、论证问题的原则

1. 立意清楚，主题鲜明，观点正确。这里就是强调，提出什么与主张什么，赞成什么与反对什么，维护什么与驳斥什么，都要做到立场鲜明、措辞准确，但首先要保证你的观点符合事物本身的发展规律，否则所做的论证从根本上就是错误的。

2. 结构完整，主线清晰，突出重点。这里就是强调，必须围绕一个中心思想和主要内容来写，确保有一个中心贯穿全文；在中心思想的主导下，全文思路清晰、重点突出、脉络分明，形式上严谨完善。

3. 分析透彻，论据充分，论证严密。这里就是要求分析事物要深刻全面，引用论据贴切确凿，并具有典型性，论证有理有据并有说服力。

4. 语言顺畅，表述清楚，没有语病。

三、论证问题之一——议论文

（一）议论文的立意标准

1. 立意要正确

正确的世界观、人生观和价值观是审题、立意的前提，否则，就不可能准确地把握材料的主要思想倾向，进行正确的立意，也就不可能有正确的中心主旨和健康的思想内容。立意，从本质上说，是作者对待所写事物的观点、态度问题。观点态度错了，文章的中心就不可能正确，思想内容也就不可能健康。表面看来，这有些老生常谈的味道，但在申论考试中尤其值得强调，这关系到整篇文章的立论能否站稳脚跟。这并不是说只能唱赞歌而不能尖锐批判，相反，所谓“正其义不谋其利”的意气还是要具备的。

2. 论点要准确、突出、新颖

准确，是指确立的文章主旨与命题的含义保持高度一致，不偏离文题的主要指向。这样论点才能准确。这就需要从多种立意当中选取一个角度最好，自己认识最清楚，有材料可写的确立为论点进行写作，才能确保论点准确。

突出，是指确立的论点要集中、单一，不能出现跑题、偏题现象。在行文中要反复论证论点，而要注意用语的灵活表述。

新颖，是指确立的论点不落窠臼，能见人之所未见，发人之所未发。这就需要摆脱思维定式，运用辩证分析的方法，对文题进行多方求异思维。

(二)议论文的论证方法

经过对申论考试的研究分析，我们可以看出，历年申论考试的形式虽然灵活多变，题目变化多端，但无论是要求考生写出一篇完整的议论文，或是报告等其他形式的公文文书，都有一个最重要的切合点，即需要对材料反映的主要问题进行论证。只要掌握了论证的方法，我们就可以以不变应万变，比较轻松地完成考试内容。针对申论考试的特点和要求，我们总结了以下论证方法。

1. 例证

例证是指在论证过程中运用典型事例作为论据来证明论点的一种方法。这种方法由于运用的是客观事实证明论点，因此具有较强的说服力。

2. 引证

引证，就是用已知和公认的道理、原则作论据来论证个别性的论点，也就是“事理论证”，即“讲道理”。引证常常引用经典言论，如马克思、恩格斯、列宁、斯大林、毛泽东等革命导师和领袖的有关论述，或引用如鲁迅、爱因斯坦等中外名人的名言，作为自己议论的根据。此外，公认的原则、公理、格言、成语、古谚等，也都可以用来作为立论的根据。

3. 喻证

喻证是用比喻作论证，拿比喻者之理论证被比喻者(论点)之理。比喻者和被比喻者虽然是两类不同的事物，但在它们之间存在着一个共同的一般性原理，因此它们之间具有推理关系。喻证最大的特点就是形象、生动、传神。

4. 对比论证

对比论证是将两种截然相反或有差异的事物、观点列举出来，进行分析比较，以阐述正确的观点或驳斥错误的观点的论证方法，也叫正反对比论证。这种论证方法对比鲜明、是非清楚，给人印象深刻。

对比论证有两种情况：第一种叫横比，是将发生在同一时期、同一地区的两种性质截然相反或有差异的事物、观点进行比较，肯定正确，否定错误。第二种叫纵比，是将同一事物、观点在不同的时间、地点的不同情况进行比较，判定优劣。

5. 类比论证

类比论证即抓住事物间的联系，展开联想和类比，证明论点正确性的论证方法。世间万物都不是孤立存在的，都和外界有着千丝万缕的联系，抓住这一点就可开辟广阔的思路,产生崭新的认识,写出观点新颖,内容充实的文章。

6. 因果论证

因果论证就是找到事物的因果关系,或由因证果,或由果求因,从而揭示论点的本质及其普遍性和规律性。

7. 假设论证

假设论证是在推理时使用的,是指在推理时,先假设一种相反或相似的情况来进行论证,然后通过对假设情况的肯定或否定,来肯定或否定所要论述的观点的正确或错误。这种方法不着眼于现实,而是着意于推理,使文章更具有说服力。

8. 归谬论证

归谬论证就是在辩论时,姑且承认对方的观点是正确的,然后再根据对方的观点,按照逻辑进行合理的引导,直到最终得出不符合事实或违反公理的荒谬的结论。归谬论证最适用于驳论中,一般议论文中不适宜单独使用,而应配合以其他方法一起使用,才能更好地发挥其独到的作用。

(三)议论文的结构特色

议论文的结构,即平时所说的文章的布局、谋篇。一般包括开头、主体、结尾部分,也就是常说的引论、本论、结论的基本程式。

<table>
<tr><td>绪论</td><td>第一段</td><td>引述原材料,提出论点</td></tr>
<tr><td rowspan="3">本论</td><td>第二段</td><td>另取论据,详论观点。这是在社会生活中找一个事例,立一个分论点,从不同方面证明论点的正确性。(详论)</td></tr>
<tr><td>第三段</td><td>另取论据,略论观点。这是在社会生活中另找一个事例,立一个分论点,从不同方面证明论点的正确性(略论)</td></tr>
<tr><td>第四段</td><td>联系社会现实,印证观点。这是前三段的自然延伸,是补充论证。</td></tr>
<tr><td>结论</td><td>第五段</td><td>总结全文,发出号召。</td></tr>
</table>

(四)议论文的语言要求

1. 准确得体

申论文章的用语准确主要表现在两个方面:一是用词贴切,用句规范;二是恰当地进行修饰与限制。

用语得体就是指词语的运用,句式的选择和辞格的创设都要与内外语境互相协调,恰到好处,能最准确地表达考生的情和意。言语得体议论才会有好的效果,所以得体是很重要的。

2. 形象生动

议论文主要是靠逻辑的力量来说服读者。但是,如果在抽象道理的论述中,穿插一些具体的形象,使议论不仅结构严密、逻辑性强,而且富有形象性,把抽象的道理和具体的形象结合起来,就可以把问题分析得更为清楚,将道理讲得生动活泼,引起人阅读的兴趣。

具体运用，可以用形象作为由头，引出正文；可以把形象作为依据，提供证明；可以用夹叙夹议的方式，议论和形象融为一体，等等。采用什么方式，都要从议论的内容出发，根据议论说理的需要出发。

3.情理交融

议论文不仅要在道理上说服读者，还要在感情上打动读者，既服之以理，又动之以情。考生对他论述的事物，或褒或贬、或爱或憎的态度，总会不自觉地有所流露。事实上，在议论中，常常是情为理服务，理借情动人。要做到情理交融，主要的方法就是运用恰当的修辞手段：用排比、对偶等句式渲染气氛；用设问、反问等语气增强节奏感。

4.朴素精练

朴素是申论文章应有的风格。议论文又写得朴素，就是在议论说理的时候，力求质朴自然，把观点和思想感情准确而恰当地表达出来。朴素不等于内容空洞、语言粗糙，而是要经过考生的加工。朴素，就是要反对装腔作势、哗众取宠。精练，就是要用考试要求规定的字数篇幅表达丰富生动的内容。内容要精辟，而语言又很简洁，不舞文弄墨，故作斯文，以词害意。

（五）实例文选（中央、国家机关2006年申论答卷）

论发展经济与保护环境

某市发生了这样一件事：某小区居民与邻近一家工厂一直因噪声污染问题而存在矛盾。一位居民因脑溢血住院并留下了后遗症，经查那家工厂的噪声便是罪魁祸首之一。事后该居民申请赔偿并得到批准。可是工厂不服，将批准方环保局送上法庭，而后该居民因不服法院做出的撤销决定又进行上诉，双方“你来我往”，公说公有理，婆说婆有理。居民认为厂方的噪声污染使其致病，赔偿理所应当；而厂方认为两事无因果关系，而且为了国家经济发展，居民也应理解支持。一时间，法院也难下结论。其实事情并不复杂，可发展经济和保护生活环境谁应该先行一步呢，这还真是个难题，合理的观点是两者应该和谐统一地共同进步、共同发展。

社会主义的主要目的是发展生产力，而发展生产力就难以离开经济的持续发展，这是大家普遍接受的观点，但发展经济就可以将生活环境、自然环境置之不理了吗？答案是否定的。就从发展经济的目的说起吧，发展经济，发展生产力，归根结底，是为了提高人民的生活水平。而人民的生活环境如果是恶劣的，人民的心情不是愉悦的，人民的生活质量、生活水平的提高又何从谈起呢？这样的教训世界上曾有过许多，20世纪60年代的日本，畸形儿的比例很高，原因就是不注意环境保护，水中含有过量的重金属元素，现在日本好多中老年人还谈"汞"色变。我国现在正处于经济飞速发展的时期，也是经济转型的时期，完善法律法规，保障经济与环境协调发展十分重要。

环境如此重要，是否为了保护环境就一定要牺牲经济呢？那也未必，随着科学技术的飞速发展，一大批以牺牲环境为代价的产业也都找到了合理利用资源、保护环境的新方法，就拿冬天的取暖来说吧，已经经历了从烧木头到烧煤再到烧油几个阶段，现在北方的一些城市甚至还采用了天然气、电等无公害能源。相信在不久的将来，太阳能、核能也会融入我们的生活。另外，从另一个角度看，优美的环境本身就是一种经济资源，古代有人"归隐山林"，现代人热衷于外出旅游，热衷于花钱买健康就充分说明了这一点。良好的环境能使人精神愉快，身体健康，会以更充沛的精力、更饱满的热情投身于经济建设中去。这样说来，清新的空气、静谧的氛围、优美的环境本身就是带动经济持续稳定增长的一种保证。

那么，如何解决现实中发展经济与保护环境的矛盾，使它们和谐统一呢？首先要使保护环境的思想深入人心。一方面要加强保护环境的教育，使可持续发展的思想观念更加普及，使人人具有保护我们周围环境的意识；另一方面要加强法律法规建设，使环境保护有法可依，同时也要加大执法的力度。其次，要积极发展有利于环保的技术，加快科技成果产业化，以出现更多的环保产业、无污染产业，尽快淘汰不利于环保的技术，不利于可持续发展的产业。再次，要推动环境产业化的进程，利用环境发展经济、大力发展旅游等"绿色"经济。

人类社会的发展离不开经济的发展，也离不开环境的保护，这就好像人的双腿一样，只有共同发展，共同努力，我们才会少跌跟头，少走弯路，大踏步地奔向美好的未来。

四、论证问题之二——公务文书

（一）讲话稿

1.讲话稿的定义

讲话稿一般是指领导者为实施领导，在各种会议上所做的指导性发言文稿。

2.讲话稿的特点

(1)权威性。讲话历来是政治家和各级领导宣传政见、安排部署工作的有效形式。领导讲话不同于一般的演讲和发言，目的是贯彻上级的指示精神，实施本级的决定，对分管的工作提出指导性意见。

(2)思想性。领导讲话一定要有理论色彩，要能以马列主义的理论为指针，阐述所进行的工作的意义，以动员群众投身于改革开放和经济建设之中。讲话就是要用自己的语言去思考，去总结，通过自己的思考和理解去分析问题，去说服人。这样才能打动听众,让人接受,共同与你去实现目标。

(3)鼓动性。讲话稿要注意鼓动、鼓励作用,针对形势、问题或某种思想动态展开富有启发性的议论,才能取得成效。

3.讲话稿的写作要求

(1)针对性要强。讲话通常有着特定的场合和固定的听众,撰写讲话稿必须充分考虑讲话的场合和听众对象的特点,据此确定讲话的主题、材料、语言和形式。针对性不强,就不会收到预期的效果,甚至会使听众产生反感。

(2)主题要集中鲜明。公开发表讲话不同于随便聊天,不能东拉西扯、漫无边际,而必须围绕着一个中心或主题。准备讲话稿的一个很重要的作用就是防止讲话的人说跑了题。因此,撰写讲话稿也要像写其他文章那样确立主题,并以主题统领全篇;同时,由于听众不能像读者那样反复研读文章,因而讲话稿的主题不能含而不露,要表达得更加明白、直接。赞成什么、反对什么、主张什么、避免什么,要明白无误地告诉听众。

(3)内容要吸引听众。一篇讲话稿的质量如何,在很大程度上取决于能否吸引住听众。讲话即使再重要,再有意义,如果不能引起听众的注意,无法对听众产生作用,也是无济于事的。增加讲话内容的知识性、哲理性和趣味性及语言的气势和文采,是征服和打动听众的有效方式。

(4)语言要通俗生动。讲话稿是要讲出来给人听的,同纯粹的书面语言应有所不同,要带有口语的特点。①用语要通俗自然,使听众有亲切感,并容易理解和接受。②要尽量多用形象生动的语言形式,比如,恰当地运用比喻、幽默等,或适当引用警句、诗文和成语等,以有利于引发听众的兴趣。③要注意协调语音,以使讲话稿讲起来抑扬顿挫、朗朗上口、铿锵有声,富有节奏感和韵律美。

4.讲话稿的格式和写法

讲话稿的格式是:标题+称谓+正方+落款。

(1)标题。要提示主题。

(2)称谓。一般场合,标上“同志们”即可。对于有些会议,称谓较复杂,应视实际情况确定抬头。

(3)正文。一般由开头、主体、结尾三部分构成。

开头。起着引发、定调的作用,一般采用开门见山的方法,开宗明义。即在讲稿开头,简要概括讲话的背景、目的、任务,意在引出下文。

主体。要有正确的认识、鲜明的观点、明确的意见和有效的措施,要求充实具体,清晰条理。

通常领导讲稿,主体主要有三种结构方式:

一是并列结构,有的也称为横向结构,或板块式结构。指同一类型与层次的内容并列于讲稿之中。典型之作如毛泽东的《论十大关系》。特别是部署工作的会议讲稿，一般应用并列结构。

二是递进结构，有的也称为纵向结构，或纵深式结构。即内容按层层深入或步步扩展的原则排列。有的由远及近，有的从小到大，有的从轻到重等等。

三是综合结构，是并列结构与递进结构的综合运用。

结尾。一般要讲一些带有方向性、结论性、建议性、要求性、鼓励性、希望性的话语。要求结尾响亮有力，干净利索。

(4)落款。写明作者和成文时间，一般放在标题下面。

5.实例文选（中央、国家机关2003年申论答卷）

牢记惨痛教训，重建安全家园

×××

××××年×月×日

各位老乡、各位干部、各位同志：大家好。

今天，我怀着很沉重的心情来到这里。面对这黄茅镇遍地的瓦砾、弥漫的硝烟和心中充满悲痛的大家，首先我代表党和政府向在事故中死亡的同志表示深切的哀悼，向受伤职工、死伤人员的家属以及在事故中遭受损失的广大群众表示深切的慰问，你们将按照相关政策获得赔偿和救助，政府将保障你们的生活。

其次，对于这次烟花厂爆炸事故，我将对此做出调查和处理。这次爆炸事故造成了14人死亡，61人受伤，还有暂时无法统计的经济损失。这是一次由于安全意识不强、长期忽视安全隐患的典型事故。我们将对事故责任追究到底，尽快妥善解决。希望各位干部同志负起责任，做到心中有群众，协助解决事故的调查和处理善后工作。

然而，我最希望能引起大家注意的是，大家能够真正吸取这次事故的惨痛教训，在以后的生产生活中真正关注安全问题。我知道，咱们黄茅是江西乃至全国的烟花生产中心，烟花爆竹的生产给咱们镇和大家都带来了实实在在的经济效益。但是，致富不能只看眼前，不顾安全，我们的经济利益是用多大的血的代价换来的呀！攀达公司建厂至今就发生了4次爆炸，远的不说，1999年就死了42人！烟花工厂、公司的安全责任我们一定会严厉追查，但同时最主要的是群众要加强安全意识，因为真正处于危险而不自知的是你们啊！以后希望大家，第一，在生产中严格遵守安全规定，不要顾及经济效益忽视安全；第二，发现事故隐患立即向有关部门反映，寻求解决，才是自我保护的最有效手段。

最后，我要说的是政府部门干部同志们的安全意识问题。烟花爆竹业是我县的支柱产业，但目前的安全状况严峻，这次事故表明，只有规范了安全生产，烟花工业才能真正成为安全快速发展的产业。这个关系理顺了才能实现我们的可持续发展。因此，哪怕牺牲眼前的经济利益，也必须让我们的人民获得长久的利益和安定。

各位干部、群众，事故的发生令人难过，但我们可以通过妥善解决这次事故，并从中吸取教训来减少更大的损失。亡羊补牢，未为晚也。希望大家能牢记惨痛教训，重建安全家园，在新世纪为实现小康目标而努力奋斗！

（二）建议

1. 建议的定义

建议是用于对重要问题提出见解与处理办法。

2. 建议的特点

（1）灵活性。主要表现在它无固定的行文方向，既可以用于上行文、平行文，也可以下发给下级单位，集呈请性、建议性、批示性和商洽性于一身、可以发挥多方面的作用。

（2）重要性。建议的内容只限于对重要问题提出见解与处理方法。

3. 建议的写作要求

（1）行文准确，处理合适。作为上行文，应按请示性公文的程序和要求去写作与办理，所提建议如涉及其他部门职权范围内的事项，主办部门应当主动与有关部门协商，取得一致意见后方可行文，如有分歧，主办部门的主要负责人应当出面协调，仍不能取得一致时，主办部门可以列明各方理据，提出建设性建议，并与有关部门会签后报请上级机关决定。作为下行文，建议应当提出符合客观实际、具体可行的方针政策与措施要求，指导下级机关认真贯彻执行或参照执行；作为平行文，所提建议可供对方参考，具有商洽性，因此应以协商的态度，提出与对方工作有关并能够接受的主张和处理办法。

（2）观点正确，办法可行。撰写建议，首先，要符合党的方针政策与国家的法律法规以及有关地区、部门的规定，具有政策性与合法性；其次必须以实事求是的态度，认真地进行调查研究，从实际出发，提出正确的主张与切实可行的方法措施。

（3）主题集中，中心明确。撰写建议，应强调主题集中，中心明确，一文一事，围绕一个主题，将一项工作、一个问题的性质、特点、规律以及处理解决的主张与办法，讲深讲透，切忌主题分散，中心混乱。

（4）用语简明、得体。作为上行文，强调用语尊重；作为下行文，应主要使用指导性语言而一般不用命令性、告诫性词语；作为平行文，则应注意用语的谦和。

4. 建议的格式和写法

建议的格式是：标题＋主送机关＋正文＋落款。

（1）标题。写明事由和文种，如《关于“减少事故，保障安全”的建议》。

(2)主送机关。没有注明的,可省略。

(3)正文。一般写明概述问题、分析原因、提出对策。

(4)落款。写明作者和成文时间。

5.实例文选(中央、国家机关2003申论答卷)

关于"减少事故,保障安全"的建议

目前,我国伤亡事故情况严重,仍有上升趋势;其中,工矿企业的责任事故占有相当的比例,生命财产损失严重,社会影响恶劣。究其原因,则存在多个方面:安全生产方面的法律法规不够完善和健全,对于一些安全生产的法律法规没有充分贯彻和实行,生产工作中的过失甚至故意的情况时有发生,基层部门对已发生的安全事故隐瞒不报,老百姓和行政主管部门的漠然和无知等等。针对以上导致安全事故的原因,我政策研究室经调查研究,现提出建议如下:

第一,国家生产安全部门抽调生产、交通、矿业等领域的技术专家20至30名,组成国务院直接领导下的科研小组,制定以上各领域内的安全标准实施细则,并总结出这些事故的发生原因和教训。

第二,依据此细则,各地政府在15至20天之内展开各领域,主要是交通和各生产行业的全国性彻底检查,及时消除安全隐患。检查中实行层层领导责任制,并要各地按实际情况实行定期彻底检查制度。

第三,建立安全法规和技术细则的实施保障机制,对违反上述法律法规的业主依法采取严厉惩罚措施,如罚款和查封等,重者追究法律责任,对玩忽职守、隐瞒事故的领导采取降职、撤职等惩罚措施,重者追究刑事责任。

第四,建立完备的监督体制,既包括国家负责生产安全的部门对各地安全状况的定期考察监督制度,又包括群众和媒体对违规生产等状况以及领导者漠视、不作为行为的监督。

第五,通过电视、图片展览及各单位安全教育等办法,对安全保障问题进行宣传教育,提高群众和干部珍视生命财产安全的意识,鼓励群众和工厂员工举报有可疑行为的人;同时设立举报热线,及时处理各种安全隐情。

第六,要求各地政府安排好已发生事故的善后事宜及死者家属的生活。

(三)报告

1.报告的定义

报告用于向上级机关反馈本机关的工作情况、经验与教训,为上级机关制定决策和指导工作提供依据。报告的主要类型有:工作报告、总结报告、调查报告和答复询问报告。

2.报告的特点

(1)是下级机关向上级机关反馈工作信息,沟通上下级机关纵向联系的一种重要文书形式,因此,这个文种被各机关经常而普遍地使用。

(2)是一种不需批复的公文。通常上报于工作任务完成或问题解决之后,其行文目的与请示有严格区别,因此报告与请示不能结合使用,在报告中不得夹带请示事项。

(3)报告,以汇报工作为主要内容,因此,一般使用叙述的体裁,概括地阐述工作的进程、有关动变、工作中采取的措施与经验(体会)。即使有时需要阐明观点,提炼工作规律的特点,也适合在叙述事实的基础上采取叙议结合的表态方式。

3.报告的写作要求

(1)适宜采用概括叙述的表达方式。报告的层次可按时间顺序、空间顺序、工作发展阶段或工作的不同方面划分,尽力做到结构严谨,条理清楚。在叙述事实的基础上再进一步提炼经验(教训),阐明对今后工作发展的设想。

(2)中心明确,重点突出。为了不使报告空泛平淡,要避免面面俱到。在写作时要抓住重点,使报告的中心明确、突出。报告的重点应是机关在一定时期的中心工作或对工作中主要矛盾的解决。对于重点问题要求写深写透,对于次要工作可作一般叙述,使全文重点突出,主次分明,详略得当。

(3)报告的内容应有新意。应反映新形势下的新事物、新问题、新典型、新经验;回答与解决人们在新形势下提出的各种疑点、难点,使报告的内容具有信息价值。即使是汇报常规性的工作,也应力求探索与提炼与以往不同的特点与经验,力求反映出具有实质性、规律性的信息,切不要把写报告作为例行公事,写得空泛无物。

(4)点面结合。撰写报告,需要对工作的全局、概貌作简要概括叙述,并引证有关的数据,用以说明工作的规模、广度,使读者对工作情况获得全面的认识;但同时,还必须列举具有代表性的典型事例、典型单位或典型经验,用以说明工作的深度。只有点面结合,才会使报告写得既全面又深刻,具有说服力。

(5)实事求是。如实反映工作中的成绩与缺点,核实所有数据,在报告中不能夸大成绩,也决不掩饰缺点与错误。

4.报告的格式和写法

报告的格式是:标题+主送机关+正文+落款。

(1)标题。写明事由和文种,如《关于我市交通拥堵情况的报告》。

(2)主送机关。没有说明的,可省略。

(3)正文。写明概述问题、分析原因、提出对策。

(4)落款。写明作者和成文时间。

5.实例文选(中央、国家机关2004年申论答卷)

关于我市交通拥堵情况的报告

我市是一个拥有700万人口的大城市。全市车辆拥有量××万辆。城市交通流量每天×××万辆。城市交通拥堵一直是困扰我们的一个老大难问题。造成我市交通拥堵的主要原因:一是历史原因造成的道路狭窄,布局不合理;二是城市交通管理手段落后,管理水平低;三是公共交通满足不了城市大众的乘车需要;四是市民自觉维护城市交通的法治意识差,违规占道、违规穿行现象较为普遍。因此,要解决我市交通拥堵现状,必须动员全市方方面面的力量,共同努力才能奏效。为尽快改进我市交通拥堵状况提出以下建议:

1.提高认识、转变观念,把搞好城市交通工作提到重要日程

我市是北方的一个大城市,但市场经济的发展与南方沿海城市相比,差距仍很大。不仅经济落后,观念也落后。交通是城市的血脉,是城市经济发展的重要基础的观念,还未在全市完全形成。因此,建议市政府通过交通工作会议等形式,向全市党政干部讲清我市的交通状况及与经济发展的密切关系,彻底转变一些部门和单位认为交通发展和交通管理无足轻重的观念,树立全市人民关心交通、重视交通、支持交通的新局面,为全面加强我市交通建设,改善我市交通管理,奠定坚实的思想基础。为配合这一活动,市交通管理部门拟举办一次城市交通展览会。展览会的主要内容是:展示我市改革开放以来交通建设和交通管理方面的巨大成就;揭示我市交通建设与管理方面的问题,特别是对经济发展的制约;介绍国外发达国家和我国沿海先进城市交通建设和管理的经验。展览会拟在五月份举办。

2.举全城之力,修路架桥,彻底缓解城市交通拥堵状况

目前,我市交通拥堵的一个重要原因是历史遗留下的城市道路狭窄,布局不合理。因此,建议市政府增加城市交通建设的财政投入,同时也可通过引进外资共建共享的办法,进行城市主干道的改建、扩建、新建。建议在三环路的基础上再建一条四环路,减缓城区车辆的压力。同时在××区、××区两个城市中心区的×××路×××路等十条主干道建造5座高架桥。积极筹建高架轻轨,力争在3—5年建成,从而彻底缓解我市道路拥堵状况。

3.引进先进管理模式,科学管理城市交通

目前,城市交通管理十分落后,建议市政府增加投入,扩建市交通指挥中心,配备现代化的交通监控系统,对全市交通实行微机监控。同时引进国外先进城市的交通管理办法,对市内的街路按功能划分为高速路、快速路、主干道、次干道、支路、生活区路,进行分级管理,限定不同的时速。

为解决市内乱停车问题，建议在年内制定出台《××市车辆停放管理条例》。同时建议市政府对全市新建、扩建的大型广场、商厦的停车场建设规模、功能等作出限制性规定，增加地下停车空间，缓解地面压力。

4. 强化市民素质教育，动员全市人民维护城市交通秩序

城市交通与全市人民的生活息息相关。维护城市交通秩序不仅是城市交通管理部门的事情，也是全市人民的事情。为解决目前市民交通意识薄弱、行人和自行车违章穿道等问题，建议由市政府办公厅牵头，组织全市有关部门开展一次全市人民关心交通、维护交通的宣传教育月活动。充分利用电台、电视台、报纸、宣传板等媒体及专题讲座、交通知识竞赛、"当一天交通警察（协勤）"等活动，对全市人民进行一次深入的城市交通管理教育。

5. 大力发展城市公共交通事业

我国的国情与国外发达国家不同。城市人口密集、国民收入低，城市交通应该以公共交通为主。鉴于我市公共交通还很落后，企业长期亏损，财政暂时拿不出更多资金的情况，建议采取与外资合作经营城市公共交通的办法，解决资金来源问题，发展城市公共交通。可先选择部分线路试点，成功后再全面铺开。另一个方案是改变目前的乘车管理办法，取消月票，采用 IC 卡计费的方法，缓解公共汽车公司的经营压力，使其扭亏为盈，增加再生能力。

预计采取该办法后，每年可增加收入××××万元，3 年左右可将市内现存的陈旧车辆全部更新。但这个办法，可能要增加部分市民的生活支出，有可能引起社会反响。因此，应在广泛征求各方面意见，取得共识的情况下实施。

五、论证问题的评分标准

一般而言，申论的论证问题部分占了申论考试的主要分值，所以对于此部分的评分标准一定要全面把握。

论证问题评分的参考标准

要　求	量分幅度			
	满分	好	中等	差
标题：立题深刻，集中凝练，简洁明了	3	3—2	2—1	1—0
观点：鲜明、具体、新颖、深刻	5	5—4	4—2	2—0
论据：翔实、典型，有针对性，说服力强	8	8—6	6—3	3—0
论证：叙述深刻，逻辑性强	16	16—12	12—6	6—0
结构：严谨，层次清晰	6	6—4	4—2	2—0
语句：句子通畅，词汇丰富	3	3—2	2—1	1—0
文面：整洁，字迹端正，无错别字，标点准确	2	根据要求，酌情给分		
字数：1200 字左右	2	酌情给分		

在评分标准中常见的扣分要素主要有：

第一，没有拟出题目，扣 3 分。

第二，字体端正、美观，卷面整洁的，加 1 分；反之，字迹潦草、卷面不整洁的，扣 1 分。

第三，3 个错别字扣 1 分，重复出现的按一个错别字论处；标点错误较多，或者模糊的扣 1 分。

第四，错别字、标点和卷面扣分累计不超过 3 分。

第五，字数不足题干要求的，每少 50 个字扣 1 分。

第六，内容有严重问题的，提交阅卷领导小组处理。

第六节　试题及解答

一、试题

中央、国家机关 2005 年考试录用机关工作人员和国家公务员

《申论》试卷

满分 100 分 时限：150 分钟

（一）注意事项

1. 申论考试是对应考者阅读理解能力、综合分析能力、提出和解决问题能力、文字表达能力的测试。

2. 参考时限：阅读资料 40 分钟，作答 110 分钟。

3. 仔细阅读给定资料，按照后面提出的“申论要求”作答。

（二）给定资料

1. 缓解和消除贫困仍然是中国今后一项长期的历史任务。为加快解决在一定程度和特定地区仍然存在的贫困问题，我国于 2001 年 5 月召开中央扶贫开发工作会议，对 21 世纪前 10 年中国的农村扶贫开发工作进行了全面部署。这次会议后，我国正式颁布了《中国农村扶贫开发纲要（2001—2010 年）》，提出其后 10 年中国农村扶贫开发的目标任务、指导思想和方针政策。

2. 经过 20 多年的努力，中国的贫困人口已基本解决了温饱问题，贫困地区的生产生活条件已经有了较大幅度的改善，抵御自然灾害的能力明显增强，具有了一定的发展能力。在过去扶贫开发的实践中，已创造和积累了很多成功经验，并探索出了一些行之有效的做法。这些都有助于今后的扶贫开发迈上新的台阶。实践证明，经济增长是解决贫困问题的关键。根据测算，20 世纪 90 年代中国农村贫困人口减少与经济增长的弹性系数为－0.8，即 GDP 每增长一个百分点，农村贫困人口就降低零点八个百分点。经济的稳步增长将扩大劳动力需求，有利于贫困地区劳动力的

就业。同时,随着综合国力的不断增强,国家可以投入更多的力量促进贫困地区开发建设,为贫困地区的发展提供坚实的特质基础。

3.陕西是一个贫困面大、贫困人口多、贫困程度深的欠发达省份。2001年全省贫困人口有817万人,占全国贫困人口的9.1%;其中未解决温饱的382万人,低收入的435万人。全省50个县被定为国家扶贫开发重点县,27个县被定为省级扶贫开发重点县,10700个行政村被确定为扶贫开发工作的重点村。2002—2003年,陕西省以解决贫困人口的温饱和增加他们的收入为目标,整村推进,全面抓好移民扶贫、信贷扶贫、科技扶贫、外资扶贫和社会扶贫等项工作。到2003年底,陕西贫困地区人均占有粮食达到368公斤;人均纯收入达到1580元,较2000年增长17.9%。2001—2003年,陕西省共解决109万农村贫困人口的温饱问题,帮助161万低收入人口实现了脱贫。

4.市场经济是优胜劣汰的竞争性经济,它要求市场主体的平等地位和自主权。中国农民在与市场的强势主体进行竞争时,其不利因素是显而易见的。同时,农民的生产自主权也常遭到干预,有些乡镇政府常常打着农业结构调整的旗号强制农民种植指令性作物。在种田无利乃至亏本时,农民没有休耕的自主权,有些乡镇政府对那些自愿休耕的农民强行收取“撂荒费”。其实,即使农民拥有平等的市场主体地位,农民在市场经济的竞争中也会处于不利地位,因为极其分散的小农经济必然在市场经济的竞争中走向破产和衰落。

5.农民的全面发展,离不开乡镇体制的重构。一位外国学者指出:“乡镇自主权在各种自主权中是最难实现的,也是最容易受到侵犯的。为了进行有效的防御,乡镇政府必须全力发展自己。”我国乡镇体制改革的成败和农民自由发展的程度,取决于国家宏观制度的预计和创新。从国家宏观层面上来说,要统筹城乡发展,尽快改变城乡二元结构,要普遍实行免费式义务教育。当前,有些地方进行了乡镇体制改革的试验,这说明我国正在实现从计划经济向市场经济的进一步转变,从传统人治向现代法治的进一步转变,从单纯追求经济增长向政治经济社会协调发展的进一步转变。

6.要集中力量继续重点帮助贫困群众发展有特色的种养业项目。依靠科技进步,优化品种,提高质量,增加效益。以有利于改善生态环境为原则,加强生态环境的保护和建设,实现可持续发展。以市场为导向,选准产品和项目,搞好信息服务、技术服务、销售服务。积极推进农业产业化经营。按照产业化发展方向和要求,对具有资源优势和市场需求的农产品生产,进行连片规划建设,形成有特色的区域性主导产业。引导和鼓励具有市场开拓能力的大中型农产品加工企业到贫困地区建立原料生产基地,为贫困农民提供产前、产中、产后系列化服务,形成贸工农一体化、产供销一条龙的产业化经营。增加财政扶贫资金和扶贫贷款。改善区的基本生产生活条件,以贫困乡、村为单位,加强基本农田、基础设施、环境改造和公共服务设施建设。到 2010 年，在国家重点扶持的贫困区域内，基本解决人畜饮水困难问题，做到绝大多数行政村通电、通路、通邮、通电话、通广播电视；做到大多数贫困乡有卫生院，贫困村有卫生室，基本控制影响贫困地区群众生活生产的主要地方病。

7. 要鼓励多种所有制组织参与扶贫开发。除了政府动用资源进行扶贫外，国家将进一步动员社会各界参与扶贫，增加社会扶贫的资源。根据扶贫开发规划，继续做好东部沿海发达地区对口帮扶西部贫困地区的东西部扶贫协作工作，进一步扩大协作规模，增强帮扶力度。鼓励农民发展生态农业、环保农业。转变贫困地区群众的生育观念，积极倡导贫困地区的农民实行计划生育，把扶贫开发与计划生育结合起来。要开展扶贫领域的国际交流与合作。在扶贫领域世界银行与中国的合作最早，投入规模最大。世界银行在中国领域，目前已经开展的西南、秦巴、西部三期扶贫贷款项目，扶助总规模达 6.1 亿美元，覆盖 9 个省区、91 个贫困县、800 多万贫困人口。一些国家、国际组织和非政府组织也与中国在扶贫领域开展了广泛的合作。联合国开发计划署在中国开展了一些扶贫开发和研究项目。欧盟、英国政府、荷兰政府、日本政府、德国技术合作公司、亚洲开发银行、福特基金会等也都在中国开展了扶贫开发项目，并取得了很好的成效。

8. 由于农民没有制度化的权益表达渠道，也缺乏有效的司法救济，不堪重负和欺压的农民只能选择越级上访；而农民越级上访一旦成功，县乡村三级具体责任人就可能遭受丢掉“乌纱帽”等重大损失。在这种背景下，打击报复上访的农民代表现象就显得尤为突出。为防止权益受损害的农民“运用法律武器”到法院起诉，一些基层政权明确要求法院在农民负担、计划生育、社会治安综合治理等方面不予立案。这样一来，保障在“全社会实现公平和正义”的法院就对最需要司法救济的受害农民关紧了大门，由此造成了遍布全国各地的农民上访现象。

9. 一位外国学者在谈到中国农民权利问题的时候，曾回顾了美国对黑人权利保护的问题。在美国内战之前，法律上规定黑人不能享有与白人同样的权利，在内战之后即便是法律作了修改，形式上是平等了，但是 100 多年来，美国的黑人事实上还是没有享受到平等权利。解决美国黑人的平等问题，用了非常多的时间，很多人、很多职业团体都参与到这个过程中。举一个例子，在教育方面，以前黑人和白人不能同校，后来就这个事情上诉到最高法院，最高法院裁定黑人和白人应当同校，不应给白人和黑人分别建立一套教育体制。即便最高法院作出了这种裁决，但实施起来也非常困难。50 年过去了，这个裁定虽得以实现，但仍然存在问题。

10. 我国农民对国家经济发展的贡献是双重的。广大农民工，为务工地城市作出了贡献，为推动社会发展提供了强有力的经济支撑。同时，这些农民工所创造的价值也带回家乡，给家乡的经济发展以有力的支撑。因此在经济欠发达的地区，提出了“劳务经济”这个词，农村剩余劳动力的专用带动了当地经济发展。以河南省信阳市为例，它外出人口是 180 万，其中农民工是 147 万，最近一两年来，每年所创造的价值，据不完全统计，带回家乡的大体上是 64 个亿，信阳市的市级财政收入才 11 个亿，农民工创造的价值相当于它的 6 倍。四川是全国劳务输出最多的省份，每年有 800 多万人实现异地就业，通过邮局寄回家乡的资金每年约 200 亿元。

11. 信阳市的务工者都集中在珠三角、长三角和京津沪，在这三大经济圈，信阳的农民工是作了很大贡献的。从另外一方面来讲，河南信阳外出农民工解决了 147 万人的就业，这减缓了政府多么大的压力！如果按每一个岗位每年 5 万元钱来计算，政府安排这么多就业岗位每年需要七八百个亿。因此在社会转型过程中，也就是我们现在国家所提出来的新世纪、新阶段，农民工应作为工人阶级的新成员，按照社会主义市场经济这个规则，给予他们合法的经济地位和社会地位，包括他们的政治地位。

12. 一位学者指出，农民工问题是中国的大问题。过去毛泽东讲过农民是中国革命的根本问题，实际上今天农民问题仍是中国建设的根本问题。他认为，促进城市经济发展，沟通城乡贸易，都是农民工完成的，许多犯罪活动也是农民工干的，出现这种情况的一个原因就是农民工的权利没有得到保障。他还认为，农民工的作用，非常了不起。首先，作为广大农民解放思想的一个主体力量，他们把城市的许多观点、想法带到农村，带给父母，带着兄弟姐妹，使农民开拓了眼界，知道了自己的地位、自己的弱势。同时，他们又是带领广大农民奔小康的主体力量。他们不仅繁荣了城市经济，还繁荣了农村经济，引进了一些基本技术，把更多的兄弟姐妹带到了城市。

13. 2003 年审计署大规模扶贫资金审计，缘于新疆的一次扶贫资金调查。2002 年 10 月，新疆维吾尔自治区监察厅、扶贫办，计委、财政厅、审计厅、农行自治区分行联合组成扶贫资金检查组，对和田、喀什、克孜勒苏柯尔克孜自治州、阿克苏等地区的 8 县 1 市 1998 年至 2001 年的以工代赈资金和财政扶贫资金的管理使用，扶贫贴息贷款的投放和回收，1998 年至 2000 年三项扶贫资金审计中发现的违规违纪问题的整改情况以及山东省援助资金的使用情况进行了检查。结果发现违反规定、挪用扶贫资金的问题突出：不执行项目审批计划，随意变更扶贫项目和资金用途，另外，还存在挤占扶贫资金、账目不清等问题。据不完全统计，8 县 1 市 2001 年前被挤占扶贫贴息贷款 3000 多万元，目前能收回的仅有 30%。

（三）申论要求

1. 给定资料中提到扶贫资金被挤占挪用的问题。下面列出了解决这一问题的 A—E 五项措施，其中不正确的是哪几项？请写出这几项的序号，并分别说明为什么不正确。说明的字数不超过 200 字。（20 分）

A. 要加大县乡两级的财政投入。近年来，乡镇撤并，农村税改，县乡财政收入逐年减少，只有加大县乡两级财政投入，才能解决扶贫资金的挤占挪用问题。

B. 要加大对扶贫专项资金使用的监督检查。监督必须贯穿资金分配使用的全过程。要开展事前、事中、事后的全面监督,才能解决扶贫资金的挤占挪用问题。

C. 扶贫主管部门要严格履行项目审批程序。若出现以立假项目或虚报项目投资而套取扶贫资金的事件,扶贫主管部门应承担法律责任。

D. 必须对扶贫资金管理使用情况实行多部门联合的监督检查,同时扶贫资金的监督管理权必须归属各级纪检部门,才能杜绝扶贫资金的挤占挪用。

E. 要实行扶贫资金的统一管理,不能"谁争取的资金谁使用"。封闭式的资金分配方式,会使一部分直接安排在部门或项目中的资金脱离了财政的监督管理。

2. 根据给定资料,概述我国近年来农村扶贫开发工作的基本方针政策。概述文字要简明扼要,不超过 200 字。(25 分)

3. (1)给定资料罗列了解决我国农村农民问题的多种意见。其中反映了两种不同思路,请对这两种思路分别加以简述。简述文字要简明扼要,不超过 150 字。(20 分)

(2)请以"评解决我国农村农民问题的两种思路"为题,写一篇 800—1000 字的文章。要求观点明确,分析具体,条理清楚,语言流畅。(35 分)

二、解答

(一)给定资料中提到扶贫资金被挤占挪用的问题。下面列出了解决这一问题的 A—E 五项措施,其中不正确的是哪几项?请写出这几项的序号,并分别说明为什么不正确。说明的字数不超过 200 字。(20 分)

这是一道对策的有效性分析问题。这种题型在申论考试中是首次出现。这道题是要求考生通过分析来验证 A、B、C、D、E 五个选项答案是否能够解决"扶贫资金被挤占挪用的问题"。要回答这个问题,考生就要从以下四个方面依次验证这五个选项:对策指向的目标是否具有针对性,对策使用的方法能否解决该问题,解决问题的职能机构是否正确,提出的对策是否合情、合理、合法。

第一步:概括各段的含义。

1. 缓解和消除贫困仍然是中国今后一项长期的历史任务。我国于 2001 年 5 月召开中央扶贫开发工作会议,正式颁布了《中国农村扶贫开发纲要(2001—2010 年)》,提出其后 10 年中国农村扶贫开发的目标任务、指导思想和方针政策。

2. 经过 20 多年的努力,中国的扶贫工作初见成效,实践证明,经济增长是解决贫困问题的关键。以经济建设为中心,引导贫困地区群众在国家的帮助和扶持下,摆脱贫困。

3. 陕西是扶贫重点省份,2001—2003 年扶贫工作成效显著。陕西省以解决贫困人口的温饱和增加他们的收入为目标,整村推进,全面抓好移民扶贫、信贷扶贫、科技扶贫、外交扶贫和社会扶贫等项工作。提高扶贫地区人均占有粮食产量和人均纯收入,帮助低收入人口实现脱贫。

4.农民在市场竞争中不具有平等地位和自主权。农民缺乏生产自主权,政府经常强制农民种植指令性作物;农民没有休耕的自主权;极其分散的小农经济必然在市场经济的竞争中走向破产和衰落。

5.农民的全面发展,离不开乡镇体制的重构。乡镇体制改革的成败和农民自由发展的程度,取决于国家宏观制度的设计和创新。从国家宏观层面上来说,要统筹城乡发展,尽快改变城乡二元结构,要普遍实行免费式义务教育。

6.要集中力量继续重点帮助贫困群众发展有特色的种养业项目:依靠科技进步,优化品种,提高质量,增加效益;以有利于改善生态环境为原则,加强生态环境的保护和建设,实现可持续发展;以市场为导向,积极推进农业产业化经营,增加财政扶贫资金和扶贫贷款。改善贫困地区的基本生产生活条件,基本解决人畜饮水困难问题,做到绝大多数行政村通电、通路、通邮、通电话、通广播电视,做到大多数贫困乡有卫生院,贫困村有卫生室。

7.除了政府动用资源进行扶贫外,国家将进一步动员社会各界参与扶贫。鼓励农民发展生态农业、环保农业。把扶贫开发与计划生育结合起来。要开展扶贫领域的国际交流与合作。

8.农民没有制度化的权益表达渠道,也缺乏有效的司法救济,一些基层领导为维护自身权益,侵犯农民的权利。

9.一位外国学者在谈到中国农民权利问题的时候,曾回顾了美国对黑人权利保护的问题,以此说明解决中国农民权利问题任重而道远。

10.我国农民对国家经济发展的贡献是双重的。广大农民工,为务工地城市作出了贡献,为推动社会发展提供了强有力的经济支撑。同时,这些农民工所创造的价值也带回家乡,给家乡的经济发展以有力的支撑。

11.农民工促进了务工地的经济发展,解决了自身就业问题,这减缓了政府的压力。所以应给予农民工合法的经济地位、社会地位和政治地位。

12.一位学者认为,促进城市经济发展,沟通城乡贸易,都是农民工完成的,许多犯罪活动也是农民工干的,出现这种情况的一个原因就是农民工的权利没有得到保障。

13.审计署进行扶贫资金审计时发现:违反规定、挪用扶贫资金的问题突出,还存在不执行项目审批计划,随意变更扶贫项目和资金用途,以及挤占扶贫资金、账目不清等问题。

第二步:概括各层的含义。

第一层(1)缓解和消除贫困仍然是中国今后一项长期的历史任务。我国于2001年5月召开中央扶贫开发工作会议,正式颁布了《中国农村扶贫开发纲要(2001—2010年)》。

第二层(2—4、6、7、10—13)列举我国近年来农村扶贫开发工作的方针政策、措施及不足。方针政策主要包括：以经济建设为中心，引导贫困地区群众在国家的帮助和扶持下，摆脱贫困；尊重农民的生产经营自主权，防止强迫命令；帮助发展有特色的种养业项目；坚持可持续发展；推进农业产业化经营；增加财政扶贫资金和贷款；改善贫困地区的基本生产生活条件，加强水利、交通、电力、通讯等基础设施建设；鼓励多种所有制经济组织参与扶贫开发，发展国际交流；扩大贫困地区劳务输出；加强扶贫资金管理。

第三层(5、8、9)中外理论界对我国的农村扶贫开发尚待完善之处的见解：乡镇体制的重构；农民没有制度化的权益表达渠道，也缺乏有效的司法救济；解决中国农民权利问题任重而道远。

第三步：弄清题干内容。

包括：(1)题干要解决的是什么问题，利用原因分析方法分析出该问题产生的原因；(2)要求选择正确选项还是错误选项；(3)对分析说明部分有什么要求；(4)字数限制。

第四步：分析备选对策选项(略)。

第五步：按要求选出备选选项，具体成文。

A.提出要加大县乡两级的财政收入，是没有认识到“扶贫资金专项管理、监督制度不健全”才是扶贫资金被挤占挪用的根本原因，一味增加投入，忽视对扶贫资金的管理和监督，只会使更多的扶贫资金被挤占挪用，形成更大的漏洞。

D.选项提出“扶贫资金的监督管理权归属各级纪检部门”是错误的。应该是：各级财政部门、计委(以工代赈办)、扶贫办要依法加强对财政扶贫资金的监督检查，配合审计等有关部门做好审计、检查、稽查工作。

(二)根据给定资料，概述我国近年来农村扶贫开发工作的基本方针政策。概述文字要简明扼要，不超过200字。(25分)

我国近年来农村扶贫开发工作的基本方针政策：

(1)以经济建设为中心，引导贫困地区群众在国家的帮助和扶持下，摆脱贫困。

(2)尊重农民的生产经营自主权，防止强迫命令。

(3)帮助发展有特色的种养业项目。

(4)坚持可持续发展。

(5)推进农业产业化经营。

(6)增加财政扶贫资金和贷款。

(7)改善贫困地区的基本生产生活条件，加强水利、交通、电力、通讯等基础设施建设。

(8)鼓励多种所有制经济组织参与扶贫开发，发展国际交流。

(9)扩大贫困地区劳务输出。

(10)加强扶贫资金审计。

(三)1.给定资料罗列了解决我国农村农民问题的多种意见。其中反映了两种不同思路,请对这两种思路分别加以简述。简述文字要简明扼要,不超过 150 字。(20 分)

要注意的是,这道题要求针对材料中罗列的所有“解决我国农民问题的意见”分析出两种思路进行概述。我们在对材料进行分层的过程中,按照近年来我国出台的政策措施及国内外专家学者的见解这两方面划分了材料的内容,在这里就不能有这样的分类。也就是说分析这个问题,我们要统筹第二层和第三层的内容,按照“两种不同思路”来分析材料。以两种思路为依据,我们可以将材料重新划分为:

第一层(1)缓解和消除贫困仍然是中国今后一项长期的历史任务。我国于 2001 年 5 月召开中央扶贫开发工作会议,正式颁布了《中国农村扶贫开发纲要(2001—2010 年)》。

第二层(2—9、13)帮助农村农民发展生产,进一步转变政府职能,推进农村市场经济体制的建立和完善,为农民增收创造良好的制度环境。

第三层(10—12)鼓励和扶持农村地区劳务输出,完善农民工的社会保障体系,统筹城乡经济发展。

通过这种分析概括,我们可以非常容易地概括出这两种思路。

农民问题是中国发展的首要问题,针对解决农民问题,缩小城乡差距,目前存在两种不同思路:第一,以国家扶持为主,完善制度,为农民增收创造良好的制度环境,帮助农村农民发展生产,进一步转变政府职能,推进农村市场经济体制的建立和完善。第二,鼓励和扶持农村地区劳务输出,完善农民工社会保障体系,统筹城乡经济发展。

2.请以《评解决我国农村农民问题的两种思路》为题,写一篇 800—1000 字的文章。要求观点明确,分析具体,条理清楚,语言流畅。(35 分)

这篇文章是在前一道题的基础上进行论证,前一步分析的正确与否,至关重要。这是中央国家机关申论考试试卷中第一次明确要求作一篇议论文。评论是议论文的一种,是指那些说理性的文章,是表述论点和论据(或用论据阐明论点)的过程。可以说,说理论述或论证是评论的基本特征。评论文可以分为立论文和驳论文。以给出的文章题目《评解决我国农村农民问题的两种思路》来看,要求作一篇立论文。

评解决我国农村农民问题的两种思路

中国发展的首要问题始终是农民问题。我国农村人口占全国总人口的三分之二,而城乡之间存在着巨大发展差距。为解决农民问题,缩小城乡差距,国家出台了多种政策、办法。概括起来就是两种思路:第一,以国家扶持为主,完善制度,为农民增收创造良好的制度环境,帮助农村农民发展生产,进一步转变政府职能,推进农村市场经济体制的建立和完善；第二，鼓励和扶持农村地区劳务输出，完善农民工的社会保障体系。

以国家扶持为主，完善制度，为农民增收创造良好的制度环境，帮助农村农民发展生产，进一步转变政府职能，推进农村市场经济体制的建立和完善，这一思路正指向了多年来农村农民问题长期解决不好的根本原因——结构问题、体制问题。原来在计划经济时代形成的城乡关系、城乡结构必须改变。要改革原来计划经济体制渗透到农村经济、政治、社会等方面形成的体制，建立全国城乡统一的大市场，真正实现从计划经济向社会主义市场经济体制的转变，才能从根本上解决好农村农民问题。首先，现行的户籍制度把公民人为地分成农业户口和非农业户口，是实行“城乡分治，一国两策”的体制性依据，是形成目前二元经济社会结构的条件，本身是为计划经济体制服务的，我们要建立社会主义市场经济体制，建立全国统一的大市场，农民背着“农业户口”的身份，怎么参加市场竞争。这种落后的过时的户籍制度，是造成城市化滞后于工业化的主要原因，也是亿万农村劳动力进城后只能作为农民工，引出诸多社会问题的原因。要从根本上解决农民工问题，也必须先改革户籍制度。其次，现在的国民收入分配格局是多年沿袭下来的，重城市轻乡村，重东部轻西部，重上层轻基层，这是形成城乡关系、地区关系不协调，经济与社会发展不协调的体制性原因，要解决农村农民问题，必须按照完善社会主义经济体制的原则，改变目前仍在沿用执行的国民收入分配格局。可见，以国家扶持为主，帮助农村发展生产，推进农村市场经济体制的建立和完善。完善制度，是解决农村农民问题的非常重要的战略思路，也是从根本上解决农村农民问题的出路所在。

解决农村农民问题的第二种思路就是鼓励和扶持农村地区劳务输出。要加快建立城乡统一的劳动力市场，取消城乡两种对立的户籍制度，加强对农民进城务工的管理和服务。使农民从土地、农村解放出来，尽快转变为非农业人口，特别是为那些具有初、高中文化水平的乡村青年，提供进城务工的机会。目前，最为紧迫的任务就是完善进城务工人员的社会保障体系：解决好进城务工人员时常被雇佣者克扣工钱，甚至被拖欠工资等非法行为侵犯的问题；提高进城务工人员的健康保障水平；加强对进城务工人员的职业培训，提高其技能和素质；确立进城务工人员的工伤保障制度；确立进城务工人员工资分配办法；帮助建立一个具体的进城务工人员组织。大规模的农村劳动力转移，无疑将促进城乡经济的高增长。

解决农民问题的两种思路，一个是以政府扶持为主导，通过政策、制度的改革和创新帮助农民发展生产、摆脱贫困；另一个思路是鼓励农民自发地走出土地、走出农村，走出一条城市化的道路。这两种思路充分考虑了解决问题的内部和外部因素，共同找寻了农民走向富裕的阶梯。

一、名词解释

申论考试、阅读理解、概述内容、提出对策、论证问题

二、填空题

1. 申论试卷一般由________、________、________三部分组成。

2. 申论要求一般由________、________、________三方面构成。

3. 申论考试命题形式趋向________、________、________特点。

三、简答题

1. 阅读理解中有哪些常见问题？有哪些具体方法？

2. 概述问题中有哪些常见问题？有哪些方法和步骤？

3. 提出对策中有哪些原则？有哪些具体方法？

4. 论证问题中有哪些原则？议论文有哪些要求？公务文书中常用文种有哪些要求？

四、语言分析题

（一）下面应用文常用词语中，书写完全正确的一组是____。

1. 市场经济　情况反应　调查处理　奖罚分明

2. 综合分析　工作布署　颁部执行　依法惩办

3. 专此函告　即请查照　祈请即复　呈请批示

4. 制订方案　彻底追查　追究职任　蔓延扩大

（二）下面应用文常用词语中，书写有错误的一组是____。

1. 兹派　批示　恳请　祈请

2. 酌定　尊照　委任　拟办

3. 鉴于　滞留　核减　钧安

4. 为荷　近悉　贻害　函达

五、习作题

对近年中央或有关省市的申论试题进行练习。

主要参考文献

1. 李化德. 法律文书. 北京:中国政法大学出版社,1999.
2. 尹依. 新编财经写作. 上海:上海财经大学出版社,2000.
3. 王正. 现代写作理论宏观审视. 北京:中国文联出版社,2001.
4. 洪文明,杨成杰. 财经应用文写作教程. 北京:经济科学出版社,2001.
5. 郑孝敏. 文秘应用写作. 北京:中国财经经济出版社,2001.
6. 盛明华. 常用经济应用文写作教程. 上海:立新会计出版社,2002.
7. 祝鸿杰. 公务文书写作. 杭州:浙江人民出版社,2003.
8. 郭冬. 秘书写作. 北京:高等教育出版社,2003.
9. 张德实. 应用写作. 北京:高等教育出版社,2003.
10. 竹潜民. 应用写作案例实训写作教程. 杭州:浙江大学出版社,2004.
11. 陈丽能等. 毕业综合实践导引. 杭州:浙江摄影出版社,2004.
12. 杨柳明,梅柳. 财经应用文写作教程. 长沙:中南大学出版社,2004.
13. 李孝华. 报告类文书写作. 杭州:浙江大学出版社,2004.
14. 包锦阳. 大专生毕业论文(设计)写作指导. 杭州:浙江大学出版社,2004.
15. 倪卫平. 现代经济写作. 北京:人民交通出版社,2005.
16. 霍唤民. 财经写作教程. 北京:高等教育出版社,2005.
17. 李永新等. 申论. 北京:人民日报出版社,2006.
18. 刘旭涛,邱霈恩. 申论. 北京:国家行政学院出版社,2006.
19. 包锦阳. 旅游应用文. 北京:人民邮电出版社,2006.
20. 包锦阳. 财经应用文. 北京:人民邮电出版社,2007.

后　　记

“应用写作”是高职高专的一门必修课。无论是在校学习，还是毕业后从事工作，每个人都要撰写应用文，应用文与人们的学习、工作和生活密不可分。

本书内容由五大模块组成：一是绪论，主要介绍写作概况，应用文写作概况和应用文写作要素；二是通用应用文写作，主要介绍行政公文写作、日常文书写作和事务文书写作；三是专用应用文写作，主要介绍财经文书写作、司法文书写作和新闻文书写作；四是毕业论文（设计）写作；五是申论写作。本书在编写中，每章按“学习目标”、“学习内容”、“实例文选”、“技能训练”四部分安排结构，使学生在学习中达到循序渐进的目的。

本书与社会上同类教材相比具有如下特点：一是注重概念准确。文中的每一概念力求做到表述准确简明，不偏差不繁杂。二是注重例文新鲜。文中所选例文，基本上是近年的文章，颇具时代感。三是注重格式规范。不仅重视文中每个要素的规范，而且重视全文整体的规范。如行政公文部分，例文中该写的要素均写上，强调整体的规范性，便于学生效仿。四是注重文种辨析，书中把相近的文种作了比较，强调不同之处，便于区别。五是注重课后实训。每章后均设有针对性的技能训练题，习题形式多样，程序由易到难，通过训练使学生掌握写作要领。

本书在编写过程中，参阅了相关著作，引用了一些例文，特在此向这些作者深表谢意。并向给予编著者提供各方面支持的有关领导、同事和浙江大学出版社表示衷心感谢。

由于时间紧迫、水平有限，书中错误和不足之处敬请读者批评指正。

包锦阳
2007 年 7 月

后记